商业秘密保护与备案制度研究

徐家力
京东法律研究院 ◎著

知识产权出版社
全国百佳图书出版单位
—北京—

图书在版编目（CIP）数据

商业秘密保护与备案制度研究 / 徐家力，京东法律研究院著．—北京：知识产权出版社，2024.1
ISBN 978-7-5130-9089-6

Ⅰ.①商⋯　Ⅱ.①徐⋯　②京⋯　Ⅲ.①商业秘密—法律保护—研究—中国　Ⅳ.① D923.404

中国国家版本馆 CIP 数据核字（2023）第 239577 号

责任编辑：薛迎春　　　　　　　　　　责任校对：谷　洋
封面设计：乔智炜　　　　　　　　　　责任印制：刘译文

商业秘密保护与备案制度研究

徐家力　京东法律研究院　著

出版发行：	知识产权出版社有限责任公司	网　　址：	http://www.ipph.cn
社　　址：	北京市海淀区气象路 50 号院	邮　　编：	100081
责编电话：	010-82000860 转 8724	责编邮箱：	471451342@qq.com
发行电话：	010-82000860 转 8101/8102	发行传真：	010-82000893/82005070/82000270
印　　刷：	三河市国英印务有限公司	经　　销：	新华书店、各大网上书店及相关专业书店
开　　本：	710 mm×1000 mm　1/16	印　　张：	15.25
版　　次：	2024 年 1 月第 1 版	印　　次：	2024 年 1 月第 1 次印刷
字　　数：	250 千字	定　　价：	79.00 元
ISBN 978-7-5130-9089-6			

出版权专有　侵权必究
如有印装质量问题，本社负责调换。

本书编委会

胡焕刚　徐家力

范艳伟　李　洁　李欣博　刘　群　刘晓亮

刘兴华　刘雅璠　潘　婷　胥　珂

他 序

　　自商业活动出现以来，商业信息的保密和保护就成为经营者财富和竞争力的一部分，随着信息化的发展和数据要素在数字经济中价值的凸显，兼具技术、数据、信息属性的商业秘密就成了经营者的核心价值和竞争力。如何保护好公司的商业秘密自然就成了公司法律合规、数据和信息安全的重要课题，也是关系到公司核心竞争力提升和长期健康发展的关键。

　　准确理解商业秘密的秘密性、价值性和采取保密措施的三大构成要件是学习和落地商业秘密保护的关键。作为公司的财产性权利，商业秘密必须具有一定的可见性，这种可见性需要控制在一定的范围内，这是公司商业秘密"秘密性"的辩证理解。这个范围需要根据具体商业秘密的密级、价值、功能实现而设置，是一个可知悉且可控制的范围，所有的保密措施是要防止该具体商业秘密不要超出这个范围，同时还要保障该商业秘密在这个范围内能够被无障碍知悉和使用，这个"一定范围的无障碍知悉和使用"一定程度上是构成商业秘密价值性的形式要件。

　　其次是商业秘密的价值性。财产的价值属性是一个开放性范畴，既需要从企业自身角度进行评估，实操中还涉及个人判断、部门判断和公司判断的差异和统一问题，也需要考量未来主张权利时的可证明性。这其中价值判断的大小，会关联具体商业秘密等级的区分，向下延伸也会关联保密措施的对应。

　　最后，商业秘密的形成需要落在保密措施上。是否采取保密措施不仅仅是秘密性的保护，保密措施本身就是判断是否构成商业秘密的要件，所以，保密措施是所有商业秘密必要形式要件。然后，才是考量保密措施的严密性问题，对于价值越大、密级越高的商业秘密所要采取的保密措施也应该更严格，这就是商业秘密权利主张上的保密措施的适当性。

　　同时，随着商业秘密价值的拓展和保护的日趋周延，商业秘密的范围也不断扩展，从技术、代码，到客户名单、营销方案甚至是特殊的管理机制、活动安排，这些都给企业商业秘密的保护带来了机遇和挑战。对商业秘密范围扩展的准确把握，需要我们更加深刻和全面地去理解商业秘密的三大构成要件。同时，也需要向下延伸，去考虑保密预防的可能性、泄密后价值评估证据的收集和主张方式以及侵权后的维护手段。

　　商业秘密保护的上述特征，促使我们在做好公司商业秘密保护的过程中需要全面、系统地学习商业秘密的理论和实操技能。好在有很多专家、学者的在先研究，包括徐家力老师的团队，为我们提供了基础，让我们受益良多。也正是这个痛并快乐的过程，让我们萌生了将过程中的习得记录并连同徐家力老师团队的研究成果一起出版，期待我们的学习体会能给读者带来帮助。

胡焕刚
京东集团副总裁、法律合规与知识产权部负责人
2023 年 11 月于北京

自 序

知识产权不只是私权，更是一种新型战略性资源。贸易战的升级、国际经济格局的变化最终都与知识产权的争夺有关。我国正在实施创新驱动发展战略，以技术信息为核心的科技成果已经成为第一生产力。创新是一个民族发展的灵魂，而如何激励创新、如何优化技术创新的法律制度安排反映了一个国家对科技发展的基本态度。

技术发展在法律上寻求保护有两种途径：专利和商业秘密。市场主体针对技术的特点、反向工程难度、研究成熟度等情况选择申请专利或布局商业秘密保护。前者以公开换取法律上的垄断，后者以封闭实现技术上的垄断，两种方式各有千秋，并通过各种排列组合实现企业的技术战略布局。相对于专利保护的有据可依，商业秘密因处于保密状态，大部分时间处于一种不可名状、不得而知的状态。因此商业秘密保护面临着两大难题：保密难、举证难。

商业秘密很容易受到人才流动的影响，企业人才的"跳槽"可能引发商业秘密的泄露和公开。一旦商业秘密被泄露，企业多年的技术投资和市场优势都将不复存在。如何有效地保护商业秘密已经成为企业面临的难题。

除了保护难，商业秘密所有人面临的另一个难题就是举证难。一旦商业秘密被泄露，维权人需要收集证据进行举证，但是，商业秘密因其保密性而必须处于被动封闭的状态，这种状态很难进行举证。因此，商业秘密颇需要一种新型的保护和管理模式。

商业秘密备案制度的建立，一方面有利于解决目前商业秘密管理混乱的现状，另一方面有利于解决商业秘密权利主体取证难的问题，这对商业秘密纠纷的诉外化解，加强商业秘密的行政保护和民事保护都极为有利。

商业秘密的权利边界不清晰，因此应当强保护，强保护是市场所需和时代所需。随着知识产权制度的不断发展和保护力度的加强，商业秘密权正在独立成为一项重要的民事权利。我们更应当重点研究商业秘密的备案制度，特别是在区块链技术日益发达的今天，借助技术手段可以有效平衡商业秘密不为公众所知悉和备案后被感知之间的矛盾。

是为序。

徐家力

2023 年 9 月

Contents 目录

第一章　商业秘密的基础概念 —— 001

第一节　商业秘密的概念 —— 001
一、商业秘密概念的发展及现实情况 —— 001
二、技术信息 —— 007
三、经营信息 —— 013

第二节　商业秘密的保护基础 —— 022
一、不同学说对保护基础的认识 —— 022
二、商业秘密权 —— 025
三、商业秘密的权利界限 —— 031

第三节　商业秘密的性质及构成要件 —— 036
一、商业秘密的财产性及所有权性 —— 036
二、商业秘密的构成要件 —— 039

第四节　商业秘密与国家秘密的区分 —— 061
一、商业秘密与国家秘密区分的必要性 —— 061
二、商业秘密与国家秘密的联系及区别 —— 063
三、商业秘密与国家秘密保护措施的差异 —— 067

第二章 商业秘密的保护现状 —— 070

第一节 美国、欧洲等国家和地区商业秘密的保护现状 —— 070

一、美国、欧洲等国家和地区商业秘密保护的立法状况 —— 070

二、美国、欧洲等国家和地区商业秘密保护的立法状况与我国之比较 —— 074

三、美国、欧洲等国家和地区典型的商业秘密案件 —— 077

第二节 现代信息技术的发展给商业秘密保护带来的难题 —— 080

一、现代信息技术的发展给商业秘密造成侵害的形式 —— 080

二、现代信息技术条件下商业秘密保护的难点 —— 081

三、现代信息技术条件下商业秘密保护的对策 —— 083

第三节 国外商业秘密相关法律法规的有益借鉴 —— 086

第三章 商业秘密诉讼案件实务分析 —— 088

第一节 商业秘密案件刑民交叉的处理难点 —— 088

一、刑民交叉的保护路径选择 —— 089

二、商业秘密案件司法鉴定的审查 —— 092

第二节 法律认定及举证 —— 094

一、是否构成商业秘密 —— 094

二、是否侵犯商业秘密 —— 099

三、在职、离职员工侵犯商业秘密纠纷疑难问题 —— 105

第三节 损害赔偿数额的认定 —— 106

一、刑事案件对"重大损失"的认定 —— 106

二、民事案件如何认定"损害赔偿" —— 110

小 结 —— 115

第四章　企业商业秘密管理机制构建 —— 116

第一节　商业秘密管理的基本架构 —— 116

一、企业环境——定制化需求 —— 117

二、领导作用——高层参与 —— 117

三、策划——平衡安全与效率 —— 118

四、支持——形成合力 —— 118

五、监督检查、评审及改进 —— 120

第二节　商业秘密的确定 —— 120

一、确定商业秘密范围 —— 120

二、商业秘密分类 —— 121

三、商业秘密分级 —— 123

第三节　商业秘密的管理 —— 125

一、涉密人员管理 —— 125

二、涉密载体管理 —— 130

三、涉密设备管理 —— 131

四、涉密区域管理 —— 132

五、对外合作的商业秘密管理 —— 133

第四节　商业秘密的争议处理 —— 134

一、侵权风险防范及应急处置 —— 134

二、企业维权工作开展 —— 135

三、企业应诉工作开展 —— 137

四、商业秘密管理制度完善 —— 137

第五章　企业保密协议与竞业限制协议 —— 139

第一节　保密协议撰写注意事项 —— 139

一、保密协议的签订时机、适用对象及类型 —— 139

二、保密协议在文本撰写中的技术要点及难点 —— 140

　第二节　竞业限制协议撰写注意事项 —— 146

　　一、竞业限制协议的适用对象 —— 146

　　二、竞业限制协议撰写中的技术要点及难点 —— 147

　　三、竞业限制协议与保密协议的适用 —— 149

第六章　商业秘密备案制度的必要性和备案内容 —— 151

　第一节　商业秘密备案制度的必要性及优势 —— 151

　　一、商业秘密备案制度的必要性 —— 152

　　二、商业秘密备案制度的优势 —— 152

　第二节　商业秘密备案的内容及审查 —— 155

　　一、商业秘密备案的内容 —— 156

　　二、对备案内容的审查 —— 158

第七章　商业秘密备案的过程 —— 164

　第一节　商业秘密备案的法律性质 —— 164

　　一、商业秘密备案属于法律行为 —— 164

　　二、商业秘密备案行为属于行政法律行为 —— 165

　　三、商业秘密备案是一种具体行政行为 —— 166

　　四、商业秘密备案行为接近于依申请行政行为 —— 167

　　五、商业秘密备案在形式上属于类（准）行政登记 —— 168

　　六、商业秘密备案行为在实体层面同质于行政备案 —— 170

　第二节　商业秘密备案行为主体的确定 —— 175

　　一、社会行政主体或行政机关 —— 175

　　二、由独立第三方进行备案管理 —— 177

第三节　商业秘密备案的具体方式 —— 179

第四节　商业秘密备案的具体措施 —— 181

第五节　备案后的相关程序 —— 182

　　一、期限的相关规定 —— 182

　　二、备案的撤销 —— 183

　　三、备案费用 —— 183

第六节　商业秘密备案与区块链存证 —— 184

　　一、商业秘密区块链存证的必要性 —— 184

　　二、商业秘密区块链存证介绍 —— 185

　　三、商业秘密区块链存证具体措施 —— 187

　　四、商业秘密区块链存证应用 —— 188

第八章　商业秘密备案的效果 —— 189

第一节　商业秘密备案的直接效果 —— 189

　　一、审查与处理 —— 189

　　二、对时限的要求 —— 192

　　三、明确商业秘密相关概念的范围 —— 192

　　四、保护期限 —— 193

　　五、登记后续改进商业秘密的效果 —— 194

　　六、有助于企业完善定密权 —— 195

第二节　商业秘密备案制度的社会效果 —— 196

　　一、备案具有行政监控性和事后监督性 —— 196

　　二、备案有利于明确商业秘密的权属、保护范围及执行 —— 197

　　三、备案有利于简化救济程序 —— 197

第三节　商业秘密备案制度的司法效果 —— 198

　　一、商业秘密侵权的界定 —— 198

　　二、商业秘密侵权案件诉讼主体的确定 —— 199

三、商业秘密侵权案件之立案条件 —— 201

四、商业秘密侵权案件的证明责任 —— 202

五、侵犯商业秘密罪中的鉴定报告与商业秘密备案登记 —— 205

第四节 商业秘密备案的风险——我国政府信息公开的豁免 —— 207

一、商业秘密备案的风险概述 —— 207

二、商业秘密与公众知情权的协调 —— 209

三、涉及商业秘密的政府信息的公开程序 —— 215

四、信息的可分割性审查 —— 217

第九章 商业秘密备案管理办法（专家建议稿） —— 218

参考文献 —— 222

后　记 —— 227

第一章

商业秘密的基础概念

作为本书的基础，本章重点围绕商业秘密的概念进行论述。本章第一节主要介绍商业秘密概念的发展及现实情况，并着重介绍作为商业秘密概念组成部分的技术信息、经营信息。第二节从多个角度阐述商业秘密的保护基础，并详细介绍了商业秘密权的概念及其权利界限。第三节主要介绍商业秘密的性质，并从秘密性、保密性、商业价值性、实用性等角度阐述商业秘密的构成要件。第四节系统阐述了商业秘密与国家秘密的区别和联系，旨在对国家秘密和商业秘密进行有差别的保护。

第一节 商业秘密的概念

一、商业秘密概念的发展及现实情况

商业秘密这个概念在中国法律中第一次出现，是在1991年颁布生效的《中华人民共和国民事诉讼法》[1]（以下简称《民事诉讼法》）中。该法（1991年）第66条关于证据审查规定："证据应当在法庭上出示，并由当事人互相质证。对涉及国家秘密、商业秘密和个人隐私的证据应当保密，需要在法庭出示的，不得在公开开庭时出示。"该法条将商业秘密和国家秘

---

[1]《民事诉讼法》自1991年颁布生效后，于2007年、2012年、2017年、2021年、2023年进行了5次修正。

密、个人隐私三者并列规定，指出由于其"秘密性"不得在法庭公开开庭时出示。该法（1991年）第120条规定："……涉及商业秘密的案件，当事人申请不公开审理的，可以不公开审理。"这一内容并没有界定涉及商业秘密案件的范围。直到1992年7月14日《最高人民法院关于适用〈中华人民共和国民事诉讼法〉若干问题的意见》[以下简称《民诉意见》（1992年），现已废止]中才首次对其做了解释。《民诉意见》（1992年）第154条规定的商业秘密，主要是指技术秘密、商业情报及信息等，如生产工艺、配方、贸易联系、购销渠道等当事人不愿公开的工商业秘密。然而，这次解释并不完善，主要表现为：一是采取列举的方式并不能将所有应该纳入的内容包含在内；二是只将商业秘密限定在"工商业秘密"范围内，这极大地限缩了商业秘密的应有之义。

我国首次以立法的形式使用"商业秘密"这一表述是在1993年12月1日起施行的、旨在规范市场竞争秩序的《中华人民共和国反不正当竞争法》[1]（以下简称《反不正当竞争法》）。该法（1993年）第10条第3款指出："……商业秘密，是指不为公众所知悉、能为权利人带来经济利益、具有实用性并经权利人采取保密措施的技术信息和经营信息。"这一定义首先将商业秘密定性为"技术信息和经营信息"，然后在此基础上进行特征描述，并没有进行详细列举。1995年11月23日发布的《关于禁止侵犯商业秘密行为的若干规定》（1998年进行了修订）进一步对此做了解释，详细列举了技术信息和经营信息的具体内容，其第2条第5款规定："本规定所称技术信息和经营信息，包括设计、程序、产品配方、制作工艺、制作方法、管理诀窍、客户名单、货源情报、产销策略、招投标中的标底及标书内容等信息。"和过去概念的外延相比，该规定增加了客户名单、产销策略、招投标中的标底及标书内容、货源情报。除了法律和部门规章，在地方性法规中，《北京市反不正当竞争条例》（1994年9月1日施行，现已废止）将商业秘密概念的属概念界定为"技术秘密、技术信息和经营信息"。

上述内容是商业秘密作为专有名词在我国相关法律法规中的演化，然而具有商业秘密概念内涵的称谓在我国却由来已久。长期以来，我国民间就有"家传绝技""祖传秘方""独门绝活""拿手好戏"等词语，这些词语背后所体现的价值能给当事人带来利益且不为他人所知，却很难得到法律

---

[1]《反不正当竞争法》自1993年施行后，于2017年进行修订，2019年进行修正。

的保护，其实已经具有商业秘密的雏形。相对而言，"专有技术"的称谓更为正式，专有技术与专利最大的区别在于是否公开。1980年12月财政部公布的《中华人民共和国中外合资经营企业所得税法施行细则》（现已废止）中首次出现了"专有技术"这个概念。1983年《中华人民共和国中外合资经营企业法实施条例》（现已废止），也使用"专有技术"。1985年国务院发布的《中华人民共和国技术引进合同管理条例》（现已废止）第2条将"专有技术"限定在"以图纸、技术资料、技术规范等形式提供的工艺流程、配方、产品设计、质量控制以及管理等方面"。1986年国务院发布的《国务院关于促进科技人员合理流动的通知》以及1987年的《中华人民共和国技术合同法》（以下简称《技术合同法》，现已失效）、1993年通过的《中华人民共和国公司法》[1]中曾使用工业产权、非专利技术、知识产权等概念。虽然上述概念名称各有不同，内涵的界定也比较混乱，但是都或多或少地体现了商业秘密的一些特征，如秘密性、价值性等，因此都对完整定义商业秘密的概念起到了基础性的作用。

我国《反不正当竞争法》使用的"商业秘密"这一法律术语是借鉴国外的"Know-How"和"Trade Secret"概念，并依据我国实际情况确定的。"Know-How"即"技术秘密"一词，由英美法律实践中产生，尽管其含义一直没有明确，但许多版本的定义都将其内容主要限定在技术方面；在美国，商业秘密是"Trade Secret"，这一名称也来源于英国。英国最早的相关普通法判例是1817年的新山诉詹姆斯案，该案诉讼标的是有关治疗痛风的药品专利配方。美国最早的相关普通法判例是1837年关于制作巧克力的秘密方法案，该案诉讼标的即商业秘密中的秘密方法。其后较长一段时间，法院判例的内容仅限于此。美国1905年关于芝加哥商会的案件首次突破了技术秘密的局限，该案的诉讼标的是农作物行情报告。直到1939年美国出版《侵权行为法重述》，对商业秘密界定为："由任何可用于经营活动的公式、图样、设计或信息汇编而成，使用商业秘密比不使用更具有竞争优势，商业秘密可以是一种化学配方、处理物料的工艺、机械模型或客户名单。商业秘密不是经营中的单一或临时性信息，而是经营中反复使用的方法，通常为商品生产信息。也可能包括商品销售及其他信息，例如价目表折扣

---

[1]《公司法》自1993年通过后，于1999年、2004年进行修正，于2005年修订，并于2013年、2018年再次修正。

信息或客户名单、其他经营场所的管理方法等。"

1979年的美国《统一商业秘密法》开国家制定专门商业秘密法之先河。该法规定商业秘密是"特定信息，包括配方、样式、编辑产品、程序、设计、方法、技术或工艺等。其①不为公众所知，且具有实际或潜在经济价值；②已尽合理努力采取保密措施"。《侵权行为法重述》与《统一商业秘密法》对商业秘密概念界定的差别在于：其一，前者重在列举形式多样，后者重在揭示商业秘密非公知性、实用价值性和保密性的内涵；其二，前者要求请求确认保护的商业秘密必须是连续不断被使用的；而后者范围扩大了，把保护扩展到尚未使用的信息，如消极信息上；其三，后者规定，商业秘密具有的经济价值可能是现实的，也可能是潜在的。

从国际组织的一些文件中可以清晰地看到商业秘密在国际层面的发展脉络：

1961年国际商会（International Chamber of Commerce，ICC）理事会通过关于保护技术秘密决议，定义技术秘密为"单独或结合在一起，为有利于完成工业目的的某种技术，或者是为了实际应用这种技术所必需的秘密技术知识和经验，或者是其总和"。世界知识产权组织（World Intellectual Property Organization，WIPO）1964年制定的《发展中国家保护发明模范法》中规定："Know-How是指凭经验和技能产生的，在实际中尤其是工业上适用的技术情报、数据或技术知识。"

1993年关税及贸易总协定（General Agreement on Tariffs and Trade，GATT）以及《与贸易有关的知识产权协定》（TRIPs）中将商业秘密界定为"未泄露之信息"，具体表现为：（1）在作为一个实体或其组成部分的精确形状及组合不为正规地处理此种信息的那部分人所共知或不易被其得到的意义上说是秘密的；（2）由于是秘密的而具有商业价值；（3）被其合法的掌握者根据情况采取了合理的保密措施。这个协定将商业秘密界定为"未泄露之信息"，体现了对商业秘密保护范围的广泛性要求，这种界定也已经被其他许多西方国家认可。

从上述国内外关于商业秘密的发展历史中可以看出，商业秘密的概念经历了从不严谨到逐步严谨的过程，范畴不断扩大，且日益显示出无法穷尽的本质特征。其名称有专有技术—技术秘密、非专利技术—工商业秘密—商业秘密。商业秘密范畴的扩大是不可逆转的历史进程，其原因在于社会经济生活日益丰富，社会生产力逐步提高。企业在自身发展中摸索积累的具有现实的或潜在经济价值的信息越来越多,个体利益最大化是企业自觉对这些信息保密的内在驱动力。就我国而言,商业秘密的概念从无到有,范畴逐步扩大,界定日益明确,就是经济体制改革、社会生产力发展的必然结果。同时,不可否认,这一过程与国际环境的压力,尤其是与1992年签订的《中美政府关于保护知识产权的谅解备忘录》对中国政府制定国内法保护商业秘密提出的具体要求有密切关系。

但是,商业秘密的概念发展至今,仍然没有一个权威的定义,各国立法及学者的看法也不一样。

英美法系国家研究认为,商业秘密的范围包括技术信息、经营信息和管理信息。如英国议会法律委员会于1982年颁布的《保护秘密权利法草案》提出,秘密一般包括两种含义不同的内容:一是工商性质的技术情报和其他情报;二是私人生活中的秘密。《保护秘密权利法草案》的保护范围将涵盖:技术秘密,包括化学配方、机械工艺等;商业记录,包括客户名单、经营或销售额等;政治秘密;私人秘密。1939年美国法学会制定的《侵权行为法重述》对商业秘密的界定是:"由任何可用于经营活动的公式、图样、设计或信息汇编而成,使用商业秘密比不使用更具有竞争优势,商业秘密可以是一种化学配方、处理物料的工艺、机械模型或客户名单。商业秘密不是经营中的单一或临时性信息,而是经营中反复使用的方法,通常为商品生产信息。也可能包括商品销售及其他信息,例如价目表折扣信息或客户名单、其他经营场所的管理方法等。"

大陆法系国家立法、司法和学者认为,商业秘密的范围也应当包括技术信息、经营信息和管理信息。如2022年日本《不正当竞争防止法》第2条第6款规定:"商业秘密是指作为秘密进行管理,尚未众所周知的生产方法、销售方法及其他经营活动中实用的技术上或经营上的情报。"法国学者认为商业秘密是公众无法直接得知但可获得传授的技术知识,这种技术知识包括任何一种经济实用的知识,如实验室笔记、操作指南、工业手册、蓝图、技术摘要、各种设计图、计算机程序、实用或非实用化工产品目录、旅馆或车间的组织方式、库存管理方法、对劳动组织的研究、广告宣传的最佳方法、职员征聘等。苏联学者麦尔尼科夫认为,在国际商业实践中,专有技术通常指生产所必需的、不享有专利保护的三种专有技术:(1)工业专有技术:指生产上已经采用或将要采用的,只限于少数人知道的,不享有工业产权的其他形式保护的生产、装配、修理和经营的秘密以及其他技术知识和经验;(2)商业(贸易)专有技术:指具有秘密性质的市场情报、原料价格、销售市场、竞争公司的性质、广告经营等;(3)管理专有技术:指生产组织的秘密,特别是合理地、有效地管理各行业之间合作的信息等。

由此可见,虽然关于商业秘密的概念没有一个权威的定义,各国立法及学者的看法也不尽相同,但英美法系同大陆法系国家关于商业秘密的范围没有特别大的差别。根据上述对英美法系国家和大陆法系国家关于商业秘密范围的讨论,我们在给商业秘密下定义时,既要考虑各国的立法经验和我国对国际社会所做的承诺(参加国际组织和签订国际条约所承担的义务),又要注重我国经济发展状况和执法水平,抓住核心问题。一方面,要保护商业秘密所有人能够从新技术中收回其研究与开发的投资,并能获得合理的利润。另一方面,要维护社会公众利益。随着社会发展,法律在关注个人权利和利益实现的同时,还要追求更大的社会公共利益。正如美国学者塞尤姆所说:如何充分保护未获专利的技术以使创新者或所有者既能收回投资又能取得合理的利润,并免遭那些企图通过技术间谍和雇佣职员窃取商业秘密等手段参与竞争者的伏击,以及如何充分保护社会公众获得科学技术情报的适时披露权[1],这些问题亟待解决。

我国《反不正当竞争法》第9条第4款指出:"本法所称的商业秘密,是指不为公众所知悉、具有商业价值并经权利人采取相应保密措施的技术信息、经营信息等商业信息。"由此规定可知,商业秘密的范围是技术信息和经营信息等商业信息。《商业秘密保护法(送审稿)》及国家市场监督管理总局《商业秘密保护规定(征求意见稿)》亦规定商业秘密的范围是技术信息和经营信息等商业信息。

本书基于我国《反不正当竞争法》,将商业秘密界定为:商业秘密是不为公众所知悉、具有实际的或潜在的经济价值或竞争优势,并经其所有人采取合理保密措施在一定期间不宜公开的技术信息,包括以物理的、化学的、生物的或其他形式的载体所表现的设计、工艺、数据、配方、诀窍等技术信息;经营信息,包括客户名单、货源情报、产销策略、招投标中的标底及标书内容、广告设计、电视节目设计等。简言之,作为法律保护的

---

[1] [美]塞尤姆:《发展中国家保护商业秘密时遇到的产权与公众利益问题》,谢金领、岳华译,载《经济译文》1995年第1期。

信息必须是技术信息、经营信息，并且这种信息必须具备秘密性、经济价值性、采取了保密措施等特点。下面分别从技术信息和经营信息两个方面对商业秘密的概念进行进一步阐述。

二、技术信息

（一）技术信息的概念

技术信息，即狭义的商业秘密，是指以物理、化学、生物或者其他形式为载体所表现的技术设计、技术配方、工艺流程及相关数据等信息。技术秘密通常被称为"技术诀窍"，在国外常被称作"Know-How"，它包括以图纸、技术资料、技术规范等形式提供的工艺流程、配方、产品设计、质量控制等方面的技术秘密。[1]

《关于禁止侵犯商业秘密行为的若干规定》（1998年修订）所称的技术信息包括设计、程序、产品配方、制作工艺、制作方法等信息。

对于技术秘密的界定，我国在立法上经历了一个由"非专利技术"到"技术秘密"的转变过程。非专利技术是指不涉及专利权的技术的总和，包括被排除在专利保护范围以外的技术、专利保护期届满后进入公知领域的现有技术、未申请专利而处于保密状态的技术等。由此来看，技术秘密仅是非专利技术中的一部分，范围明显窄于非专利技术。早期的《技术合同法》所使用的是"非专利技术"而非"技术秘密"一词，直到1999年《中华人民共和国合同法》（以下简称《合同法》，现已废止）"技术合同"一章中，才以"技术秘密转让"取代了"非专利技术转让"。这一修改反映了我国技术市场的逐步成熟，技术创新及技术推广应用水平的提高，同时也说明我国对技术知识保护的范围趋于明确，对技术信息的界定更为清晰。

2020年9月最高人民法院发布《最高人民法院关于审理侵犯商业秘密民事案件适用法律若干问题的规定》，其第1条第1款规定："与技术有关的结构、原料、组分、配方、材料、样品、样式、植物新品种繁殖材料、工艺、方法或其步骤、算法、数据、计算机程序及其有关文档等信息，人民法院可以认定构成反不正当竞争法第九条第四款所称的技术信息。"

2020年9月，国家市场监督管理总局发布《商业秘密保护规定（征求

---

[1] 郑国辉：《知识产权法学》，中国政法大学出版社2010年版，第492页。

意见稿）》，其第 5 条第 2 款规定："本规定所称技术信息是指利用科学技术知识、信息和经验获得的技术方案，包括但不限于设计、程序、公式、产品配方、制作工艺、制作方法、研发记录、实验数据、技术诀窍、技术图纸、编程规范、计算机软件源代码和有关文档等信息。"

《深圳经济特区企业技术秘密保护条例》（2019 年修正）第 5 条将技术信息的范围限定为："包括以物理的、化学的、生物的或其他形式的载体所表现的设计、工艺、数据、配方、诀窍、程序等形式。"《重庆市反不正当竞争条例》（2022 年修订）第 12 条规定："商业秘密是指……（一）与技术有关的结构、原料、组分、配方、材料、样品、样式、植物新品种繁殖材料、工艺、方法或者其步骤、算法、计算机程序及其有关文档、图纸设计方案等技术信息。"

（二）技术信息的特征

1. 物化性

何为物化性？这里的"物"并非指简单的物理载体，如记载信息的载体，也不是指被直接创造的利润，而是指在利润产生之前凝结一定技术在内的某种实物。正如前面对技术信息的概念所描述的那样，物化性是指将以物理、化学、生物等形式为载体所表现的技术设计、技术配方、工艺流程等信息附着于一定的实物之中，主要用于为企业创造利润。

2. 合法性

（1）非公知性

我国《反不正当竞争法》规定的"不为公众所知悉"，即此处所讲的"非公知性"，指相关技术信息不为所属领域相关大众所普遍知晓，且该技术信息不能通过公开渠道（如出版物、网络及其他媒体等）轻易获得。非公知性是商业秘密最基本的特征，既然称之为"秘密"，理所应当仅容许一小部分人知悉，其他人不能以不正当途径获取秘密信息，商业秘密也正是通过其处于秘密状态，来维护其自身价值。如果其内容为公众所知悉，其固有价值就有可能丧失殆尽，也就不能被称为"商业秘密"了。此外，非公知性也是商业秘密与知识产权的其他客体（尤其是专利技术）的重要区别所在，专利的技术特征是公知的，在权利要求书中有所体现，人们都可以查到，而商业秘密的技术信息内容为何，人们不得而知，只能通过反向工程等手段获取，但对于最核心技术，往往很难获得，比如可口可乐的核心配方，除了与其技术密切相关的人，其他人至今也无法知悉。

另外，之所以要求商业秘密具有非公知性，主要有三个原因：其一，如果某信息为公众所知悉，其持有者就难以获得市场上的竞争优势，因而也就不存在应该受保护的财产价值；其二，一旦将公众知悉的信息作为商业秘密保护，将过分妨碍公众利用信息的自由，如企业将公众知悉的信息作为商业秘密保护，受保密协议约束的劳动者的择业自由会不可避免地受到伤害；其三，将公众所知悉的信息作为商业秘密保护，会强化不正当竞争，或者过度妨碍正当竞争。这里的"公众"主要指与商业秘密涉及的产品或与服务有交易关系的不特定多数人，并不是泛指一般大众。

（2）商业价值性

商业价值性，具体来讲是指技术信息具有确定的可应用性，并且能为权利人带来现实的或潜在的经济利益或者竞争优势。也就是说，判断一项技术信息是否具有商业价值，与该信息本身的状态无关，即不论该技术信息是积极信息还是消极信息，只要能够使其所有人获得经济利益或竞争优势，只要行为人试图突破信息所有人所采取的秘密管理机制以获得、使用或者披露该信息，其就是有商业价值的。例如，实验过程中的失败数据，有关医药产品的副作用等信息，其仍然可以为保有者节省研发上的人力、物力和财力等成本，因此也属于具有价值的技术信息。

（3）秘密管理性

关于秘密管理性，达到何种程度才算是采取了保密措施呢？我国一般采用折中主义观点，该种观点认为只要从社会常识的角度看，商业秘密保有者采取的与其商业价值等具体情况相适应的措施足以保护商业秘密，就应当认定为企业采取了合理的保密措施。《最高人民法院关于审理不正当竞争民事案件应用法律若干问题的解释》（现已废止）第11条第2款采取的就是折中主义的观点，即"人民法院应当根据所涉信息载体的特性、权利人保密的意愿、保密措施的可识别程度、他人通过正当方式获得的难易程度等因素，认定权利人是否采取了保密措施"。

对于技术信息，从权利人的主客观方面来判断，也是在折中主义视角之中。主观上，所有人将该技术信息视为秘密，其通过一定行为对信息进行控制，说明信息的所有人具有将该技术信息进行秘密管理的主观意愿；客观上，所有人采取适当的保密措施让他人认识到其保有的信息属于秘密管理的信息，从而不得采取不正当手段获得、披露或者使用。因此，秘密管理性是足以让他人认识到的所有人的主观秘密管理意识与客观秘密管理行为的统一。

也就是说,有关商业信息是否构成法律意义上的"商业秘密",很大程度上在于企业是否采取了保密措施,对商业秘密的信息是否进行保密管理。许多企业由于没有建立保密制度,没有采取保密措施,无法满足商业秘密的法定条件,从而无法认定为商业秘密,一旦遭到侵权也无法保护自己的合法权益。

3. 社会公共利益性

并非所有的技术信息都受到法律保护,只有那些符合社会公共利益、不违背善良风俗的商业秘密才可以得到法律的保护。倘若不加甄别,对所有技术信息进行法律保护,那么当侵权行为真正发生时,必将产生形式"合法"与实质非法的冲突,违背立法的初衷。

假定存在这样的案例,某民办教学培训机构与全体学生签订保密协议,协议约定将其机构内教师的教学方法、教授的学习方法、课堂训练方法作为商业秘密纳入保密协议中加以保护,上述"方法"能否当然被定性为培训机构的商业秘密并得到法律保护呢?答案是否定的。教学方法、学习方法或者训练方法,虽然具有价值,但其目的在于传授知识、教人技能。从社会公共利益的角度看,如果这些信息的创造者在教学、训练的过程中要求学员签订保密协议,已不符合"授之以渔"的教学初衷,同时学校也将付出很大的保密成本。从实际效果看,这样的保密协议很难真正落实,因为学生的行动是自由的,在学习过程中,必然相互交流和讨论,如果将这些行为都作为泄密行为加以处理,对学生的学习势必造成很大影响。所以,本案例中的教学方法、学习方法、培训等不宜作为商业秘密加以保护。[1]

(三)技术信息的内容

企业在研发过程中,对于与产品相关的技术信息,包括产品信息及方法信息,主要通过两种途径加以保护:一种是通过专利予以保护;另一种是通过商业秘密进行保护。对技术信息运用专利进行保护,不是本部分所要讨论的内容,本部分仅针对企业运用非专利手段进行保护的技术信息,包括产品信息和方法信息。产品信息和方法信息又可以细分为技术产品设

---

[1] 参见李扬:《知识产权法基本原理》,中国社会科学出版社2010年版,第358页。

计、技术配方、工艺流程等信息,但其范围不止于以上所列数项。下面就分别对几种常见的技术信息进行界定和阐述。

1. 技术产品设计

技术产品设计是产品的定型阶段,它是对产品进行全面技术规划,并最终确定产品的技术方案。其主要目的在于,在已批准的技术任务书的基础上,完成产品的最终设计。对于一项以技术特征为内容的企业自行研发的产品,在既没有申请专利,也没有正式投入市场之前,尚处于秘密状态,构成一项准商业秘密。

例如,某红头蜈蚣花露液及其系列产品设计[1]其特征是:用红头少棘巨蜈蚣和荷花、珍珠等天然药物经溶媒浸提电离子导入制得精取液或用超临界二氧化碳流体萃取工艺获得抽提液,与精纯乙醇混合加香料即得花露液;并用该抽提液与护肤霜膏、浴液、药皂、消毒液等附料分别混合,即成系列产品。该产品设计经历一个过程,并最终定型为系列产品。

又如,机械设计。简单来讲,机械设计就是根据用户的使用要求对专用机械的工作原理、结构、运动方式、力和能量的传递方式、各个零件的材料和形状尺寸、润滑方法等进行构思、分析和计算,并将其转化为具体的描述以作为制造依据的工作过程。[2]在优化机械设计时,一般要同时考虑工作性能、最低制造成本、最小尺寸和重量、使用中最可靠性、最低消耗和最少环境污染等因素。一个完整的机械设计程序大致包括以下四个步骤:首先,根据用户订货、市场需要和新型科研成果制订设计任务;其次,进行初步设计,包括确定机械的工作原理和基本结构形式,进行运动设计、结构设计并绘制初步总图以及初步审查;再次,进行技术设计及工程图设计;最后,进行定型设计,用于成批或大量生产的机械。在这个过程中,凝结了技术的最终机械产品设计构成法律意义上的商业秘密。

2. 技术配方

在工业、农业,以及医药、食品、化妆品等行业中,配方是支撑产品效用的关键信息,也是一项产品最核心的技术。工业配方、化学配方、药品配方等是商业秘密的常见形式,甚至化妆品配方及其中各成分的含量、比例也属于商业秘密。我国民间传统的"祖传秘方"也更多是从技术配方

---

[1] 参见申请号为CN00134941.4,申请日为2000年12月10日的发明专利。
[2] 参见百度百科,http://baike.baidu.com/view/145972.htm,最后访问日期:2022年3月15日。

角度定义的。

例如，某循环冷却水系统在线清洗的化学配方[1]，其成分包括：含有杀菌剂TS-807，六偏磷酸钠，水解聚马来酸酐，聚丙烯酸钠，辛烷基酚/聚氧乙烯醚，异丙醇，95%乙醇，蓝星L-826，硝酸（HNO_3，调pH用）。又如，某适应大众口味的香肠配方，由原料肠衣、猪肉、调料食盐、酱油、白糖、大曲酒、味精、胡椒、花生仁与猪肉混合拌匀灌装肠衣内，晾干或烘干而成[2]。以上两个例子都是有关技术配方的具体事例。技术配方往往是一个企业的立身之本，对企业生存有着重要意义。

3. 工艺流程

工艺流程是产品生产过程中必不可少的方式、方法，它是在产品生产过程中，从原材料到制成品各项工序安排的程序。企业在自主创新及再创造的过程中，生产一项产品所运用的新工艺和先进的操作方法，就属于商业秘密。

例如，天然花岗岩变色处理工艺流程[3]。其采用高温胚烧天然花岗岩、浸沾进二氯化铁化学试剂溶液中、再胚烧固化使其变为高价铁（$4FeCl_2+3O_2=2Fe_2O_3+4Cl_2\uparrow$）进行变色。天然花岗岩变色处理及工艺设备流程步骤为：清水冲刷、物理胚烧、化学浸沾、清水冲洗、物化胚烧、化学浸沾、清水冲洗、物理胚烧固化、清水浸泡。物理处理热源加热板或电磁棒；仅使用一种化学试剂：二氯化铁（$FeCl_2$）。这就是在生产或加工某产品中所经历的一个工艺流程。

针对技术配方及工艺流程，一项名称为"一次性祛除色斑的药液技术配方"的发明专利[4]，在权利要求书中是这样描写的："本发明药液的组成及制作方法是：取如下重量份中药原料：卫矛5%，节节草5%，甘草5%，生地5%，草乌5%，黄芪5%，将这些成分投入重量份为70%的医用酒精中，浸泡15天，去药渣，得中药液A，再取以下重量份中药液A及西药成分：中药液A 50%，水杨酸0.5%，碳酸49%，地卡因0.5%，将各组分混合均匀后，即得所述祛色斑药液。"

专利技术虽并非商业秘密，但以其举例对技术配方及工艺流程可以进

---

[1] 参见申请号为CN01106914.7，申请日为2001年2月28日的发明专利。
[2] 参见申请号为CN92113638.2，申请日为1992年12月25日的发明专利。
[3] 参见申请号为CN96106564.8，申请日为1996年6月24日的发明专利。
[4] 参见申请号为CN200610033633.8，申请日为2006年2月16日的发明专利。

行更形象化的阐明。

三、经营信息

（一）经营信息的概念

经营信息，是指企业在经营管理过程中形成的管理诀窍、产销策略、客户名单、货源情报及招投标中的标底和标书等信息。[1]换言之，企业中技术信息以外的、能够给权利人带来竞争优势的、用于经营的那部分信息就是经营信息。

《关于禁止侵犯商业秘密行为的若干规定》（1998年修订）第2条第5款所列举的"管理诀窍、客户名单、货源情报、产销策略、招标投标中的标底及标书内容"均属于典型和常见的经营信息。

2020年9月最高人民法院发布的《最高人民法院关于审理侵犯商业秘密民事案件适用法律若干问题的规定》第1条第2款规定："与经营活动有关的创意、管理、销售、财务、计划、样本、招投标材料、客户信息、数据等信息，人民法院可以认定构成反不正当竞争法第九条第四款所称的经营信息。"

2020年9月国家市场监督管理总局发布的《商业秘密保护规定（征求意见稿）》第5条第3款规定："本规定所称经营信息是指与权利人经营活动有关的各类信息，包括但不限于管理诀窍、客户名单、员工信息、货源情报、产销策略、财务数据、库存数据、战略规划、采购价格、利润模式、招投标中的标底及标书内容等信息。"

《重庆市反不正当竞争条例》（2022年修订）规定经营信息包括与经营活动有关的管理、销售、财务、计划、样本、招投标材料、客户信息等。与经营者的金融、投资、采购、销售、财务、分配有关的信息情报，如企业的投资方向、投资计划、产品成本和定价、进货和销售渠道等都属于经营信息的范围。[2]

总之，就经营信息而言，它的内涵是开放的，而且随着市场的不断发展，经营信息的范围会越来越大。

---

[1] 李扬：《知识产权法基本原理》，中国社会科学出版社2010年版，第653页。
[2] 郑国辉：《知识产权法学》，中国政法大学出版社2010年版，第492页。

作为商业秘密的两个主要组成部分，技术信息与经营信息的区别在哪里呢？两者的主要区别在于：①技术信息侧重于工业中的技术知识和经验，经营信息侧重于经营和管理中的知识和经验，除工业以外，还涉及商业、服务业、旅游业、金融业等广义的产业领域。②技术信息比经营信息具有更明显的财产价值；对技术信息的认定比较容易，而经营信息在构成条件和范围上存在很多不易确定的地方。③商业秘密的保护首先是从财产特征明显的技术信息开始，随后逐步扩大到技术秘密以外的经营信息。

（二）经营信息的特征

1. 非物化性

对照前文关于"物化性"的阐述，简单来讲，经营信息的非物化性就是指不能把企业在经营管理过程中形成的管理诀窍、产销策略、客户名单、货源情报及招投标中的标底和标书等信息直接创造出来的利润看作物，此即为非物化。技术信息的利润主要由物化了的技术所创造，而对于经营信息来说，企业的利润主要由经营信息本身创造。

2. 合法性

上文关于技术信息内容部分，对合法性问题进行过阐述，此部分的合法性同样符合非公知性、商业价值性和秘密管理性三要件，因此不再赘述。

3. 符合公序良俗

并不是所有信息都可以受到法律保护，因为这其中的某些信息可能是通过违法手段产生的或是不利于信息权利人的，因此要把那些不符合公序良俗的经营信息排除在外。例如，企业的商业贿赂信息、企业经营者的丑闻等，对于企业自身来说具有价值性，但因信息本身有违公序良俗，不适合作为商业秘密予以保护。

（三）经营信息包含的内容

在商业秘密所保护的客体中，除了技术信息，还有一类即经营信息，它是企业在经营管理过程中形成的一类独有的信息。

《最高人民法院关于审理侵犯商业秘密民事案件适用法律若干问题的规定》第1条第2款规定："与经营活动有关的创意、管理、销售、财务、计划、样本、招投标材料、客户信息、数据等信息，人民法院可以认定构成反不正当竞争法第九条第四款所称的经营信息。"

经营信息一般包括两类：第一类是具有秘密性质的与市场密切相关的商业情报或信息，如原材料价格、销售市场和竞争公司的情报、招投标中的标底及标书内容，以及供销渠道、贸易记录、客户名单等；第二类是与经营管理方法相关的资料或信息，一般是指合理有效地管理企业各部门、各行业的相互合作与协作，使生产与经营有机运转的秘密，通常表现为管理诀窍，如管理的模式、方法、经验以及管理公关等，还表现为产销策略等。

在现实中，左右商业秘密认定的不是定义本身，而是法定构成条件。经营信息不像技术信息那样在认定上容易把握，加之商业秘密范围所具有的开放性特点，使得经营信息具有很大的不确定性，经营信息想要按照当事人的主张形成一项确定的权利，难度很大。以下分别对上述两类信息进行阐明，因为商业秘密具有开放性，此处仅列举常见、典型的信息进行说明。

1. 与市场相关的商业情报或信息

（1）客户名单

客户名单是商业秘密的权利人在业务往来过程中积累客户的集合体，属于商业秘密权利人的一种经营信息，包括原材料提供者、产品的购买者等。但是，客户名称的简单机械性组合，很难构成法律意义上的客户名单，因为法律所保护的是采取必要保密措施的经营信息，这种信息是竞争对手很难通过正常途径轻易获得的。因此，我们不能把客户名单理解为名称的简单排列。客户名单实际上还应包括与其有密切联系的其他经营信息，这些经营信息因具体客户的不同而有所区别，如双方的交易习惯不同，特定时期客户的需求不同等，体现了交易双方的个性。当权利人的客户名单保密性受到侵害时，其受侵害的客体，不仅包括客户名单本身，还包括与客户名单有密切联系的其他经营信息。若侵权人不掌握、不了解与客户名单有密切联系的其他经营信息，实际上也无法达到侵权获利的目的。

一个公司的客户名单，往往包含很多重要信息，可能是公司的专有信息。一般说来，客户名单的"个性化"是权利人在公共信息的基础上加工、提炼而成的，在此过程中，权利人要付出人力、物力、财力等巨大成本，经历一个交易累积的过程。这种有了创造性成分，区别于一般信息源的独立信息源，就构成了法律所要保护的商业秘密。在现实的侵权认定上，不能简单因为客户名单可以通过公开渠道获悉就认定不存在侵权，反之亦然。

（2）货源情报

顾名思义，货源就是指货物商品的来源，它是公司贸易往来中的交易标的来源。在商品交易中，经销商关注的是利润和口碑，消费者往往更关注产品的质量和价格，这也决定了公司在寻找贸易伙伴过程中，对货源信息的搜集注重产品的价格、质量和公司的资质、发货速度等。此外，还有可能通过与数个公司进行贸易往来以最终确定一个或几个贸易伙伴。但货源信息的"个性化"是权利人在公共信息的基础上加工、提炼而成的区别性信息，包括介绍获得的货源情报信息，在此过程中，权利人同样要付出人力、物力、财力等创造性劳动，经历一个交易累积的过程。这种有创造性成分、区别于一般信息源的独立信息源，就构成了法律所要保护的商业秘密。

一个公司的货源情报，往往包含很多重要信息，除在公共平台可以获得的公司名称、地址等信息外，实际发货速度、产品的售后服务情况、产品使用生命周期等与产品相关的信息都包含在内，这些信息共同构成了一个完整的货源情报信息。并且同上述客户名单信息一样，货源情报也包含公司往来中的专有信息。货源情报信息的"个性化"也是权利人在公共信息的基础上加工、提炼而成的，在此过程中，权利人要付出人力、物力、财力等创造性劳动，同样要经历一个交易累积的过程。这种有了创造性成分，区别于一般信息源的独立信息源，构成法律所要保护的商业秘密。

（3）招投标中的标底和标书

1）招标标底。标底是由招标企业自编或委托由建设行政主管部门批准的具有建设工程相应造价资质的中介机构，为拟招标的那一部分工程或设备计算出的一个合理的基本价格。它不等于工程或设备的概算，也不等于合同价格。标底是招标单位的绝密资料，不能向任何无关人员泄露。我国国内大部分工程在招标评标时，均以标底上下的一个幅度为判断投标是否合格的条件。在建设工程招投标活动中，标底的编制是工程招标中重要的环节之一，是评标、定标的重要依据，作为实行招标工程项目的内部控制价格、价格底线，保密性强。

招标的标底，为什么构成重要的商业秘密呢？主要原因有二：

其一，我国法律有相关规定。如《中华人民共和国招标投标法》第22条第2款规定，招标人设有标底的，标底必须保密。该法第52条规定，依法必须进行招标的项目的招标人向他人透露已获取招标文件的潜在投标人的名称、数量或者可能影响公平竞争的有关招标投标的其他情况的，或者泄露标底的，给予警告，可以并处1万元以上10万元以下的罚款；对单位直接负责的主管人员和其他直接责任人员依法给予处分；构成犯罪的，依法追究刑事责任。前款所列行为影响中标结果的，中标无效。根据《中华人民共和国招标投标法实施条例》第27条第1款规定，招标人可以自行决定是否编制标底。一个招标项目只能有一个标底。标底必须保密。

其二，将招标标底作为商业秘密有益于维护市场的公平竞争、规范商业竞争秩序。第一，承包方知道了底价后可以有更多的讨价还价的余地，以争取到更多的有利条件，相应地，发包方就会承担更多的损失。第二，存在多个承包方竞争时，知道底价，可以制定既优于竞争对手又价格相对低的报价，从而得到工程，这不利于竞争秩序的维护，不利于公平竞争。

综合以上两点，无论从法律角度还是市场角度，招投标中的标底信息对发包方和投标方都有潜在的利益，也同样有潜在的风险，因此，在招标企业对标底采取必要的保密措施后，标底信息便构成企业的商业秘密信息之一，应得到法律的保护。

2）投标书。投标书是指投标单位按照招标公告的条件和要求，向招标单位提交报价并填具标单的文书。它是投标单位在充分领会招标文件，进行现场实地考察和调查的基础上所编制的投标文书，是对招标公告提出的要求的响应和承诺，并提出具体的标价及有关事项参与竞争。投标书往往以全面反映使用单位的需求为原则，因此投标企业通常在标书中会详细说明本企业相关、技术相关及与交易相关的信息，如本企业的技术特点、技术标准及企业在发展历史、管理上的信息等，以此来说明其在技术、工艺、资质等方面符合招标企业的要求。因此，一旦投标信息被其他竞争对手获得，该投标企业利益势必受到不同程度的侵害。

例如，在一项企业发包的工程标书中，对设备的技术要求及附件内容包括：设备规格、技术参数、质量性能指标、控制方式及自动化程度、工艺流程、检查验收方式及标准；对原材料、零配件、工具、包装的具体要求；安全、环保、节能、劳动保护等方面的要求。附件通常包括典型零件加工图纸等，而投标企业对这些方面的说明，恰恰会涉及投标企业的保密信息，关涉其自身利益。因此，标书同样应作为商业秘密予以保护。

2. 与经营管理相关的资料或信息

（1）管理诀窍

管理诀窍，是凝结着智慧的信息，具有特定性、创造性等特点。企业的管理诀窍是指企业在实践中经过思想的整合，形成一种符合企业自身管理特点，对企业具有良性指导意义，能通过对企业的指导创造更多利润，为企业带来长足发展的一整套管理方法。市场主体在行业、技术、品牌等方面千差万别，因此每个企业均有符合自身发展规律的一整套管理方法，而这些管理方法并不是一朝一夕就能形成的，它凝结了不同部门、不同管理层面共同的智慧，经历了一个长期的探索总结过程。管理方法维系指导着整个企业的运作，为企业带来收益，具有巨大的价值。有一句话讲得好，"小型企业在于技术，大型企业在于管理"，这也凸显了管理对于一个企业生存的重要意义。

对于从事同类产业的企业来讲，其在市场中存在直接的竞争关系，而掌握了竞争对手的技术信息或者经营信息，对自己占领更大市场份额是相当有利的。因此，企业往往把管理诀窍当作一种无形财产予以保护，如产品的研发管理、工艺流程管理、销售管理等，这些都构成本部分所讲的商业秘密的管理诀窍内容。

公知的管理模式不能称为管理诀窍，但那些并没有公开的管理模式，就可以称为管理诀窍。在此，以海尔集团的公知管理模式举例说明。

海尔经过短短十几年的发展，从一家濒临倒闭的小企业迅速成长为具有世界声誉的国家特大型家电企业，它的成功并不是偶然的。海尔的管理模式和管理方法已被作为成功的案例，写进哈佛大学、洛桑国际管理学院、欧洲工商管理学院的案例库，成为全球通用的教学案例，这在中国企业界是前所未有的。这标志着海尔已经从最初的学习借鉴国外先进管理方法发展到以自己的创新管理进入国际管理界的前沿。海尔创新的人力资源管理对中国企业建立现代企业管理制度、增强企业核心竞争力，产生了很大影响。

1）OEC管理模式。海尔借鉴国外先进的管理方法，创造了OEC

(Overall Every Control and Clear)模式,即由目标系统、日清系统和激励机制共同组成的管理模式,被称为海尔的管理模式。

目标系统是指产品的目标层层分解,量化到人,做到人人都管事,事事有人管。从各个岗位的各个环节到车间的每一项细小工作都落实到责任者,当日事当日毕,同时要找出差距,提出改进目标。每一个班组有一个日高栏,每人每天的工作量、表现情况一目了然。而这一切又与每个员工的工资收入挂钩。海尔的每个车间都有一块印着两个脚印的地板,叫"6S"大脚印。它代表的内容是:整理、整顿、清扫、清洁、素养、安全。每天班前、班后,班长站在"6S"大脚印上,组织大家讲评。最初是做得差的员工,站在"6S"大脚印上反思工作,之后,大家素质普遍提高,就改为优秀员工站在"6S"大脚印上介绍经验体会。

2)"市场链"SST负债机制。从1999年开始,海尔又创新管理模式:实行"市场链"SST负债机制("索酬""索赔""跳闸"三个词的汉语拼音的第一个字母)。这是海尔面对经济全球化的发展趋势,创造实施的一种新的管理模式,其核心是将外部的竞争环境转移到内部来,改变原有的直线式职能组织机构,让每一个海尔人都直接面对市场。

具体的内容是:各部门、各道工序的所有员工模拟一种市场关系,每个员工不再是仅对自己的上级负责,而是对自己的市场负责,上道工序是下道工序的供应商,下道工序是上道工序的市场,相当于客户。A为下道工序提供了半成品或服务,下道工序给A相应的报酬,如果A的工作完成不好,半成品的质量或服务的质量影响了下道工序,下道工序要向A索赔,如果既不索酬又不索赔,第三方就会跳闸,由A负责解决前两者的问题。这样人人都是一个市场,人人都面对一个市场,每个员工都成为市场创新的主体,同时感受外部市场竞争的压力。企业所面对的市场压力就被传递到每个员工的肩上,激活每个员工的责任心,变压力为动力,真正成为企业发展的动力和源泉。

这一新的管理机制变职能为流程,真正形成了流程再造、机构重组、资源组合,蕴含企业负债经营的思想。海尔认为,企业给员工使用的资源,如设备、工具、材料、科研经费等,就是员工对企业的负债,员工经营这些资源就要使这些资源增值。如果资源增值,就应该得到相应的报酬;如果没有获得预期的增值,就应该赔偿损失。

"市场链"SST负债机制使企业组织更加扁平化,信息反馈加快,进而使海尔实现了零库存、零距离和零营运资本的"三个零"目标。

3）80/20责任原则。海尔集团灵活地将"马特莱法则"（又称80/20法则）运用于干部管理。即从管理学角度，把80：20作为确定比值，要侧重抓关键的人、关键的环节、关键的项目，即20%，以带动80%的员工。运用该法则于管理，即职务越高、责任越重。对于错误和责任，干部与员工责任分别为80/20，即干部要对其下属的错误负80%的责任，具体工作人员负20%的责任。"谁掌握多大权力，谁就承担多大责任。"虽然管理人员是少数，但是被赋予了职权，就要承担相应的责任。因此，海尔的管理是到位的，事无巨细，均有人管；海尔的运转是高效的，职权利责，赏罚分明。

（2）产销策略

产销策略是指有利于企业实现生产及销售战略目标的具体方案的集合，它是为企业整体目标服务的。产销策略在实际运用中往往包含一个修正的过程，一般企业为了实现某一个目标，首先根据构想制订若干对应的方案，而后在实现目标的过程中，根据形势的发展和变化来不断修改或是制订新的方案，最终实现目标，如成本策略、促销策略、价格策略、附加价值策略等。

具体来讲，生产策略指在企业产销战略的总体框架下，决定如何通过生产活动来达到企业的整体经营目标，并根据对企业各种资源和内外部环境的分析，确定与具体生产相关的方式。例如，企业首先要解决在产品的生产上是自制、外购，还是代工生产；是采用低成本、大批量生产的策略，还是面向中高端限量生产等策略。

营销策略是指企业以顾客需求为出发点，根据经验获得顾客需求量以及购买力的信息、商业界的期望值等信息，而后有计划地组织各项经营活动，通过协调一致的产品策略、价格策略、渠道策略和促销策略等，为顾客提供满意的商品和服务而实现企业目标的过程。例如，在销售方式上，是采取网络销售，还是实体店面销售；在销售策略上，是采用关系销售，还是捆绑销售等。

产销策略关系到企业的生存与发展，关系到企业市场份额的占有率，关系到企业成本的节约和利润的创造。因此，企业往往将产销策略作为一项商业秘密予以保护。

我们以"桑塔纳"的营销策略为例进行说明。[1]产品的生命周期包含从进入市场到发展期、成熟期直到最后被市场淘汰的全过程。而"桑塔纳"轿车的营销策略恰恰抓住了产品的生命周期，即在产品的不同生命周期运用不同的营销策略。

"桑塔纳"在进入中国时，其在世界其他市场已经处于产品生命周期的衰退期，车型是即将淘汰的产品。德国大众公司在这个阶段，果断放弃该车型在世界其他市场的销售，紧紧抓住当时中国市场巨大、技术相对落后，竞争压力也小的特点，集中资源，将该车型引进刚刚改革开放的中国。

在中国市场进入产品成长期的"桑塔纳"，遭遇了1995年开始的汽车市场由卖方市场转向买方市场的转变。此时，"桑塔纳"的目标市场除了公务、商务用车，把更多目光投向了私家车市场。虽然品牌已具备较高的知名度，销量处于上升阶段，但是竞争对手明显增多，市场被多家企业瓜分。此时的上海大众采取了营销组合策略，拓展分销渠道。在深入研究了美国通用、日本丰田等公司的营销网络与商家管理模式之后，上海大众公司借鉴先进的营销理念，很快重组了"桑塔纳"的营销网络，创建了地区分销中心。从此，上海大众销售总公司走出上海，直面商家，将触角伸向了各地市场。

到20世纪末，"桑塔纳"在中国进入产品生命周期的成熟期。在这个时期，"桑塔纳"遭遇了最为激烈的市场竞争。为了稳定销量，延长产品的生命周期，上海大众采用了产品、分销、价格、促销四要素相结合的营销组合策略。

2004年，"桑塔纳2000"因其落后的发动机技术无力与新型发动机相抗衡而走到了生命的尽头。在衰退期，上海大众采用放弃策略，果断投产新型替代车型。辉煌一时的"桑塔纳"轿车终于退出了生产线，但它仍然是当时中国消费者保有量最多的汽车。

"桑塔纳"的这种营销策略，也只有在对其而言不构成商业秘密的情况下，才被外界所知晓。在当时，企业内部的营销策略绝对保密，从这个案例也足以看出企业的营销策略对企业至关重要。

---

[1] 参见王宇深、王晓东：《浅谈产品生命周期理论在汽车营销策略中的应用——以"桑塔纳"的营销策略为例》，载《经济研究导刊》2011年第31期。

第二节　商业秘密的保护基础

一、不同学说对保护基础的认识

（一）信任关系说与契约义务说

英国是近代以来最早以司法手段保护商业秘密的国家，其对商业秘密保护的理论基础来源主要有信任关系说和契约义务说两种理论。

1. 信任关系说

信任关系说在英美两国都有相当大的市场。特别是在英国，法庭将商业秘密归于保密信息的一种，基于信任关系而获知商业秘密的行为人，负有不得披露或使用该商业秘密的义务。美国《侵权行为法重述》认为，商业秘密不是基于奖励或鼓励开发秘密工艺或装置的政策，而是为了防止违背信任和获取他人秘密的应受谴责的手段。[1]英美两国之所以将信任关系说作为商业秘密保护的理论依据，与现实生活中相当数量商业秘密受侵犯事件中当事人之间都存在信任关系有很大关系，因为存在信任关系才有更大可能获知商业秘密的内容。市场经济是信用经济，信任在很大程度上影响着商业活动的发展水平，保护信任关系也就是保护市场经济的正常运转。

2. 契约义务说

契约义务说则是指商业秘密只能存在于特定的契约关系之中，契约是商业秘密获得法律保护的依据，当事人之间签订保密协议或保密条款之后，该契约在当事人之间因私法自治而产生约束力。但这种约束力非常有限，只能要求对方当事人为或不为一定行为，当事人之外的第三人就没有为他人保守商业秘密的义务。严格的契约义务说保护范围较窄，英美两国为有效保护商业秘密，纷纷对契约义务说中的"契约"进行扩大解释，例如，"美国法院基本上同意侵犯商业秘密案件可以按照契约法处理，但为加强对商业秘密的保护，根据衡平法原则拓宽了保密契约的认定范围，即在当事

---

[1] 徐卓斌、张钟月：《商业秘密侵权案件审理中的若干基本问题》，载《人民司法》2022年第34期。

人并未签订契约的情况下,也以当事人之间的其他法律关系为基础,考虑是否拟制其存在默示契约或者准契约"。[1]

(二) 财产权说

美国在其商业秘密理论发展的初期继受了英国的信任关系说和契约义务说,将商业秘密的保护限于特定关系的当事人之间。之后,一些学者发展出了财产权说,作为对信任关系说和契约义务说的超越。该说认为,商业秘密是一种无体财产权,发明创造人对其享有所有权,在商业秘密受到侵害时,所有人可以基于所有权的排他性,请求侵权行为人排除损害,禁止侵权行为人继续使用商业秘密,并可以要求损害赔偿。根据该说,商业秘密的持有人是基于所有人的地位进行诉讼,因而无须当事人之间有特定的法律关系或者存在保密契约。关于商业秘密究竟能不能作为一种财产权来对待,理论界长期争论不休。西方早期商业秘密判例中就有依侵害财产理论判决的先例。这种观点完全将商业秘密看作一种财产,虽然是无形的,却具有与有形财产一样的价值和重要意义。如在18世纪的英国,就禁止将技术秘密输出他国,否则将承担刑事责任。而在实用主义盛行的美国,主流派意见早已认可包括商业秘密在内的无形财产本身就是财产的一种,任何形式的不正当获取或盗用都侵犯财产权。

今天,商业秘密是具有财产权属性的权利已为大多数学者所认同,但是在美国,商业秘密又有财产权说与准财产权说之分。财产权说认为,商业秘密在性质上与专利权、商标权、著作权相同,都是人类知识活动的结果,是一种知识产权,可以成为信托、让与、继承、遗赠、课税的对象。准财产权说认为,商业秘密只是具有类似财产性质的财产。对于商业秘密的保护来自竞争法,而不是财产法,故否定其为财产权,只认定其为"准财产权"。在日本,对商业秘密的属性有财产价值说、财产权说和相对财产说之分。财产价值说认为商业秘密具有竞争财产的价值,但不具有支配性,类似于"事实上的财产"。财产权说认为,商业秘密是人们智力活动的结果,是一种无体财产权、一种不稳定的知识产权。相对财产说认为,由于商业秘密不具有独占性,不属于物权或准物权,但商业秘密的保护多基于

---

[1] 孙山:《反思中前进:商业秘密保护理论基础的剖解与展望》,载《知识产权》2011年第8期。

契约，是否构成不正当竞争，部分行为也多是根据行为人的主观状态及确保交易安全的需要，故应为相对的债权。我国不少学者认为商业秘密权是一种无形财产权。例如，有观点认为，商业秘密是对现有一般信息进行加工、筛选、储存、处理和创新所获得的结果，是凝聚着人类脑力劳动和经济成本的特殊的无形智力财产。

（三）人格权说与企业权说

人格权说与企业权说主要流行于德国，二者都来自《德国民法典》第823条第1款的扩大解释，在德国，部分学者坚持以该条作为反不正当竞争法的效力来源。

1. 人格权说

德国法中的秘密权是从一般人格权中衍生出来的个别人格权的一种，以不正当方法取得他人秘密的行为属于侵害他人人格权的行为。该理论认为反不正当竞争行为所侵害的并不是与人格权相分离的存在于外部的权益，而是侵害附着于人权的利益，即从"生命、身体、健康、自由"等权利中抽象概括出来的"人格权"。商业秘密作为反不正当竞争法的规范对象，亦应属于人格权。在这种学说看来，从事经营活动的主体在经济活动中为保障自身目的的实现，必须保证主体的独立与统一，而不正当竞争的表现包括种种混淆行为，有碍经营者人格权的实现，因此要对种种不正当竞争行为，包括侵害商业秘密的行为加以调整。而在我国，中国人民大学杨立新教授也指出："目前，我国《民法典》对法人的人格权的明文规定，仅有名称权、名誉权、荣誉权，未将经营秘密列为一项人格权，不利于对法人经营秘密进行保护。"

2. 企业权说

德国还有一些学者对商业秘密的本质持企业权说。与人格权说不同的是，企业权说理论是将该条中"其他权利"进行扩大解释。该说认为，在反不正当竞争法中，并不存在一项应受保护的统一的人格权，因为并非任何不正当竞争行为都损害了某个竞争对手的人格权，而且许多不正当竞争行为并没有损害经营者的人格，而是损害了经营者的劳动成果或其他物质利益。反不正当竞争法旨在保护的权益，是经营者从事正常的、免受不正当竞争行为之害的经济活动的权利。而商业秘密本身具有竞业上的客观经济价值，对企业的存在和发展有着莫大的影响，是企业无形财产的组成部分。持企业权说的学者认为，任何对于商业秘密的不当利用，都构成对经营者正常经营活动的侵害，而与经营者的人格没有关系。按照企业权说的观点，既然商业秘密是企业财产的组成部分之一，那么对商业秘密的保护，其效力来源自然就是企业权。

（四）知识产权法保护之权利说

传统理论认为，商业秘密不属于知识产权的范畴，其理由是商业秘密不具有知识产权的基本特征，即专有性、地域性和时间性。我国也有学者用传统的知识产权理论来衡量商业秘密，认为商业秘密完全处于秘密状态，不特定的他人是不可能知道它所指的内容是什么，对这种看不见、摸不着的东西，他人是难以承担义务的，而专利权、商标权、版权是公开的，都有明确的权利范围。自20世纪60年代以来，人们开始以知识产权法保护商业秘密，长期的立法及司法实践均将商业秘密归入知识产权的范畴之内，但对于商业秘密的法学本质则有疑问：知识产权法所保护的，究竟是一种权利，还是一种未上升为权利的法益。持权利说者一般认同"狭义知识产权说"，认定凡是知识产权法所保护的对象，就法的第二性而言，其性质均是权利；而认为商业秘密为未上升为权利的法益的学者，则持"广义知识产权说"，指出知识产权法还保护由反不正当竞争法予以规范的种种未上升为权利的法益。

二、商业秘密权

（一）商业秘密权的特点

商业秘密权是商业秘密的权利人依法享有的对其商业秘密的支配权利。其与商业秘密是两个既有联系又有区别的不同概念，商业秘密权依附于商业秘密的存在而存在。商业秘密权与商标权、专利权同属知识产权的范畴，但在权利的取得与终止方面，其与商标权、专利权相比，具有一定的特殊性。商业秘密权作为一种特殊的知识产权，不仅因为它与该权利格局中的权利有着相同的特征，可以"类聚"，还因为它有不同的特点，这些不同特点使其能够在该权利格局中自成一种"子权利"。商业秘密权与专利权、商标权、著作权等传统知识产权相比具有以下特点[1]：

（1）主体的复杂性。商业秘密权主体是指商业秘密的合法持有人或控制人，即通过合法手段开发、取得、使用特定商业秘密的人。客观存在的商业秘密，只有当其持有人采取保密措施将其控制起来，成为独占状态，法律才给予保护。这一特殊性决定了商业秘密权利主体具有以下特殊性。一是主体不一定单一。传统的知识产权一项权利只有一个主体。如专利权须经国家专利行政部门审批授予一个主体，权利人依法取得专利权后便对该项技术享有垄断权，除法律另有规定外，其他主体未经权利人许可，不得为生产经营目的制造、使用、销售其专利产品或使用其专利方法。商标权的主体具有单一性，只能为一个权利主体所独有。其他通过合法途径取得的只能是商标的使用权，而不是所有权。而商业秘密权的主体则不同，同样或近似的商业秘密可能会出现多个合法控制人，即出现多个商业秘密主体并存的情况。民事主体掌握相同或近似的商业秘密并非侵权。某一商业秘密主体对他人自行创造构思或通过反向工程获得的相同商业秘密，只能相互尊重、互不侵犯，无权请求有关机关予以禁止。二是商业秘密的主体具有隐性特征。也就是说它不像传统知识产权一样具有公开性，通常是在权利受到侵害以后，权利主体才显现出来。三是商业秘密权的主体十分广泛。从归属意义上，可分为商业秘密所有人和商业秘密许可使用人；从取得途径上，可以分为原始权利人和继受权利人等。

（2）权利对象的独特性。根据我国《反不正当竞争法》的规定，商业秘密是指不为公众所知悉、具有商业价值并经权利人采取相应保密措施的技术信息、经营信息等商业信息。商业秘密权的对象与传统知识产权的对象最大的不同之处在于其秘密性和保密性。专利保护的是公开的技术成果；商标权保护的是用来区分商品的标识，此种标识必须使用在商品上；著作权保护作品的表现形式，不保护其思想内容。传统知识产权的对象都是确定的，其范围也是明确的。而商业秘密权的对象则不为公众所知悉，他人难以判断权利的范围。从表现形式看，传统知识产权的对象必须通过文字、磁带、影像等物质载体表现出来，一般是物质化的客体。而商业秘密既可以通过一定的物质载体表现出来，又可以存在于科技人员或经营管理人员的头脑中，表现为活化或人格化的商业秘密。

---

[1] 徐朝贤：《商业秘密权初探》，载《现代法学》2000年第6期。

（3）权利期限的不确定性。商标权、专利权、著作权等都有法定的保护期限：商标的保护期为10年，期限届满，可以延续，续展期仍为10年，续展次数不限；发明专利权保护期为20年，实用新型专利权的保护期为10年，外观设计专利权的保护期为15年；公民的著作权为作者终生及其死亡后50年；法人或非法人组织的作品、著作权（署名权除外）由法人或非法人组织享有的职务作品，其发表权的保护期为50年。而商业秘密权存续的时间不为法律所预先确定，其权利和期限靠保密措施来维持。时间的长短取决于权利人的主观愿望和对商业秘密保密措施的严密程度，同时还取决于其他通过正当手段获得商业秘密的可能性，具有不确定性。

（4）权利保护的便利性和高风险性。权利人对自己合法持有的商业秘密的保护具有及时便利的优点，因为商业秘密取得法律保护的起点条件低。如著作权的法律保护要求作品具有"原创性"，授予专利的条件必须符合"新颖性、创新性和实用性"的要求；而商业秘密只要求有秘密性、保密性和商业价值性，对商业秘密新颖性的要求可高可低。再者，商业秘密权的保护主要是自我保护，不像专利权、商标权那样可以得到法律的确认与保护。商标权必须经权利人向国家知识产权局商标局提出商标注册申请，经国家知识产权局商标局依法审查、核查后发给商标注册证，予以公告。正是这样，商业秘密保护可以弥补专利等传统知识产权对智力成果保护滞后的不足，对正在开发和形成中的智力成果或者不具备专利条件的智力成果予以及时保护。商业秘密权不具有绝对的排他性，其秘密一旦公开或被泄露就丧失了商业秘密权。商业秘密权利人对以下情况无权要求有权机关予以禁止：①他人自行创造构思出的同样的商业秘密；②他人从其他合法权利人那里受让的商业秘密权；③他人从其他合法权利人那里取得的商业秘密可实施权；④他人通过反向工程取得的商业秘密；⑤他人在商业秘密权利人疏忽的情况下，善意取得的商业秘密；⑥商业秘密权利人的权利用尽。所以，权利人的商业秘密权常处于不稳定之中，其被侵害的风险较大。

（二）商业秘密权的内容

从上述商业秘密权的性质和特点看，商业秘密权的内容应包括以下几项：

（1）身份权。商业秘密权的权利客体是人类智力活动的成果，其由于与商业秘密开发者的脑力活动与身份密切相关而首先表现为一种身份权利，因此，商业秘密开发者有权要求确认其对商业秘密的开发身份。商业秘密需要被严格保守，而开发者的身份却不一定要求保密。如美国可口可乐公司饮料秘密配方是世人不知的，而拥有该配方的身份权的开发者却是世人共知的。商业秘密开发者的身份权的主要内容应包括：①在自己或许可他人利用自己的商业秘密所制造的产品或该产品的包装上享有标记权；权利人行使这一权利既可以起到宣传作用，又可以起到警示作用，提醒他人不得侵权仿造；②开发者依法享有在商业秘密文件上写明自己是开发人或发明人的权利；③有权排斥他人假冒其商业秘密的开发者的身份。

（2）保密权。它是指权利人有权采取合法措施保守其商业秘密，这是商业秘密权中最核心的内容。商业秘密权因保密而产生，因保密而存在，一旦出现失密、泄密、窃密，则商业秘密不存在，权利人也就再无商业秘密权可言。保密权的内容包括：①权利人有权对商业秘密进行秘密占有、控制和管理，任何公民或组织不得非法干预这一权利；②权利人有权要求其商业秘密的雇员和关联单位对其商业秘密进行保密；③权利人有权要求商业秘密受让方对其进行保密。

（3）使用权。即商业秘密权利人有权依法按照商业秘密的性能和用途加以利用，以实现其使用价值。其内容体现在两个方面：一方面是只要权利人不违反法律，不妨碍他人合法利益或社会公共利益，任何人或机关无权干涉这种使用；另一方面则是权利人有权要求非法取得商业秘密的人停止使用该商业秘密。他人非法获取商业秘密属于侵权行为，权利人有权要求侵权人停止侵害，对其所受的损失，权利人有权要求侵权人进行赔偿。

（4）收益权。即权利人有权从商业秘密的占有、使用、处分中获得经济利益。如通过自己使用或许可他人使用获得经济利益，通过转让或入股获得经济利益。

（5）处分权。即权利人有权处置商业秘密，其可在保留所有权的前提下，允许他人有偿或无偿使用商业秘密，形成商业秘密许可使用，也可将商业秘密权整体转让给他人，自己不再占有和使用，还可决定将商业秘密公布于世，使之进入公共领域，对社会作出贡献。当然，作为一种财产权，自然人生前可以遗嘱形式决定商业秘密的继承和馈赠。

（三）商业秘密权的取得

商业秘密权的取得，是指行为人基于一定的法律事实而享有对某项商业秘密的支配权利。其与专利权、商标权的取得不同，专利权、商标权具有独占性，其权利的取得必须经国家专门机关的审核批准。商业秘密具有秘密性特征，法律允许多个权利主体对同一商业秘密享有各自独立的所有权，所以这种权利的取得不必经任何机关或个人的批准，但获取的方式必须合法，法律禁止使用不正当竞争手段乃至犯罪手段获取他人的商业秘密。合法取得商业秘密权的方式主要有[1]：

第一，独立研究开发取得商业秘密权。独立研究开发是权利人获取商业秘密权的主要方式之一，独立研究开发行为表现出行为人争取竞争优势的主动意识。虽然在独立开发过程中行为人要付出一定的投入和辛劳，但一旦成功权利人就会获得巨大的经济利益。当然，权利人在研究开发过程中应注意保密问题，因为秘密的丧失并不总是发生在开发成功之后。

第二，通过反向工程取得商业秘密权。反向工程是权利人对从合法渠道取得的产品进行解剖和分析，从而倒推并获知产品技术秘密的一种方法。如从市场购得产品，通过化学分析了解产品的化学成分配方，通过拆卸了解机械装置的设计构造等，反向工程只适用于技术秘密。通过反向工程获取商业秘密应注意：其一，产品的获得必须合法，如购买、接受合法赠与等；其二，反向工程分析过程中的相关资料要保存完好，以避免商业秘密的其他权利人提起诉讼时自己没有充分证据支持权利取得的合法性；其三，反向工程成功后应采取保密措施，这是构成商业秘密的必要条件。

第三，通过受让取得商业秘密权。商业秘密权与专利权一样，可以通过受让的方式取得，受让人成为新的所有人对该秘密行使支配权。应注意商业秘密的转让与商业秘密的许可使用的区别，转让意味着原商业秘密所有人权利的消灭，而许可使用仅仅是权利人取得使用权，原权利人的所有权并不消灭。但通过这种方式取得商业秘密权要采取书面的形式，因为商业秘密本身的属性决定了法律在保护商业秘密权利人的利益方面具有一定的局限性，如果采用非书面形式，很难区分转让与许可的界限，原权利人可以据此继续行使对该商业秘密的权利。另外，受让人是通过接受赠与获得商业秘密权的，如果不采用书面形式，一旦赠与人反悔，受让人没有证据证明其取得商业秘密权是无偿的、合法的，从而可能遭受经济上的损失。

第四，由于商业秘密权利人的疏忽泄露取得商业秘密权。商业秘密之

---

[1] 寇占奎、薛春秋：《商业秘密权的取得与终止》，载《河北法学》2000年第3期。

所以具有秘密性特征，其前提之一是所有人采取了保密措施，以防被他人获悉，这也是权利人获得法律救济的必要条件。当权利人不注重对自己商业秘密的保护，在其疏忽的情况下，他人取得的商业秘密就是合法的。如国外有这样一个案例，某公司录有商业秘密的软盘由于操作人员的疏忽，未从计算机内取出，而后该计算机被作为旧设备淘汰时，恰被一竞争方公司所购买，后者掌握并使用了该商业秘密，前者诉诸法院要求禁止后者使用，结果法院对其要求不予支持。

（四）商业秘密权的终止

商业秘密权的终止是指由于各种原因，权利人的商业秘密进入公共领域，从而权利人丧失了基于对商业秘密的拥有而享有的各种权利。权利人的商业秘密权是依附于商业秘密而存在的，商业秘密灭失后，商业秘密权也就不复存在。因此，商业秘密消失的原因就是商业秘密权终止的根据。对商业秘密的使用不发生自然损耗的现象，其灭失的唯一原因就是公开，即非特定的人只要对该项信息感兴趣，不需要使用任何特殊手段便可直接获得该信息。至于该信息是否确实有非特定人知晓，有多少人知晓，均不影响其已处于公开状态。从公开的方式看，有出版物公开及出版物以外的其他方式公开；从公开的行为主体来看，有权利人的公开，也有第三人的公开；从公开的内在动因来看，有的公开是权利人自愿的，有的是其非自愿的公开。法律对其他知识产权一般都规定了明确的存续期间，而商业秘密权的存续时间法律没有也不可能作出明确规定，其存续时间的长短取决于商业秘密本身流通的难易程度及权利人采取的保护措施（如可口可乐配方已被保密达百年之久），因此，商业秘密权终止的情形主要有：

第一，权利人自愿将商业秘密公之于众。不管权利人是不愿再保守秘密，还是因为其他原因，只要公之于众，商业秘密就丧失了秘密性，从而进入公有领域。

第二，权利人申请专利。某些技术秘密符合申请专利的条件，而专利权的获得是以公开专利内容为代价的，因此，一旦提出专利申请，申请人必须公告，一经公告，不论是否最终能够取得专利，均不能再保持商业秘密。

第三，作者将作品公开出版。某些含有商业秘密的作品一旦被公开出版，其所含的商业秘密也随之公开。但是在美国情况有些特殊，由于其实行版权登记制度，而版权登记包括公开出版和未公开出版两种方式，在版权登记时如以"未公开出版"的方式登记,商业秘密并不丧失。除此以外,以特定的人为对象的限制出版物,也不会丧失商业秘密。

第四,权利人公开出售含有商业秘密的产品。如果权利人对含有商业秘密的产品予以出售,而其商业秘密易于从销售的产品中得知,并且未与产品的购买者、使用者订立任何保密协议,则产品的售出就意味着商业秘密的丧失。

第五,权利人的疏忽而导致泄密。如权利人不分场合、地点、对象随意谈论其所有的商业秘密,从而造成商业秘密的灭失。

第六,第三人将权利人的商业秘密公开。这里包括两种情况。其一,第三人的非法行为导致权利人商业秘密的公开。如第三人以不正当手段获取权利人的商业秘密后将其予以公开;单位职工违反保密纪律将商业秘密公开;商业秘密的被许可方违反保密协议将商业秘密公开等。其二,第三人的合法公开。如第三人通过合法途径获取权利人的商业秘密后予以公开。

应当注意:第一,权利人的商业秘密被他人通过反向工程获知,是否意味着原权利人商业秘密权的终止。我们认为,如经过反向工程掌握了秘密的主体,继续将其作为秘密管理,原权利人的商业秘密权继续存在。因为虽然他人掌握了权利人的商业秘密,但是由于商业秘密不具有法律上的排他性,而且其他掌握此项秘密的人也采取了保密措施,将其作为商业秘密进行管理,这意味着权利人的商业秘密并未进入公有领域。第二,他人虽然采用非法手段获取或者使用了权利人的商业秘密,但其对自己非法获得的商业秘密采取了适当的保密措施,并没有公之于众。这种情况下,不能将权利人商业秘密视为已进入公有领域,权利人不丧失商业秘密权。

三、商业秘密的权利界限

为了维护商业道德、促进科技进步,有必要对商业秘密权进行周延的法律保护。对商业秘密权的充分保护体现了对商业道德的尊重、对诚实信用原则的秉承、对竞争秩序的维护和对新技术研发的鼓励,但法律对任何权利的保护都应是有限度的,超高水平的保护或是过度的保护,都容易造成权利人对权利的滥用,从而违背法律保护的美好初衷,商业秘密保护中一系列的价值冲突和权利冲突就是例证。因此,有必要对商业秘密权进行一定的限制。对商业秘密权利限制的研究也是对我国商业秘密保护水平和商业秘密保护程度的研究，这个问题也是我国在完成商业秘密专门立法时必须面对和解决的难题。对商业秘密权的限制是在充分保护商业秘密权的基础上进行的，其目的在于全面深入地解读商业秘密权的本质，督促商业秘密权人合理适当地行使权利，更好地保护商业秘密。要找到解决问题的最佳措施，就得找到问题的症结所在。在商业秘密的保护中，存在着以下冲突。

（一）商业秘密法律保护中的价值冲突

法律是人们探讨解决社会矛盾和冲突的产物，法律实践活动就是一个蕴含矛盾和冲突的张力结构。社会生活的复杂性、社会需求的多元性以及社会利益主体的多元化，导致了法律的价值冲突。在商业秘密权的法律保护中，也面临着一系列的价值冲突与价值选择。

（1）保护商业秘密与维护竞争自由的冲突。竞争是市场经济的要求；每个市场主体积极地从事经营活动、创造活动，对生产资料、市场份额甚至是人才展开争夺，这种争夺是社会经济发展的原动力。竞争是自由的，又必须是有序的，因此有必要对竞争进行一定的限制。在法学理论中早已有了合理限制竞争的理论，在英美法系国家的司法判例中也确认保护商业秘密权是合理限制竞争的正当理由之一。合理的限制是对自由的真正维护，过度的限制则是对自由的亵渎。在合理限制竞争的理论中，商业秘密权构成合理限制竞争的理由，是有严格条件的，包括时间、地域范围等。若一个企业依靠其商业秘密权而形成垄断，势必破坏有效率的竞争。对商业秘密权过分保护，超出了合理的限度，就是对竞争自由的破坏，这是法律不可容忍的，也是市场经济所不能容忍的。

（2）保护商业秘密与促进技术推广、信息传播和推动科技进步的冲突。对商业秘密权的周延保护能够激励社会成员开展技术研发的热情，推动科技进步。但对商业秘密权的过分保护又有可能成为科技进步的绊脚石。因为过分保护将会使过多的信息在一定时期内处于秘密状态，由于法律对商业秘密权的保护是无确定期限的，因此这里的一定期限完全有可能是很长的一段时间。假设某一特定的技术信息，在相关领域极具创造性和价值性，开发人采用了商业秘密权的保护方式，同时采取了严格的保密措施。从理论上讲，这一信息完全有可能永远处于保密状态（可口可乐配方就作为商业秘密存在了上百年）。这一极具价值的信息对开发人而言，权利得到了保护，前期的智力活动及开发成本都得到了回报。这一信息倘若能进入公有信息领域，在业界得到推广，将极大地提高这一专业领域的生产效率；同时，业界同行有可能在该信息的基础上研发出更有价值的技术。这一切由于信息始终处于秘密状态而变得不可能，这是不合理的。人类的文明之所以能够得到传承，科技能够发展，社会得以进步，仰仗于人类对知识的薪火相传，一代一代的积累，一代一代的更新。任何创新、进步都是建立在已有的、他人的成果基础之上的。因此，对商业秘密权的过分保护将阻碍技术推广、信息传播，阻碍科技进步。

（3）保护商业秘密与保障充分就业、促进人才流动的冲突。人才流动，是市场经济条件下的客观规律。建立社会主义市场经济秩序，离不开人力资源的合理配置。我国改革开放以来的科技体制和劳动人事制度的实践证明，人才流动对于推动技术应用与传播，保障充分就业，充分发挥人才在社会主义市场经济建设中的作用具有积极意义。进入知识经济时代，对人才的争夺日益激烈。可以预见，伴随着知识经济的浪潮，人才流动的频率将加剧，范围也将扩大。但在实践中，人才的无序流动，企业之间的"挖墙脚"恶性竞争，成为现代社会商业秘密流失的主要原因。要保护商业秘密权，势必对人才流动加以限制。而这种对人才流动的限制，与保障劳动者的充分就业显然是有冲突的。若给予商业秘密权过度保护，将加剧这种冲突。

（二）商业秘密法律保护中的权利冲突

在展开对商业秘密保护中的权利冲突的探讨之前，必须澄清的是，本书所要探讨的权利冲突是指合法性、正当性权利之间的冲突，这种冲突发生在两个或两个以上的合法权利主体之间。犯罪行为或违法行为对合法权利的侵犯不是本书要探讨的权利冲突，只有合法权利行使引发侵权的权利冲突才是本书要探讨的情况。

（1）商业秘密权与劳动就业权的冲突。人才流动是市场经济的必然规律，其意义在于使人力资源得到优化配置，促进企业技术开发和进步，刺激经济增长。但同时人才的流动，尤其是向竞争企业的流动，也是实践中引发商业秘密泄露的主要渠道。为充分保护商业秘密权，企业作为大多数商业秘密持有人，往往会采取一定措施来限制人才流动，其中，签订竞业限制协议或在劳动合同中设置竞业限制条款是最主要的方式。竞业限制协议是企业对商业秘密权的保护，但同时也是对劳动者劳动权的一种限制，而劳动权、择业权在各国均属宪法性权利。从我国劳动力买方市场的实际状况来看，对商业秘密权的过强保护，可能会使本已处于弱势地位的劳动者陷于更加窘迫的境地。这其实是商业秘密权与劳动权之间、个人权利与法人权利之间的两难。

（2）商业秘密权与知情权的冲突。知情权又称知悉权、了解权，是现代法律发展过程中的一个新概念，指自然人、法人和其他社会组织依法享有的知悉、获取与法律赋予该主体的权利相关的各种信息的自由和权利。在我国，知情权存在立法缺失，仅少量的法律如《中华人民共和国消费者权益保护法》（以下简称《消费者权益保护法》）第8条中有知情权的规定。消费者享有知悉其购买、使用商品或者接受的服务的真实情况的权利。而商品或服务的信息不可避免会包含相关企业的商业秘密，因此在知情权与商业秘密权之间就产生了利益冲突。商业秘密的绝对化状态，不仅会使消费者对企业的产品或信誉产生怀疑，增加交易成本，还有可能为企业的违法操作提供方便，从而侵害广大民众的生命、财产安全。而对知情权的过强保护，又有可能使企业因为商业秘密的泄露而失去市场竞争力。这两种权利的冲突将伴随消费者权益保护观念的深化而更加突出。

（3）商业秘密权与证券投资者知悉权的冲突。信息披露制度是证券市场的核心制度，也是保障投资者能在一个公平、公正、公开的竞争条件和交易条件下获取投资回报的有效手段。公开理念是信息披露制度产生与发展的理论基础。"阳光是最有效的防腐剂，灯泡是最有效的警察。"公开的理念是证券法的核心。而商业秘密法律保护中强调的是保密理念。在残酷的商战中，商业秘密往往是企业存亡的关键。依据《中华人民共和国证券法》（以下简称《证券法》）第80条的规定："发生可能对上市公司、股票在国务院批准的其他全国性证券交易场所交易的公司的股票交易价格产生较大影响的重大事件，投资者尚未得知时，公司应当立即将有关该重大事件的情况向国务院证券监督管理机构和证券交易场所报送临时报告，并予公告，说明事件的起因、目前的状态和可能产生的法律后果。前述所称重大事件包括：（一）公司的经营方针和经营范围的重大变化；（二）公司的重大投资行为，公司在一年内购买、出售重大资产超过公司资产总额百分之三十，或者公司营业用主要资产的抵押、质押、出售或者报废一次超过该资产的百分之三十；（三）公司订立重要合同、提供重大担保或者从事关联交易，可能对公司的资产、负债、权益和经营成果产生重要影响；（四）公司发生重大债务和未能清偿到期重大债务的违约情况；（五）公司发生重大亏损或者重大损失;(六)公司生产经营的外部条件发生的重大变化;(七)公司的董事、三分之一以上监事或者经理发生变动,董事长或者经理无法履行职责;(八)持有公司百分之五以上股份的股东或者实际控制人持有股份或者控制公司的情况发生较大变化,公司的实际控制人及其控制的其他企业从事与公司相同或相似业务的情况发生较大变化;(九)公司分配股利、增资的计划,公司股权结构的重要变化,公司减资、合并、分立、解散及申请破产的决定,或者依法进入破产程序、被责令关闭;(十)涉及公司的重大诉讼、仲裁,股东大会、董事会决议被依法撤销或者宣告无效;(十一)公司涉嫌犯罪被依法立案调查,公司的控股股东、实际控制人、董事、监事、高级管理人员涉嫌犯罪被依法采取强制措施;(十二)国务院证券监督管理机构规定的其他事项。由此可知,投资者有权知悉上述各事项,而上述事项与商业秘密权的保护范围是存在交叉的。例如,公司的产销策略发生了重大变化,按《证券法》的规定,投资者有权知悉,公司必须披露,但是产销策略又属于商业秘密中的经营信息,是商业秘密权的保护范畴,这样就使两种权利产生了冲突。[1]

  以上都是商业秘密保护中遇到的一些冲突,要使商业秘密保护措施运转正常就必须处理好这些冲突。而在面对商业秘密法律保护中的价值冲突和权利冲突时,首先必须明确的是权利是否平等。在权利体系当中,有宪法规定的基本权利和其他法律规定的权利之分(如劳动权和商业秘密权),有绝对权和相对权、实体权利和程序权利之分。这些学理上划分的权利之间并不存在天然的位阶关系。因为在法理学中,权利体系与法律体系是两个不同的概念,任何国家的法律体系都有一个位阶关系,而权利体系没有这种位阶关系,权利体系当中的各种权利应该是平等的。在具体的案件当中,权利都是具体的、现实的。因此,在面对商业秘密权保护中的权利冲突和价值冲突的时候,必须对权利和价值作一个具体的衡量。

  在对商业秘密权法律保护中的价值冲突和权利冲突进行衡量时,关键在于把握三个标准。一是社会主导价值观和社会总体利益。权利、价值本身并无位阶关系,但一个社会中占主导地位的价值观和社会总体利益客观上必然影响冲突的解决。对于商业秘密权的保护,信奉个人权利至上的国家势必向商业秘密权利人的利益倾斜;信奉社会整体价值观的国家,在权

---

[1] 付慧姝:《商业秘密保护中的价值冲突与权利冲突研究》,载《河北法学》2005年第12期。

利配置上必将对社会效益显著的权利进行优先配置，对商业秘密权施加各种来自公共利益的限制。二是采取共同抑制标准。对于难以权衡的权利和价值，以及要在权利之间、价值之间达到平衡的情况下，就应采用共同抑制原则。即对冲突的权利和价值都加以抑制，以达成妥协，化解冲突。以商业秘密权与证券投资者的知悉权的冲突为例，在重大事项与商业秘密交叉的情况下，对于上市公司的核心商业秘密，应允许保密，不披露；对于会严重影响股票交易价格的部分信息必须披露。三是效率优先，兼顾公平的原则。当按照上述两个标准来解决冲突将导致明显的不公平时，可借助公平原则。效率是市场经济追求的重要目标，但如果在追求效率、追求价值最大化之后，得出的却是一个不公平的结果，则应考虑借助公平原则来补充和调整。

另外，在商业秘密制度较为成熟的英国和美国，当商业秘密保护同其他权利或价值发生冲突时，有公共利益规则和不可避免泄露规则，值得我国学习借鉴。

第三节 商业秘密的性质及构成要件

一、商业秘密的财产性及所有权性

尽管知识都是对既有客观世界的认识和感知的描述，但知识产权的特有对象是创造性智力成果和工商业标记。不管哪种知识产权类别，均表现为将知识固定下来的特定形式，并为人们所感知。经济合作与发展组织（Organization for Economic Co-operation and Development，OECD，简称经合组织）将知识分为四类：①知道是什么的知识（Know What），主要是叙述事实方面的知识；②知道为什么的知识（Know Why），主要是自然原理和规律方面的知识；③知道怎么做的知识（Know How），主要是指对某些事物的技能和能力的知识；④知道是谁的知识（Know Who），涉及谁知道和谁知道如何做某些事的知识。前两者只能称为发现，当然如果是利用前两者的发现得出的创造性智力成果又另当别论。而上述第四类只能称为一种事实，或者理解为关于知识掌握者或知识所有者的资讯。只有第三类和知识产权的主旨较为贴切，属于广义知识的范畴。知识产权是对创造性智力成果和工商业标记的保护，而以这两种形式产生的知识具有独创性，公众普遍掌握的技艺和能力则不在此列。这里产生一个问题，即某种技艺和能力如果并不为公众所知晓，能否成为知识产权的对象。

如果将商业秘密划入知识产权保护的范畴就必须提到财产，因为知识产权是一种无形财产权。所谓财产，通常是指具有金钱价值的东西。法律意义上，财产须具备如下要件：有用性、稀缺性、可支配性。狭义上的财产仅指有体物，广义上的财产不仅包括有体物，还包括权利等无形财产，不仅包括资产（积极财产），也包括债务（消极资产）。"财产"这个词被普遍用于对商业秘密的描述上，但商业秘密是否属于法律意义上的财产争论很多。反对商业秘密是财产的争论中有两种不同的见解：[1]

（1）发现理论。美国《独立宣言》的作者曾说：知识产权如同对未知的秘密进行发现。从这个角度出发，反对者经常会举土地的例子来说明商业秘密是一种发现。比如，存在一块极有价值的土地，只是一直没有人发现，在某一天，某个人发现了这块土地并对其进行各种各样的利用，对土地上的收益百分之百地享有。那么这里，土地就不能成为财产，因为其只是固有的东西被发现。

（2）垄断理论。反对者认为，商业秘密是一种资源，存在共享或者垄断的情形。即使在商业秘密已经被美国国内普遍认为是一种资讯的时候，格林勋爵仍然认为：商业秘密这种资讯不属于公共财产，也不属于公共知识，不能作为财产来保护。

在1851年莫尔森诉马特的商业秘密案中，法官已意识到涉案的争议并非专利，而是一种秘密，对于这种秘密的法律定位法官也有些困惑，所以其这样考虑：违背信义之诉（指该商业秘密的诉讼）有时被视为财产之诉，有时被视为合同之诉，有时又被视为基于委托关系或信用关系而产生的诉讼。在涉税案中，兰斯姆这样认为：我不能认同资讯的交流构成一种财产的转移……知识是有价值的，但是这种知识既不是实在的，也不能构成个人的财产。罗德法官和科恩法官更是强硬地坚持"总的来说，资讯根本不是财产"。与此一脉相承的问题是，资讯能不能被偷窃。反对者认为，资讯既然不是财产，就不能被偷窃，围绕资讯所发生的纠纷仅仅是对合同信任

---

[1] 刘春田、郑璇玉：《商业秘密的法理分析》，载《法学家》2004年第3期。

义务和诚实原则的违反。在当时的情况下，侵害商业秘密应作为侵害财产处理，还是作为侵害债权处理，至少在法理上是模棱两可的。

美国对于资讯属于财产的一种形式也有争论，特别是资讯的持有能否作为一种所有权来看待。由于这一问题不能形成统一意见，讨论的焦点由此转移到实务操作方面，即用债权或以雇佣合同的方式来处理秘密资讯的转让。

当英美法系的学者争论商业秘密是不是财产时，一个不可回避的问题产生了，即财产的一个重要属性就是对世的权利特征，商业秘密的权利是否归于对世权。美国法学界有这样的格言："当应用于商标法和商业秘密时，'财产'这个词还是具有第二含义的一种未加分析的表达……财产可能被否认，但其秘密性不可否认。"尽管类似的格言代表的理论否认商业秘密是一种对世权，但是，支持商业秘密为对世权的观点也有很多。英国法学界同样面临两种声音，只是英国法学界多将商业秘密归类于信用或者契约关系。另外，虽然最早的英美法判例认为对商业秘密的侵犯是对保密或信任义务的违反，但是当资讯处于保密契约或信任关系状态时，这种资讯在英美法上被视为财产。

国内学者对于商业秘密是否具有财产的属性也存在争论。如果将商业秘密看作一种财产，那么商业秘密权理所当然地是一种财产权，这就意味着商业秘密的所有人可以对不特定的多数人主张权利。但是，由于商业秘密完全处于秘密状态，不特定的多数人不可能知道权利人拥有的权利范围及内容。正如上文中提到的财产权理论所表述的那样，对这种既看不见又摸不着的东西，他人难以承担义务。商业秘密与商标权、专利权、著作权不同，并不像后三种权利都有明确具体的范围。

法学理论认为，财产权是直接对物行使的，很难想象商业秘密可以作为物权的标的物。也有学者认为，商业秘密客观上可以被看作财产，但是从法理上讲，将商业秘密作为财产保护并非无懈可击。然而，赞同商业秘密是财产的学者却认为：能够给所有者带来收入，并且为社会上的其他人所争夺的东西就是财产。支持财产理论的学者认为其哲学依据为占有理论，发现者和首先占有者有权以他们认为合适的方式处分财产。

有关商业秘密里的财产权利和对世权的争论部分来源于对概念的不同理解。有学者认为，商业秘密权利具有对世权的权利特征和权利属性，最重要的理由就是其具有流通性的资产品质，如米尔格兰姆对商业秘密属性的分析。但是,这种观点值得探讨。如果仅以流通性的资产品质认为商业秘密是一种对世权,那么,合同中的金融票据、有价证券等也是可以流通的,但这种流通却表现为对人权。

实际上,当人们将"财产"的术语用于不同场合的时候,人们的头脑中最精确的法律表达应指的是"所有权"而不是"对世权"。商业秘密是商业秘密权形成的必要条件,立法强调权利人采取保密措施只是将商业秘密作为一种私有财产的证明,而不是商业秘密权利存在的标志。

从所有权角度出发,必须明确商业秘密的权利人和"拥有者"用语的区别,使用"拥有者"这个词来描述一个商业秘密的权利人并不准确。商业秘密的"拥有者"这个称呼并不能够表明其权利的正当性和合法性,被合法授权的商业秘密使用人和非法的商业秘密的窃取人都可以成为商业秘密的拥有者。

本书认为,商业秘密确定为一种财产是无可争议的,就像前文提到的财产权理论以及财产的概念一样,商业秘密的对世权性质与物权乃至知识产权的其他保护对象所体现的对世权都是有区别的。比如,商业秘密可能重复产生也可同时被很多人所控制,这种资讯不能被"拿走"却可以"共享",但是其作为财产的价值被降低,特别是当它所包含的资讯被公开或者其他人独立地获得同样的资讯的时候,这种财产的价值降低或消失表现得尤为明显。在商业秘密受到侵害时,权利人失去的是排他性竞争优势而不是他的"占有"。也可以说,权利人可以继续与侵权人一起同时使用商业秘密,这一点和著作权的"对世权"是有区别的。

在侵害商业秘密案件中,商业秘密虽然可以共享,但是财产的属性却不能共享。商业秘密被盗用以前,只有商业秘密的权利人可以开发资讯。但是,当商业秘密被盗用后,每一个侵权者对商业秘密的利用都会减少前面商业秘密权利人和之后"得到者"手中财产的价值并获得了继续挖掘这种财产的短暂时间。

二、商业秘密的构成要件

关于商业秘密的构成要件,存在着不同的理论及规定。

(1)世界贸易组织和世界知识产权组织的规定。《与贸易有关的知识产权协定》(TRIPs)第39条规定,构成商业秘密的信息必须是秘密的,由于秘密而具有商业价值，合法控制该信息的人根据情况采取了合理的保密措施。世界知识产权组织于1997年制定的《关于反不正当竞争保护的示范规定》第6条第3款规定，符合下列条件的信息应被视为"秘密信息"："（i）作为整体或在其组成部分的精确配置和组合上，不为通常涉及该类信息的同行业中的人们所普遍了解或容易获得；（ii）因其为秘密而具有商业价值；以及（iii）由合法持有人根据情况已采取了合理的步骤来保守秘密。"[1] 世界知识产权组织国际局对《关于反不正当竞争保护的示范规定》第6条规定的商业秘密作出的解释为：①秘密信息由制造秘密或商业秘密组成；它包括生产方法、化学配方、绘图、原型、销售方法、经销方法、合同形式、商业计划表、价格协议细节、消费者情况介绍、广告策略等；②秘密信息可以是足够取得专利权的发明，但它的此种可能性——尤其是专利法意义上的新颖性和发明性步骤——并非予以保护的前提条件；③就第①点而言，并不要求绝对秘密，只要该信息不是通常涉及该类信息的同行业中的人们普遍知悉或易于获得，该信息就应被视为秘密信息；④就第②点而言，为获得保护，秘密信息必须因其具有秘密性而具有特定的商业价值；⑤就第③点而言，为确定是否采取了合理的保密措施，必须考虑权利持有人开发该秘密信息所花费的精力和金钱，该信息对于他和他的竞争对手的价值，他人通过合法方式取得该信息的难易程度等。但是，秘密信息必须是可辨认的，如记载在文件上或储存在数据库中。尽管通过合同约定义务并不是必需的，但权利人必须表明他将信息作为秘密对待的意图。

（2）英美法系国家商业秘密的构成条件。美国《统一商业秘密法》第一部分"定义"第4项对商业秘密的界定是：商业秘密是包括配方、样式、编辑产品、程序、设计、方法、技术或工艺等在内的信息，它必须：①并非众所周知且不易由他人通过正当手段轻易获知，其泄露或者使用能够使他人获取经济利益而具有现实的或潜在的独立经济价值；②已尽合理的努力保持其秘密性。《不公平竞争法第三次重述》规定："商业秘密是能够运用于商业或者其他企业的经营之中的任何信息，该信息具有足够的价值和秘密性，能够给予其对其他人的实际的或潜在的经济优势。"

英国的商业秘密保护是建立在信任违反理论的基础之上的。英国法

---

[1] 参见《关于反不正当竞争保护的示范规定》，载世界知识产权组织网站，https://tind.wipo.int/record/36391，最后访问日期：2023年10月30日。

规定，要想在所提起的信任违反的民事诉讼中胜诉，必须满足三个条件：①信息必须是秘密的；②在存在信任义务的情形下，信息被披露；③该信息必须存在实际的或者可预期的未经授权的使用或披露。

加拿大《统一商业秘密法》规定，商业秘密是指符合下列条件的任何信息：①被用于或者可能被用于贸易或者商业之中；②在贸易或商业中不为众所周知；③因不为众所周知而具有经济价值；④为防止其成为众所周知而采取了合理的保密措施。

英美法系国家无论是以财产理论还是以契约理论为出发点对商业秘密进行保护，对商业秘密构成条件的认定都是：该信息必须是秘密的，具有经济价值或实际的、潜在的独立价值，在商业上使用或用于经营的任何信息，权利人采取了合理的保密措施。

（3）大陆法系国家商业秘密的构成要件。日本于2023年通过并实施的《不正当竞争防止法》第2条第6款第3项规定，商业秘密是指"作为秘密进行管理的生产方法、销售方法以及其他不为公众所知悉、对经营活动有用的技术或者经营情报"。根据法律的规定以及学者的论述，商业秘密的要件有：不为一般公众所知悉，采取保密措施，有实用价值。

德国《反不正当竞争法》对于商业秘密没有界定，按照德国联邦法院及有关学说的见解，商业秘密的构成要件有：秘密性、具有保密的意思、保密的利益。[1]

（4）我国立法及司法的规定。我国的《反不正当竞争法》自1993年通过后，于2017年进行了一次修订，并于2019年进行修正。在1993年版本中，第10条第3款中对商业秘密的定义为"不为公众所知悉、能为权利人带来经济利益、具有实用性并经权利人采取保密措施的技术信息和经营信息"。而随着时代进步，有关商业秘密的概念在2017年新修订版本中发生了比较明显的变化，其第9条第3款规定："本法所称的商业秘密，是指不为公众所知悉、具有商业价值并经权利人采取相应保密措施的技术信息和经营信息。"修订前后对比发现，我国对于商业秘密构成要件的判断，不再是简单要求具有实用性，而是更加明确地强调须具有商业价值。此外，该法在2019年修正后，对商业秘密的定义又略有完善，即"不为公众所知悉、具有商业价值并经权利人采取相应保密措施的技术信息、经营信息等

---

[1] 邓社民：《商业秘密概念初探》，载《知识产权》2002年第2期。

商业信息"。其中,将"技术信息、经营信息"进一步纳入"商业信息",更加凸显其商业性。

《商业秘密保护法(送审稿)》规定,商业秘密为:不为该信息应用领域的人所普遍知悉;具有实际或潜在的商业价值;经权利人采取了合理的保密措施。

综上所述,大陆法系国家及我国立法规定和司法实践在现阶段都认为,商业秘密的构成条件是:第一,秘密性,即不为公众所知悉;第二,价值性,即具有商业价值;第三,保密性,即经权利人采取相应的保密措施。本书将根据现行我国《反不正当竞争法》中关于商业秘密的概念,围绕其三个构成要件,即秘密性、保密性、商业价值性,进行阐述。同时,对以往规定中的"实用性"要件,也会进行一定的解读。

(一)秘密性

商业秘密最显著的特征是秘密性,在不同国家关于商业秘密的定义中,关于秘密性的表述也是不同的。美国侧重于未被他人所公知,而我国则强调不为公众所知悉。美国法院认为秘密性是指相对秘密性,关于相对秘密性问题可以从以下六个方面理解:

(1)秘密性的地域范围应以国内为主,这是由各国科技水平发展的不平衡所造成的。在发达国家公知公用的技术在落后一些的国家有可能仍然是比较先进的技术。这样的限定,一方面可以促进本国技术人员积极引进国外的先进技术,并在此基础上进行创新和改造,另一方面也有利于改善本国的投资环境。具体地讲,秘密性的判断标准可以参照有关专利法的规定,即在出版物公开方面采用国际标准,而在公知公用方面采用国内标准。

(2)商业秘密不为公众所知悉并不意味着任何人都不知道该商业秘密,只需相关行业中的有关人员不普遍知悉即可,除非竞争对手使用不正当手段,否则难以获知有关商业秘密。这样能够更充分地保护权利人的利益,同时也有利于减少诉讼时举证的困难。当某信息在一个行业中已为一般人所知,但在另一个行业中仍是秘密时,它对于后一行业来讲仍属商业秘密,这在新技术在其他领域转用时最为明显。

(3)某一商业秘密被企业内部有关工作人员或职能人员获悉这一事实并不必然导致商业秘密丧失其秘密性,只要该职员的获悉是出于业务的需要,而且按企业的规章制度或劳动合同,该职员负有明示的或默示的保密义务。

（4）在有些情况下，企业的外部人员知晓有关的商业秘密也不必然使其丧失秘密性。这主要是出于业务上的需要，企业的原材料供应商、产品销售商、加工承揽商、修理商等知道有关的商业秘密，但应该限于这些范围，即这些外部人员不应再扩散其所知的商业秘密。为此，双方最好签订一份保密协议，将有关的保密义务明确规定下来。根据当地的行业习惯或当事人之间交往的惯例，外部人员也应该负有保密的义务。这样，这种有限的扩散才不会破坏商业秘密的秘密性。

（5）当一方采用不正当手段获知某一商业秘密时，法律对商业秘密的秘密性要求会放得比较宽。例如，在K2滑雪公司诉希德滑雪公司（1974年）一案中，美国第九巡回上诉法院认为，在原告举行的有销售商参加的产品订货会上展示部分体现商业秘密的样品这一事实，并不意味着原告商业秘密秘密性的丧失。主要原因是参加的产品销售商在产品未上市的订货阶段对K2滑雪公司有关的商业秘密负有默示的保密义务，而且被告公司并没有参加这次订货会，被告公司获知该商业秘密是因为原告的一名原雇员受雇于被告公司。同时在另一个案例中，法院认为，为了产品的正常使用，在有限的范围内公开技术，而用户依法或依约定承担不扩散义务，那么，这种有限的公开并不使商业秘密丧失其相对秘密性，尤其是当被告通过可疑的手段获得获知商业秘密时。

（6）关于反向工程，也就是包含商业秘密的产品上市后对商业秘密产生什么样影响的问题。一般而言，如果一项商业秘密可以通过反向工程的方式很容易地被发现，那么它就不能被认定为商业秘密；而如果该秘密只有通过长时间的分析才能被发现，这时商业秘密依然存在，因为正是该秘密的存在才使权利人获得了时间优势；如果通过对产品的内在检查可以较容易地发现其中包含的秘密，而产品是根据合同租借或特许使用的，并且有关合同中禁止租借人和被许可人对产品进行内在检查，那么该秘密仍可作为商业秘密受到保护。从商业秘密的秘密性特征中可以较为合理地推论出新颖性的特征，但新颖性并不应该成为商业秘密一个独有的特征，商业秘密的新颖性类似于专利法上的创造性，但是其要求远比专利法低。实际上，要求商业秘密具备新颖性是为了避免任何人试图将处于公有领域内的知识据为己有。一般而言，只要商业秘密不是行业内现成的普通信息即可满足新颖性的要求。它可以是一种可申请专利的装置或工艺，也可以是从现有技术中可明确预见的工艺，或者仅仅是一种机械方面的改进，只要权利人为该信息或知识付出了相当程度的独立的努力，即使该信息只比公知技术有一点进步，它也能够满足商业秘密新颖性的要求。因此，商业秘密关于新颖性的要求是比较低的。但是，商业秘密新颖性程度的高低会影响其他人的相关权利，从而有可能不利于社会科技水平的提高，因而这是一个实践性很强的问题，在实际诉讼中主要是通过举证责任的大小来进行调节。如果某商业秘密的新颖性程度很高，法院就可要求原告仅负有限的举证责任，甚至发生举证责任的倒置；而如果商业秘密的新颖性程度较低，则可要求原告承担比较严格的举证责任。

我国法律法规对商业秘密的表述强调不为公众所知悉，也即，一项信息是不是具有秘密性的判断标准，从认识论上说，是看公众是否通过一定的方式感受到了信息这一客体。如果公众普遍感受到了，则该项信息就不具有秘密性，如果没有感受到，则具有秘密性。因此，我国判断商业秘密的秘密性可以从以下几个方面来确定：

（1）感受的主体。感受商业秘密的主体，是指什么范围内的人可以参加判断，即从法律上说什么人的判断结果有法律效力。[1]从我国目前的法律规定看，感受的主体应是公众。至于公众的范围，无论是法律、法规、规章还是司法解释，都没有明确的规定。由此，司法实践和理论研究就有了分歧，一种意见认为，公众就是指任何人，即任何一个不特定的人。商业秘密拥有人拥有的商业秘密，对于社会上的任何一个不特定的人来讲都是秘密的。[2]另一种意见认为，公众是一个相对的而非绝对的概念，也不是泛指一般的社会公众，而是指相关信息所属领域的不特定多数人。[3]大多数人赞同后一种意见，其主要理由是，随着科学技术和生产技术的发展，人们对物质文化生活的需求日益提高，商品经营和营业性服务的范围越来越广，各种行业存在着较大的区别。而《反不正当竞争法》调整的是同业竞争者之间的竞争行为，因此，公众所指的特定对象应当包括两类：一类是从事同一行业经营或服务的法人、其他组织和个人；另一类是准备涉足商业秘密所在领域和行业的法人、其他组织和个人。需要说明的是，这里所说的

---

[1] 张玉瑞：《商业秘密法学》，中国法制出版社1999年版，第188页。
[2] 孙鸥：《商业秘密概述及诉讼保护》，知识产权出版社2000年版，第40页。
[3] 孔平兰：《面向21世纪的中国知识产权问题》，知识产权出版社2000年版，第198页。

行业一般不是指农业、工业、商业这样的大行业，而是运用某种专门知识的行业[1]，既包括社会上约定俗成的行业，也包括按照在社会实践中形成的必要知识划分的各种技术专业。

（2）被感受的客体。商业秘密被感受的客体即商业秘密的客体，是对商业秘密范围的抽象化。如果商业秘密被感受的客体被感受商业秘密的主体即公众所知悉，则该信息就不再是商业秘密。根据《与贸易有关的知识产权协定》，被感受的客体应包括三项内容：①信息整体的确切内容。如果一项保密信息整体的确切内容不为公众所知悉，则可以认定为商业秘密。②信息各个组成部分的确切内容。即使一项信息的整体及其组成部分为公众所知悉，但具体组成部分的确切内容不为公众所知悉，则该信息的具体组成部分的确切内容，可以认定为商业秘密。③组成部分的确切组合。即使一项信息的整体和各个组成部分的确切内容已为公众所知悉，但组成部分的排列组合不为公众所知悉，则组成部分的排列组合，可以认定为商业秘密。

（3）感受的方式。感受的方式，是指感受商业秘密的主体了解掌握商业秘密的正当渠道，其实质是说明在什么范围内公开的信息不再是商业秘密。一般认为，能从下列渠道获得的信息不再是商业秘密：①公开发行的出版物。只要一项信息刊登在一本公开发行的出版物上，就可以认定该信息已为公众所知悉。这种知悉既可以是实际知悉的状态，也可以是具备知悉的条件。也就是说，一项信息公开后，可以是公众确实看到了、知道了、掌握了，也可以是没有人看，但具备看到、知道、掌握的条件。这里的出版物既包括书籍、杂志、报纸、正式公布的会议记录或技术报告和专利文献等，也包括用其他方式制成的公开发行的载体，如公开发行的光盘、磁盘、照片、影片等。②很容易被模仿的产品的公开销售和展示。一项产品如果很容易被模仿，则其制造方法在该产品公开销售和展示后，就不再是商业秘密，尽管在此之前可以是。但是，如果一项产品的反向工程要花费大量的人力、物力、财力和较长时间，则该产品的制造方法无论是最初的发明人，还是通过反向工程得到制造方法的人，都可以拥有该商业秘密。③其他方法。如果公众能从其他途径合法获取一项信息，则该信息不再是商业秘密。如一项技术的广泛的公开使用，又如很容易得到的在标明"内部资料"的行业内出版物上登载的信息。

---

[1] 张玉瑞：《商业秘密法学》，中国法制出版社1999年版，第188页。

（4）感受的程度。感受的程度是公众对信息了解、知道、掌握的深度，即一项信息被感受到什么程度才能不再认定为商业秘密。这里有两个标准：一是要知全、知尽，不全面、不充分、不完整地被了解的信息仍然是商业秘密；二是要普遍知道和掌握，如果一项信息只是在同行业的小范围内被知道，一般认为不丧失其秘密性，如果信息的所有人为获得进入市场的行政许可，将该信息的数据提供给行政主管部门，则行政主管部门有义务为之保密，不丧失其秘密性。[1]

（二）保密性

商业秘密的保密性通常是指商业秘密所有人对该秘密信息采取了较为严格的保密措施，使商业秘密处于一种不为公众所知的状态。但在司法实践中，商业秘密所有人对秘密信息是否采取了保密措施，保密措施是否合理，保密措施严格到何种程度，是否达到了使秘密信息处于不为公众所知的状态，并非属于可以进行清晰判断的问题，这些问题在具体认定中有一定的疑难性和复杂性。因此，首先要对保密性与秘密性进行区分，以加深对保密性的理解。

1. 保密性与秘密性的关系

秘密性是商业秘密最为本质的特征，强调该秘密信息不为公众所知；而保密性强调的是对该商业秘密采取保密措施。秘密性是从秘密信息的内部对其进行考察，而保密性是从外部对其进行考察。从判断要素上讲，判断一个信息是否构成商业秘密，最为直接的方式就是看信息持有人是否采取了保密措施，这也是通过外部最为简单的考察方式。

但是，这样从外部判断商业秘密是否具有保密性仅仅是判断是否构成商业秘密的"第二道工序"，而"第一道工序"就是判断该信息是否属于"不为公众所知"的信息，如果该信息属于公众所知的信息，那么该信息就不具有作为商业秘密进行保护的价值，应当被划入公共知识的范畴。因此，秘密性是划定商业秘密私权利与公共知识的一条界限。在我国的法律体系中，侵犯商业秘密被置于《反不正当竞争法》的领域，这就意味着非法获取、披露、使用商业秘密是一个违反市场秩序的不正当竞争行为。但是，商业秘密也具有普通知识产权所具有的私权公权化属性——商业秘密虽然

---

[1] 庆勇：《论商业秘密的构成要件》，载《河南省政法管理干部学院学报》2001年第3期。

本质上属于私权，但不能对其进行绝对的保护，还要考虑保障公共利益，不能将属于公众领域的信息错误地划入私人领域，不能让商业秘密制度成为私人占有公共领域知识的异化制度。因此，商业秘密的确定必须依据一个重要的标准，这就是秘密性，即不为公众所知悉，同时商业秘密还须具有保密性，这样才能实现个人利益与公共利益之间的平衡。如果秘密性是平衡私权与公权的有力工具，那么保密性就是判断商业秘密是否有效的一项具体制度。但如何判断商业秘密的所有人是否采取了合理的保密措施，或者说商业秘密的所有人采取的保密措施达到什么样的程度才能被认为采取了合理的保密措施，这一直是司法实践中的一个难题。本书认为，商业秘密的保密性要符合以下要件：体现秘密信息拥有人的保密意愿，采取了客观的保密措施，保密措施具有合理性。

2. 体现秘密信息拥有人的保密意愿

商业秘密作为一种秘密信息，必须体现出保密人的保密意愿，这是商业秘密的构成要件之一。秘密信息拥有人必须在主观上具有对秘密信息采取保密措施的意愿，而且这种主观意愿必须以具体的可以感知的方式表现出来，即让市场中的其他人能够感受到其保密的意愿。这种保密意愿的判断因素主要包括：保密意愿的强烈程度，采取的保密措施的可认知程度和可感知程度，权利人是否为他人获得该信息设置了足以发挥作用的障碍，市场上的外部主体获得该信息的难度等。这样的判断要素也体现在司法案例中，实践中的判决均要求秘密信息拥有人采取必要的保密措施，并且该保密措施具有能够使外部人获知拥有人保密义务而应达到的适当性和合理性。在具体的形式上，保密措施可以是与保密义务人签订保密协议，也可以是在单位内部制定保密规章制度、单方要求等。以广州市电菱公司诉张某某等不正当竞争纠纷案为例来说明。在这个案例中，秘密信息是客户名单，法院经审查认定，在主观方面，秘密信息所有人并没有对客户名单进行保护的意愿；在客观方面，广州市电菱公司也没有对该客户名单采取保密措施（进行保护使其处于一种独占的非公开的状态）。基于此，法院没有将广州市电菱公司的客户名单认定为商业秘密并驳回其诉讼请求。可见，在司法实践中，法院要求秘密信息持有人应当具有采取保护措施的主观意愿，同时实施了合理有效的保密措施。

3. 客观上采取了保密措施

关于保密措施的内涵，《最高人民法院关于审理不正当竞争民事案件应用法律若干问题的解释》（法释〔2020〕19号，现已废止）对保密措施以列举的方式进行了规定。该司法解释第11条第3款规定："具有下列情形之一，在正常情况下足以防止涉密信息泄漏[1]的，应当认定权利人采取了保密措施：（一）限定涉密信息的知悉范围，只对必须知悉的相关人员告知其内容；（二）对于涉密信息载体采取加锁等防范措施；（三）在涉密信息的载体上标有保密标志；（四）对于涉密信息采用密码或者代码等；（五）签订保密协议；（六）对于涉密的机器、厂房、车间等场所限制来访者或者提出保密要求；（七）确保信息秘密的其他合理措施。"这条司法解释中列举了7项保密措施，其中第7项是一个开放式条款。

《四川省反不正当竞争条例》（2021年修订）第19条规定："具有下列情形之一，在正常情况下足以防止商业秘密泄露的，应当认定权利人采取了相应保密措施：（一）签订保密协议或者在合同中约定保密义务的；（二）通过章程、培训、规章制度、书面告知等方式，对能够接触、获取商业秘密的员工、前员工、供应商、客户、来访者等提出保密要求的；（三）对涉密的厂房、车间等生产经营场所限制来访者或者进行区分管理的；（四）以标记、分类、隔离、加密、封存、限制能够接触或者获取的人员范围等方式，对商业秘密及其载体进行区分和管理的；（五）对能够接触、获取商业秘密的计算机设备、电子设备、网络设备、存储设备、软件等，采取禁止或者限制使用、访问、存储、复制等措施的；（六）要求离职员工登记、返还、清除、销毁其接触或者获取的商业秘密及其载体，继续承担保密义务的；（七）采取其他合理保密措施的。"

这实际上也表明，商业秘密拥有人通过保密措施体现主观意愿最终要通过外部可以感知的客观行为来表现。例如，在浙大恩特公司诉吴某某等侵犯商业秘密纠纷一案中，法院认为商业秘密权利人主观上具有将技术信息和经营信息作为商业秘密保护的意愿，客观上也采取了相应的保密措施，通过保密措施将其信息控制起来，使其处于一种不为公众所知悉的独占状态。但在客观上对秘密信息采取保密措施不需要达到很高的强度，只要具备一定的强度就可以满足这一要件。因此，只要秘密信息持有人采取的保密措施具有合理性，在客观上能使其他人感知到商业秘密持有人进行保密

---

[1] 国家法律法规数据库收录的《最高人民法院关于审理不正当竞争民事案件应用法律若干问题的解释》（已废止）原文使用"泄漏"一词，下文不再一一说明。

的主观意愿就满足这一要件。

4. 保密措施具有合理性

保密措施的保密程度是判断保密性的重要因素,但是保密措施合理性的判断因具有一定的主观性,在司法实践中对其进行认定具有一定的难度。在判断保密措施的合理性时,主要采取通过罗列参考因素进行综合判断的方法。《最高人民法院关于审理不正当竞争民事案件应用法律若干问题的解释》(现已废止)第11条第1款规定:"权利人为防止信息泄漏所采取的与其商业价值等具体情况相适应的合理保护措施,应当认定为反不正当竞争法第十条第三款规定的'保密措施'。"根据该司法解释,秘密信息持有人应当采取与商业价值相适应的合理性措施,换言之,商业秘密价值越高,保密措施应该越严格,反之亦然。

北京市高级人民法院出台了《关于审理反不正当竞争案件几个问题的解答(试行)》,在该文件中,采用问答的方式对"如何认定保密措施"进行了较为详细的说明。其给出的指导性答案为:"采取保密措施是信息构成商业秘密的要件之一。这个要件要求,权利人必须对其主张权利的信息对内、对外均采取了保密措施;所采取的保密措施明确、具体地规定了信息的范围;措施是适当的、合理的,不要求必须万无一失。"北京市高级人民法院对保密措施的合理性采取了明确具体标准、合理性标准,同时也不要求必须达到万无一失,这些标准可以归纳为"一定程度的合理性"标准。

江苏省高级人民法院也制定了关于商业秘密的指导性意见,《江苏省高级人民法院关于审理商业秘密案件有关问题的意见》(现已废止)第7条规定:"权利人采取的保密措施应当合理。在合理性判定时应考虑以下因素:(一)权利人应明确作为商业秘密保护的信息的范围;(二)制订相应的保密制度或以其他方式使他人知晓其掌握或接触的信息系应当保密的信息;(三)采取一定的物理防范措施,除非通过不正当手段,他人轻易不能获得该信息。"江苏省高级人民法院对合理性的认定标准与北京市高级人民法院大体相同,但在语言表述上有些许差别,也是要求有明确的范围、采取了制定制度等保密措施,并且使他人不能轻易获得。

河南省高级人民法院在《河南省高级人民法院商业秘密侵权纠纷案件审理的若干指导意见(试行)》中规定:"商业秘密应是权利人采取了合理的保密措施加以保护的技术信息和经营信息。权利人是否采取了合理的保密措施,应从权利人所采取保密措施的形式、对象、范围等方面综合审查,一般可以同一行业中公认的对某一类信息应采取的保密措施作为保密措施是否合理的参考标准。下列情况的保密措施可以认定是合理的：（1）权利人建立了保密制度，将有关信息明确列为保密事项。（2）权利人未制定保密制度，但明确要求对某项信息予以保密。（3）权利人建立了保密制度，虽未明确某一信息是商业秘密，但按照其保密制度的规定，属于保密范围的信息。（4）权利人向他人披露、提供某一信息时，在相关的合同或文件中明确要求对开发的技术进行保密。（5）权利人与他人合作开发或委托开发一项新技术，在合同中明确要求对开发的技术进行保密。某些信息依其属性即可表明属于秘密状态的，权利人无需采取其他保密措施。如权利人在其开发的软件上进行加密，同时制作了解密软件。经国家有关机关确定为国家秘密的信息，无论权利人是否采取保密措施，均不影响该信息构成商业秘密。"河南省高级人民法院规定的保密措施的合理性采用罗列情况的方式进行规定，更为具体，更具有操作性。但是，这些详细的规定没有对合理性的标准进行概括式的统一规定。

从上述地方司法规范性文件中可以总结出保密措施的合理性需要综合多种因素进行判断。合理性的判断重点就是看是否规定了保密制度并采取了一定的措施，被保护的秘密信息的范围是否明确具体，保密措施是否能够起到阻碍其他人获得的效果。其中最难以把握的是，保密措施的合理性是否要达到极其严格的程度，这个问题在实践中认定较为困难。如果对保密措施的合理性要求过低，秘密信息所有人仅依其主观意愿采取了其认为能够合理保护秘密信息的保护措施，那样会导致商业秘密的保护虚化，商业秘密的认定范围过于宽泛，很多本不应当作为商业秘密保护的信息都被认定为商业秘密，这样会阻碍一些信息的传播和流通。但是如果对商业秘密保护措施要求过于严格，只有达到万无一失的程度才能认定对商业秘密采取了合理的保密措施，必定会使很多信息因为达不到保护条件和标准而被排除在商业秘密的保护范围之外。很多企业的保护措施与其企业的财务能力成正比，一些中小企业无力采取万无一失的保护措施，如果不对其进行认定，商业秘密保护制度就只能保护大企业的利益了。结合上述各个地方司法规范性文件中的规定来看，只要制定了保密制度，并明确了保护的范围就可以认定采取了合理的保密措施。因此，商业秘密的合理性措施不要求必须达到万无一失的程度。

各个法院在司法审判中，往往需结合全案的事实和证据，并综合考虑秘密信息的商业价值、保护难度、信息载体等情况。只要秘密信息所有人在当时的情况下采取了与商业秘密价值相符合的足以保护其商业秘密的措施就可以认定其采取了合理的保密措施。这一观点在浙江省高级人民法院制定的《浙江省高级人民法院民事审判第三庭关于审理知识产权民事案件若干问题的讨论综述》中得到了体现。该文件"关于保密措施"的规定认为,"法院在审理商业秘密案件时,应当审查权利人采取了何种具体的保密措施,但法律并不限定保密措施的种类,只要这些措施在当时、当地特定的情况下是合理的、恰当的即可(不要求保密措施万无一失),并在判决书中阐述具体的认定理由"。因此,合理性是一个动态的、需要综合全案事实进行判断的过程。

(三)商业价值性

作为商业秘密的信息应该具有商业价值性,否则权利人不会努力地去保护它,法律确认其权利也没有什么实际意义。商业秘密的商业价值主要体现在它能为权利人带来优越于不知道该商业秘密的竞争者的竞争优势,这种竞争优势通常表现为现实的或潜在的经济利益,也有可能表现为时间优势。从实质上讲,竞争优势就是一种具有领先性质的地位,它可能涉及一切领域内的竞争,包括工商业领域、科技领域、文化领域等。这种竞争优势并不一定总是表现为经济利益(虽然它通常如此),比如否定性的信息以及生命力很短的信息,虽然它们不能被连续地使用以产生经济利益,但掌握了它们的权利人却获得了一种优先于其竞争对手的优势地位。在有些情况下,一企业所采用的技术与其他企业所使用的相差不大,而且关键问题是该技术的使用并没有使该企业赢得在竞争中的优势地位,那么该技术是不能作为商业秘密受到保护的。为了寻求法律保护,商业秘密本身并不需要具备真正的、内在的价值,有时一项较少花费获得的信息却可能产生较大的竞争优势,因而其作为商业秘密也就具有很高的商业价值性。因此,商业价值性是指商业秘密通过现在或者将来的使用,客观上能够给所有人带来现实的或潜在的经济利益或竞争优势。对这一定义,可以从以下几个方面理解:

第一,价值性的本质体现为经济利益或竞争优势。不论是为权利人带来经济利益还是为权利人带来竞争优势都是商业秘密商业价值性的体现。不具有经济利益或竞争优势的信息不是商业秘密。

第二，经济利益和竞争优势可以是现实的，也可以是潜在的。

第三，经济利益和竞争优势必须是客观存在的。如果权利人主观上认为一项信息有商业价值，而客观上没有，则该项信息不是商业秘密。

除此之外，在探讨商业秘密商业价值性问题时，应注意的是，负面的、消极的信息也可以具有商业价值性，从而成为商业秘密。如失败的实验报告，可以使权利人的竞争对手少走弯路，有效地降低开发费用和生产成本，削弱权利人的竞争优势，因而可以认定为商业秘密。

（四）实用性

传统观点认为，商业秘密的必备特征之一是实用性，商业秘密必须具有实用性。实用性是指商业秘密具有确定的、具体的可应用性和可实施性，即该信息能够具体应用于生产经营实践中的制造和使用活动，为权利人带来经济利益，纯理论、没有商用价值的科学发现等都不是商业秘密保护的对象。需注意的是，这里要求的是"能够"而不是"已经"带来经济利益，所以判断商业秘密的实用性需以动态的、发展的眼光来分析，而不能局限于当前是否已商用化，也不能以该企业的盈利或亏损来衡量。实用性的另外一层含义是该技术信息或经营信息能够给权利人带来竞争上的优势，而不是指商业秘密是否能真正地实施。商业秘密不仅包括成功的经验，也包括失败的教训，一项不成功的技术方案往往也是花了大量的人力、财力和时间，走了很多弯路后才证明是不可行的，知道某一方案不可行本身就是相对于竞争对手而言的竞争优势。

竞争上的优势表明实用性和价值性是密切相关的，实用性是价值性的基础，没有实用性就谈不上价值性，价值性是实用性的结果。实用性的内涵主要体现在以下方面：

（1）具体性。具体性是指商业秘密应该是有用的具体方案或信息，不应是大概的原理和抽象的概念。对具体性应从两个方面理解，一方面，抽象的原理和概念是公有知识，任何人都可以利用，如果允许某人或某些人独占，就会妨碍他人对这些原理和概念的应用，阻碍社会的进步；另一方面，抽象的原理和概念不能直接转化为竞争优势和经济利益，没有保护的必要。

（2）确定性。确定性是指商业秘密的所有人能够界定商业秘密的具体内容并划清界限。商业秘密的权利人应能够说明商业秘密由哪些信息组成，各部分的确切内容及各部分之间的关系，与其他相关信息的界限，如何实施等。确定性是商业秘密诉讼过程所必需的,因为对于处在模糊状态的信息,法庭无法下达禁止使用的判决,即使勉强下达,也无法执行;法庭无法确定损害赔偿额。

(3)独立性。独立性是指商业秘密应当能够脱离特定的人而为他人掌握和使用。那些只可意会、不可言传的纯个人化的操作经验、诀窍等,因不能独立于特定的人并为他人掌握、使用,就不具有商业意义上的可用性,不能成为商业秘密。

以上论述的是传统观点关于商业秘密实用性的理解,大部分还是很有意义的,如商业秘密能够具体应用而不是抽象等,但是实用性并不意味着积极性。有些信息(如在研究开发技术的过程中得到的失败的数据、配方、流程等)不会带来现实的经济利益或者竞争优势,但这些信息对于技术研究者、开发者避免类似错误从而节省研究、开发资源是有意义的,而这些如果因为不具有实用性而得不到法律的保护,将对企业的发展不利。因此,实用性在商业秘密立法中被剔除,有其合理性与必然性。

(五)商业价值性与实用性的关系

商业价值性来源于《反不正当竞争法》中的"具有商业价值",是指信息能够为持有人带来实际的或者潜在的经济利益或竞争优势。商业价值性是一种针对持有人的积极利益,主要包括持有人自己通过持有、使用商业秘密信息取得的技术进步、产量提升等经济收益;同时,商业价值性还体现在该商业秘密被侵害之后会对持有人造成一定程度的损失。

实用性,一般是专利法上使用的术语。实用性,是指该发明或者实用新型能够制造或者使用,并且能够产生积极效果。[1]在商业秘密领域,实用性强调法律不保护单纯的构思、大概的原理和抽象的概念,要求该商业秘密必须转化为具体的可以实施的方案或者形式。[2]反不正当竞争法框架下的实用性不同于专利法上的实用性,前者内涵应当包括两个特性:客观性和可实施性。客观性是指该信息能够应用于商业活动中,在客观上能给持有人带来积极的商业价值。可实施性是指信息内容确定,有具体的方案和内容,具有可表现的载体,能够应用到生产、销售、经营等商业活动中,不

---

[1] 参见《专利法》第22条。
[2] 姜昭:《论商业秘密的构成及司法认定》,载《电子知识产权》2010年第8期。

是单纯的构思、宏观的原理或某种尚未成形的设想。

《与贸易有关的知识产权协定》第 39 条规定，对于符合下列条件的各种信息，信息所有人有权排除他人未经许可并以违反"诚信商业实践"的方式披露、获取或使用：该信息的全部或个别的具体组成部分并非为业内一般人所能知悉或者可以随意取用，由于其秘密性而具有商业价值，以及该信息的合法所有人在特定的情形下已采取了合理的步骤来保持其秘密性。郑成思先生认为，"在商业秘密领域，合格的受保护信息并无'实用性'要求，这在 TRIPs 中是明文规定的"[1]。对商业秘密是否应当具备实用性这一要件，理论界和实务界一直存在着较大的争议。

过于强调实用性会缩限商业秘密的保护范围，许多应当得到保护的秘密信息因为不具有确定性和具体性而无法得到保护，比如一些不成熟的商业创意、失败的实验数据等。商业秘密不必像专利一样要求信息达到具体确定的可实施性，秘密信息只要达到相对确定的可应用性即可。有很多学者认为实用性应当被包含在商业价值性中，没有必要单独成为一个要件。因此，在现行的《反不正当竞争法》中，商业秘密的传统四要件被改为三要件，将原先的价值性和实用性要件合并为商业价值要件。商业价值性包含一定程度的实用性，其核心内容为商业价值和竞争优势。

（六）认定商业价值性应当主要考量经济价值和秩序价值两个方面

1. 经济价值

商业秘密必须能够给持有人带来经济价值。具有商业价值的信息才有成为商业秘密的可能，具有精神价值、社会价值等都不构成商业秘密。[2]从资产的角度来理解商业秘密，对持有人而言，商业秘密是一种资产，这种资产作为智力成果主要包含技术信息和经营信息。这正是《反不正当竞争法》保护商业秘密的初衷，也是持有人对该信息采取保密措施进行保护的动力。因此考量秘密信息是否具有经济价值，是否属于商业秘密，应当参考如下因素：

（1）该秘密信息是否具有资产性，能否在市场上进行交易。首先需要考量的是该秘密信息是否具有资产性，在市场经济的环境下，考量资产性

---

[1] 郑成思：《WTO 与知识产权法研究》，载《中国法学》2000 年第 3 期。
[2] 崔汪卫：《商业秘密立法保护相关问题研究》，载《海南师范大学学报（社会科学版）》2015 年第 12 期。

的方式就是将该秘密信息投放市场,由市场决定其是否具有经济价值以及经济价值的大小。如果在市场上有人愿意支付对价使用该商业秘密,说明该秘密信息能够对买受人起到积极的促进作用。但商业秘密的经济价值并不完全由市场决定,一些秘密信息可能仅对持有人有经济价值,但是对市场上的其他主体没有价值,例如有些商业秘密需要结合特殊条件才能实施,市场上的其他主体都无法满足该特殊条件。因此,市场上无法交易并不能得出该秘密信息不具有经济价值的结论。

(2)该秘密信息是否对持有人的生产、经营起到商业上积极的促进作用。积极的促进作用是指通过对秘密信息的开发、利用、转化、实施可以给持有人的生产、经营带来经济利益。该要素是从秘密信息的实现结果进行考察,比如,提高了劳动生产率、促进了各种生产要素的优化配置、扩大了产品的销售等。但起不到积极的促进作用的秘密信息并非不能构成商业秘密。

(3)该秘密信息被侵害后,是否会给持有人带来损失。秘密信息的经济价值不仅可以通过正向效果体现,也可以通过负向效果体现,即使用该秘密信息能获得收益,如果被侵害会使持有人产生损失。经济利益指与商业秘密的获取、使用、披露有关的经济利益,其可由权利人的损失表现,包括直接损失和间接损失、现实损失和潜在损失。[1]这些损失的范围比较广泛,比如潜在损失,侵权人虽然掌握了秘密信息,但尚未符合运用该秘密信息的条件。如果侵权人从秘密信息中获取不正当利益,就会对秘密信息持有人造成损失。

(4)该秘密信息是否具有潜在价值或历史价值。秘密信息的经济价值并不要求当前就能实现,一些秘密信息在当前的生产、经营中没有发挥作用,但具有潜在价值,随着社会的发展和秘密适用条件的成熟,这些信息可以发挥较大的积极作用。比如,手机上的虹膜识别技术尚未大规模应用,但是该技术作为秘密信息具有很大的潜在价值。还有一些秘密信息曾经发挥巨大的作用,随着科技的发展和产业的升级,这些商业秘密所属的技术领域已经处于劣势,但是只要该秘密信息未公开,则其仍具有经济价值。因为这些秘密信息记录了技术演进规律和技术发展脉络,这些历史价值可以总结出技术研发步骤,一旦被竞争者掌握不仅可以用来研究持有人的技术水平,还可以预测未来技术发展趋势。

---

[1] 宋惠玲:《论商业秘密的构成要件》,载《法学杂志》2008年第6期。

2. 秩序价值

商业秘密能够使持有人在市场竞争中处于领先的地位，从而将这种竞争优势转化为产品优势、市场优势和利润优势。之所以将与竞争优势相关的因素归纳为秩序价值，是因为商业秘密能够维持现有竞争优势或者扩大竞争优势，一旦该商业秘密被侵害，持有人就会丧失竞争优势，因此商业秘密体现的是一种竞争秩序。从竞争秩序价值角度分析商业秘密的商业价值性，其考量因素主要有以下两个维度：

（1）属于技术信息还是经营信息。技术信息主要偏重于产品生产领域，经营信息主要偏重于管理和销售领域。技术信息与经营信息的分类能够基本涵盖商业秘密所包含的各种信息。技术信息主要是指应用于工业方面、能够帮助持有人取得技术进步和优势地位的信息，主要包括产品配方、参数范围、制作方法、技术方案等。经营信息主要是能够给持有人带来积极利益的非技术内容的信息，客户名单、货源情况、管理方法、营销方略、打折促销的信息等都属于经营信息。虽然技术信息的财产价值大于经营信息，但在司法审判中，也要充分重视、合理把握对经营信息的认定。经营信息在范围上更加广泛，涉及的行业和领域也比较多，一些特殊的、冷门的、不被普遍重视的经营信息也应当得到保护。

（2）属于积极信息还是消极信息。以是否对持有人产生积极作用为标准可以将商业秘密划分为积极信息与消极信息。无论在技术层面还是经营管理层面，能够降低生产成本、提高效率、提升质量、改善管理、扩大销量、营造口碑、增加积极评价的信息都属于积极信息，都符合商业价值性特点。消极信息是指该秘密信息对持有人没有商业价值，但对竞争对手具有较大作用的信息。比如，失败的实验数据、失败的商业模式、失败的产品等。这些信息若被同行业竞争者知悉，同行业竞争者便可从中得到经验教训，避免重蹈覆辙，防止人、财、物等资源和时间的浪费，缩短技术研究开发的过程，从而使其在市场竞争中获得优势地位。[1]因此，消极信息也具有商业价值性。

在认定是否具有商业价值性时，还应当注意以下几个问题。第一，是否具有商业价值性与持有人是否采取保密措施无关。仅权利人认为有商业价值而客观上没有商业价值的信息是不能构成商业秘密的。即便持有人采

---

[1] 参见张耕等：《商业秘密法》，厦门大学出版社2006年版，第15页。

取了严格的保密措施也不构成商业秘密。第二，必须付出努力才能获取的秘密信息不一定具有商业价值性。尽管在美国有一起案例曾认定打折优惠信息是原告经过了相当的努力，通过长期维护客户关系以及对个别客户发展状况的固定追踪分析所形成，需要投入大量的努力，因此属于商业秘密，但须明确的是，持有人经过努力和投入取得的秘密信息并不等于其具有市场价值，即该秘密信息的价值主要取决于客观价值而非持有人的努力程度。[1]第三，商业价值性仅要求相对确定的可实施性。并不要求该项秘密信息必须是已经实施的，实际有可感知的实物形式或者其他看得见的具体实物形式。[2]即便不是具体的确定的技术方案，但有一定的实施可能性和相对确定的可实施性就符合商业价值性。比如，一些文化创意产业中的初步设计方案、文化观念、设想思路等。

商业价值性认定具有较强的复杂性，本书通过一个案例对该问题作出进一步解释。在宋某某、中石油某天然气管道有限公司（以下简称中石油管道公司）侵害商业秘密案件[3]中，中石油管道公司诉称：宋某某自2007年任工程师起，可以接触到公司生产日报表等商业秘密。宋某某在离职时，违反劳动合同及保密协议的约定，将该公司的生产日报表带走，并一直持有。首先，该生产日报表属于商业秘密。该生产日报表系技术信息和经营信息的综合载体，内容含规划、计划、生产布局、技术参数、产量等信息，知悉范围仅限于主管领导、主管部门领导、相关部门领导、主管部门管理人员、参与人员，生产日报表属于"不为公众所知悉"的信息。本案所涉生产日报表能为权利人带来经济利益，具有商业价值，能为权利人带来竞争优势。并且中石油管道公司为防止信息泄露就生产日报表采取了保密措施。因此，本案所涉生产日报表符合商业秘密的构成要件，属于法律规定的"商业秘密"。其次，宋某某实施了侵害商业秘密的行为。宋某某离职后持有且在劳动争议仲裁和诉讼过程中作为证据使用涉案生产日报表，该行为属于实施侵害中石油管道公司商业秘密的侵权行为，严重侵害了中石油管道公司的生产经营管理秩序，为此中石油管道公司诉至法院，请求判令：

---

[1] 参见孙远钊：《论〈反不正当竞争法〉的商业秘密保护规制》，载《竞争政策研究》2016年第5期。
[2] 杨力：《商业秘密构成要件的具体认定问题探讨》，载《北京政法职业学院学报》2015年第1期。
[3] 天津市第二中级人民法院（2017）津02民终294号民事判决书。

①宋某某将持有的生产日报表等商业秘密信息全部返还原告；②宋某某赔偿中石油管道公司经济损失20000元；③本案诉讼费由被告负担。

宋某某辩称：首先，生产日报表不符合商业秘密的构成要件，不属于商业秘密。其次，宋某某持有电子版生产日报表属实，但并未使用，宋某某作为中石油管道公司下属分公司储气库副站长，系合法持有该生产日报表，并没有实施侵害商业秘密的行为。

法院经审理查明：中石油管道公司某分公司经营范围包括组织管理天然气管道及配套工程的规划、设计、施工的实施工作，协调安排管理油田的供气工作等。宋某某于2003年7月11日到中石油管道公司某气库分公司工作。自2007年起，先后任该分公司某储气库工程师、副站长。2010年1月25日，中石油管道公司与宋某某签订5年期劳动合同，劳动合同为固定期限，自2010年1月25日起至2015年1月24日止。合同约定宋某某负有保密义务。合同到期后，双方未签订劳动合同。双方于2015年6月1日签订《保密责任书》，责任书约定，宋某某作为责任人负有保密义务，即在岗期间，对业务范围内的保密事项应积极采取保密措施，同时自觉接受本部门保密管理人员或保密办公室的监督和检查。宋某某于2015年11月16日辞职。中石油管道公司与宋某某于2016年1月在劳动仲裁时，中石油管道公司发现宋某某持有其曾任职储气库2007年10月至2011年11月的生产日报表。另查明，中国石油天然气集团公司中油办〔2013〕286号文件将专项业务月度、季度和年度生产运行计划、报表及综合统计报表规定为秘密事项。

天津市滨海新区人民法院于2016年10月25日作出（2016）津0116民初1497号民事判决：①被告宋某某立即停止侵犯原告中石油管道公司商业秘密的侵权行为，即将持有的中石油管道公司某分公司某储气库生产日报表于本判决生效之日起10日内全部返还原告中石油管道公司；②驳回原告中石油管道公司的其他诉讼请求。

一审宣判后，宋某某提出上诉。天津市第二中级人民法院于2017年2月27日作出（2017）津02民终294号判决：①撤销天津市滨海新区人民法院（2016）津0116民初1497号民事判决；②驳回被上诉人中石油管道公司的诉讼请求。二审法院改判理由为：涉案生产日报表并不符合商业秘密的构成要件，不属于商业秘密。且中石油管道公司并未举证证明宋某某有实施侵害商业秘密的行为，一审法院认定构成侵权适用法律错误。

二审判决后，中石油管道公司申请再审。天津市高级人民法院于2017年6月20日作出（2017）津民申786号民事裁定：驳回中石油管道公司的再审申请。天津市高级人民法院虽然驳回了申请人的再审申请，但认定涉案生产日报表符合法律规定的商业秘密的构成要件，属于商业秘密。宋某某离职后持有且在劳动争议仲裁和诉讼过程中提交涉案生产日报表的行为不构成侵犯商业秘密行为。因原审法院判决结果并无不当，故驳回申请人的再审申请。

再审法院生效裁判认为：①关于生产日报表是否构成商业秘密的问题。依据1993年《反不正当竞争法》第10条第3款规定："本法所称的商业秘密，是指不为公众所知悉、能为权利人带来经济利益、具有实用性并经权利人采取保密措施的技术信息和经营信息。"本案中，涉案生产日报表是在中石油管道公司某储气库生产经营中形成，在实际生产中该储气库每天由内部指定电脑生成涉案生产日报表，且只能由指定工作人员接触内部指定电脑，生产日报表符合不为公众所知悉要件。宋某某曾担任该储气库副站长，在工作中有权限接触涉案生产日报表。中石油管道公司《秘密信息分级保护目录》规定，涉案生产日报表为保密资料。中石油管道公司与宋某某签订了《保密责任书》，其中约定了宋某某负有对涉案生产日报表等相关内容保密的义务。这符合中石油管道公司对生产日报表采取了保密措施要件。涉案生产日报表记载了中石油管道公司生产中形成的相关技术信息和经营信息，具有商业价值，在生产经营中能够为中石油管道公司带来竞争优势，该生产日报表符合经济性和实用性要件。故，应认定涉案生产日报表符合法律规定的商业秘密的构成要件，属于商业秘密。②宋某某是否实施了侵犯商业秘密的行为。中石油管道公司申请再审主张宋某某侵犯其商业秘密的主要事实依据是，宋某某离职后持有涉案生产日报表且在劳动争议仲裁和诉讼过程中作为证据使用。依据1993年《反不正当竞争法》第10条第1款规定："经营者不得采用下列手段侵犯商业秘密……（三）违反约定或者违反权利人有关保守商业秘密的要求，披露、使用或者允许他人使用其所掌握的商业秘密。"虽然宋某某在离职后持有且在劳动争议仲裁和诉讼程序中作为证据使用涉案生产日报表，但是宋某某在离职后作为劳动者参加劳动争议仲裁和诉讼程序，不属于从事市场经营活动，其提交涉案生产日报表的目的并不是损害中石油管道公司的合法权益，扰乱市场经济秩序，且宋某某未在其他市场经营活动中披露涉案生产日报表。故，宋某某离职后持有且在劳动争议仲裁和诉讼过程中提交涉案生产日报表的行为不构成侵犯商业秘密行为。综上，原审法院判决结果并无不当。

本案中，法院在涉案生产日报表的秘密性和保密性方面，认识较为一致；在涉案生产日报表是否符合价值性和实用性方面，则存在较大争议。在总结了一般性考量因素之后，可以借助这些因素分析本案中生产日报表是否符合商业秘密要求的价值性和实用性，进而分析其是否属于商业秘密。

涉案生产日报表不为公众所知悉，其生成在中控室的电脑中，只有值班人员和副站长可以进入中控室。普通职工接触不到该报表，只有主管部门领导、相关部门领导、主管部门管理人员、相关参与人员可以接触该日报表。因此，涉案生产日报表符合秘密性要件。

中石油管道公司对涉案生产日报表采取了保密措施。中石油管道公司的《秘密信息分级保护目录》（中油办〔2013〕286号），将涉案生产日报表列为秘密事项。同时，中石油管道公司制定了《保密管理规定》，其中第5.1.1条明确要求，公司内部符合秘密信息分级保护目录的，均按商业秘密进行管理；并规定所有涉密文件，一律不得携带外出。中石油管道公司还与涉密人员签署《保密责任书》，明确要求公司涉密人员遵守公司《保密管理规定》等文件。因此，涉案生产日报表符合保密性要件。

涉案生产日报表主要包含天然气的压力、温度、日累计量、月累计量、年累计量、各管道统计数据、生产布局等信息。该信息不具有资产性，如果将该生产日报表放入市场，可能不会引发人们购买该信息。从表面上看，该信息也不能对持有人的生产、经营起到商业上积极的促进作用。这些信息是对天然气产量的客观记录，不能起到扩大产能、提高产量、提高效率的作用，似乎生产日报表不能为持有人带来商业价值和竞争优势。

但通过这些报表进行进一步分析可以得知天然气地下储气库的相关静动态信息、技术参数等情况。日报表是一种统计数据，在大数据时代，数据就意味着价值。单张的日报表可能价值含量较低，但是如果将每天的日报表进行累积，一定规模的生产日报表就可以进行大数据分析。数据越多，越能揭示一些规律，如天气与天然气产量的关系、压力与天然气损耗之间的关系等。这些分析可以帮助中石油管道公司改善其生产布局，增强对管道、采气井的资源调配和管理，从而提升生产效率、降低生产成本。因此，涉案生产日报表对中石油管道公司具有商业上积极的促进作用。

而且涉案生产日报表信息泄露，会对中石油管道公司造成损失。因为生产日报表记载着年累计量、各管道统计数据、生产布局等信息,一旦被竞争者知晓,则竞争者可以借助这些信息研究中石油管道公司的生产情况、管理布局、生产和运输中的优势和劣势等。竞争者可以通过大量的生产日报表获得中石油管道公司的基本情况,并有效针对其现有情况设计相应的竞争策略和产能策略,从而降低中石油管道公司的竞争优势。

涉案生产日报表具有较大的潜在价值。虽然单张生产日报表尚不能对现在的生产、经营、管理起到促进作用,但当日报表所积累的数据成为大数据时,或者中石油管道公司引入了大数据分析技术,则生产日报表能通过挖掘隐含的相关关系提升生产和经营效率。因此,在经济价值上,涉案生产日报表具有潜在价值。另外,中石油管道公司属于垄断性企业,在国内暂时没有竞争对手,但是能源产业的更新发展必然引发能源企业的重新布局。中石油管道公司将来也可能面临竞争对手,因此对涉案生产日报表进行商业秘密保护可以避免其被潜在竞争者所知悉,这可以帮助竞争者获得潜在竞争优势。

综上所述,涉案生产日报表符合商业价值性要件,应当认定为商业秘密。只不过在本案中,宋某某并未实施侵害商业秘密的行为。虽然宋某某在离职后持有且在劳动争议仲裁和诉讼程序中作为证据使用涉案生产日报表,但是宋某某在离职后作为劳动者参加劳动争议仲裁和诉讼程序,不属于从事市场经营活动,且宋某某未在其他市场经营活动中披露涉案生产日报表。因此,涉案生产日报表虽构成商业秘密,但宋某某离职后持有且在劳动争议仲裁和诉讼过程中提交涉案生产日报表的行为不属于侵犯商业秘密行为。

第四节 商业秘密与国家秘密的区分

一、商业秘密与国家秘密区分的必要性

国家秘密和商业秘密本是两个不同的概念,但目前在我国二者却经常混杂在一起。这不仅由于我国现阶段正处于经济体制转换时期,企业产权尚不十分明晰,而且由于保密工作部门长期把侵犯企业技术秘密或经营秘密视为国家秘密予以保护的传统习惯,以及刑事司法工作部门把泄露商业

秘密认定为泄露国家秘密犯罪处理的传统实践，所以在我国国家秘密与商业界限不清，保护手段也存在混淆。[1]正确认识国家秘密和商业秘密的区别与联系，科学界定两者范围，对于进一步做好国家秘密和商业秘密管理，有着重要意义。

2009年7月5日，胡某泰、王某、葛某强、刘某魁等4名力拓员工，被上海市国家安全局刑事拘留。2009年7月9日，上海市国家安全局称，胡某泰等4人采取不正当手段刺探窃取中国国家秘密。2009年8月11日，胡某泰等4人被正式批捕时的罪名降格为"涉嫌侵犯商业秘密罪和非国家工作人员受贿罪"。2010年2月10日，上海市人民检察院第一分院对澳大利亚力拓公司胡某泰等4人涉嫌非国家工作人员受贿、侵犯商业秘密犯罪一案，向上海市第一中级人民法院提起公诉。2010年3月22日，4名因受贿及侵犯商业秘密罪被起诉的力拓员工承认受贿行为。备受关注的"力拓案"在上海市第一中级人民法院开庭审理。2010年3月29日下午，上海市第一中院对力拓案作出一审判决，认定胡某泰、王某、葛某强、刘某魁4人犯非国家工作人员受贿罪、侵犯商业秘密罪，分别判处4人有期徒刑7年到14年不等。

"力拓案"的每一步进展都引发了公众与媒体的密切关注，也牵动着中国与澳大利亚之间的外交关系。本案涉案人员涉嫌将其所在中国钢铁企业的原料库存的周转天数、进口矿的平均成本等财务数据，以及生产安排、炼钢配比、采购计划等内部资料透露给国外的铁矿石供应商。从涉嫌以"不正当手段刺探窃取中国国家秘密"刑事拘留，到涉嫌以"非国家工作人员受贿、侵犯商业秘密犯罪"批准逮捕，这个过程是我国司法部门对本案性质认识的一个深化过程，国际社会也对中国的做法表示认可，《福布斯》杂志引述专家评论认为，很多国家担心中国把国家行为和市场行为混为一谈，而中国的做法意味着在政治行为和经济行为之间建了一道"隔离墙"。美国国务院原新闻发言人菲利浦·克劳利表示"中国对此类事件的处理对国际商业氛围和对华投资有着标志性的意义"。

中国在"力拓案"上严格区分政治与法律，将该案涉案人员以侵犯商业秘密罪批捕，一方面表现出中国法治理念的深入，另一方面也显示出中国在侵犯商业秘密犯罪立法上的不足。事实上，在我国，能源、钢铁、通

---

[1] 张欣：《论国家秘密与商业秘密的关系及其法律保护》，载《河北法学》1997年第4期。

信等重要企业，因其经营行为会有国家战略因素的介入，且本身都是事关国家经济的重要领域，有人认为国有企业是以国家为出资主体，国有企业的秘密就是国家秘密。因此，商业秘密保护首先要明确商业秘密的内涵与外延。

二、商业秘密与国家秘密的联系及区别

（一）商业秘密与国家秘密的概念

根据《中华人民共和国保守国家秘密法》（以下简称《保守国家秘密法》），国家秘密是指关系国家安全和利益，依照法定程序确定，在一定时间内只限一定范围的人员知悉的事项。这一概念是区分国家秘密与非国家秘密的基本标准。根据这一概念，国家秘密的最本质特征是关系国家的安全和利益。因此，判断某一事项是否为国家秘密，首先要分析该事项一旦公开或泄露是否会使国家安全和利益受到损害。具体地说，是否会危害国家政权的巩固和防御能力，是否会影响国家统一、民族团结和社会安定，是否会损害国家在对外活动中的政治、经济利益，是否会削弱国家的经济、科技实力等方面。只要会或者可能会损害上述方面之一，就标志该事项已具备国家秘密的最本质特征。除了关系国家的安全和利益这个最本质特征，国家秘密还有秘密性、价值性、法定性、相对性、密级性和不可转让性等性质特征。根据《保守国家秘密法》的规定，国家秘密只能包括以下8个方面：

①国家事务重大决策中的秘密事项；②国防建设和武装力量活动中的秘密事项；③外交和外事活动中的秘密事项以及对外承担保密义务的秘密事项；④国民经济和社会发展中的秘密事项；⑤科学技术中的秘密事项；⑥维护国家安全活动和追查刑事犯罪中的秘密事项；⑦经国家保密行政管理部门确定的其他秘密事项；⑧政党的秘密事项中符合以上7项规定的，属于国家秘密。《保守国家秘密法》的这一原则性规定，不能随意扩大或缩小。

关于商业秘密的概念，迄今为止，国际上还没有形成统一的认识。世界各国的法律和惯例，如美国法学会《侵权法重述》、加拿大《统一商业秘密法》和日本的《不正当竞争防止法》等对商业秘密有着不同的定义和列

举。在借鉴国外立法实践和科研成果的基础上，我国《反不正当竞争法》第9条第4款明确确定："本法所称的商业秘密，是指不为公众所知悉、具有商业价值并经权利人采取相应保密措施的技术信息、经营信息等商业信息。"根据这一规定，商业秘密是仅限于工农业生产、商业经营中使用的技术信息和经营信息，秘密性是其最基本特征。商业秘密主要靠其秘密性维系自身价值，一旦公开即失去其价值。所谓秘密性，主要表现在两个方面。一是不为公众所知悉，处于隐蔽状态。不同于商业秘密，专利、著作权等知识产权是以牺牲其秘密性来换取法律的直接硬性保护。二是权利人采取了必要的合理的保密措施。采取合理的保密措施包含两方面的含义：一方面指法律要求商业秘密持有人对商业秘密必须采取适当的和有效的保密措施，否则对该商业秘密不予保护；另一方面也表明法律要求商业秘密持有人的保密，达到主观上有保密意图、客观上采取了适当防范措施，达到合理的限度即可。除了秘密性这个最基本特征，商业秘密还有保护地域非限制性、经济性和可转让性等特征。

（二）商业秘密与国家秘密的共同点

从以上简略的概念分析可以看出，国家秘密和商业秘密都是秘密，都是只限于特定范围的人知悉的事项，都能为权利人带来积极的利益，而且都必须由权利人采取合理的保密措施予以保护。二者存在以下五个方面的共同点。

（1）信息性。这里所说的信息，用控制论创始人维纳的话说，"信息就是信息，它既不是物质，也不是能量"。这句话虽然有些艰涩难懂，却指明了信息与物质、能量具有不同的属性。简言之，这里所说的信息就是能反映事物存在和运动差异的，能为某种目的带来有用的、可以被理解或被接受的消息和情况。

（2）秘密性。秘密性是指这种信息未曾向社会公布，不为公众所知悉，公众无法通过正当的手段从公开的渠道直接、免费获取。

（3）利益性。这里所说的利益性是指秘密的运用和保护效果不同，会给秘密所有人带来不同的结果。比如，国家秘密的保护有利于国防的巩固、国家的统一、社会的稳定等，商业秘密的保护有利于企业经济利益的维护、竞争能力的提升；反之，国家秘密的泄露则会给国防的巩固、国家的统一、社会的稳定带来巨大的威胁，商业秘密的泄露也会大大损害企业的经济利益、弱化企业的市场竞争能力。

（4）可传播性。不管是商业秘密，还是国家秘密，都存在于一定的载体之中，这些载体可能是文件、信函、书籍，也可能是磁带、影片、U盘，甚至是其他物质，但是不管它们存在于何种载体之中，人们都能够通过听觉、视觉、触觉去感受、理解这些载体承载的信息的具体含义，因而也就使得两者具有可传播性。

（5）保密性。商业秘密和国家秘密具有可传播性和秘密性，决定了保密的必要性。所谓保密是指秘密所有人采取一定的方法保护自己掌握的、不为公众所知悉的秘密。这里的保密方法既可以是保密制度，也可以是严禁接触等措施。[1]

（三）商业秘密与国家秘密的区别

商业秘密与国家秘密不是同一层次、同一范畴的概念，两者的区别主要表现在六个方面。

（1）国家秘密是一种公权力客体，而商业秘密则是一种私权利客体。这种法律性质的不同集中表现在三个方面：第一，国家秘密关系国家的安全和利益，体现国家意志，而商业秘密关系权利人的经济利益和竞争优势，体现权利人个别意志；第二，国家秘密的权利主体只能是国家，而商业秘密的权利主体是权利人，可以是自然人，也可以是法人；第三，国家秘密涉及国家的政治、军事、外交、国民经济、社会发展、科学技术、国家安全和刑事司法等重大领域，而商业秘密仅限于与科研生产和商业经营有关的技术信息和经营信息。所以，国家秘密是一种公权保护客体，保护国家秘密就是保护全国人民的整体利益；商业秘密是一种私权保护客体，保护商业秘密就是保护权利人的局部利益。

（2）国家秘密必须由国家保密行政管理部门依照法定程序确定，商业秘密的确定则主要是企业行为。"依照法定程序确定"表明国家秘密的法律效力。从世界各国的保密立法情况来看，无论是专门的保密立法，还是其他形式的保密立法，一般都包含确定国家秘密、区分密级以及解密的基本程序。而商业秘密的确定没有统一的法定程序，只要权利人有保密的意图并采取了合理的保密措施，商业秘密即受法律保护。

---

[1] 张欣：《论国家秘密与商业秘密的关系及其法律保护》，载《河北法学》1997年第4期。

（3）国家秘密具有绝对的排他性和不可转让性，商业秘密不具有绝对的排他性，并可以进入市场自由转让。一项关系国家安全、稳定、经济和社会发展的事项一旦被确定为国家秘密，只有国家才能决定该秘密的使用和处分，并严格排除其他任何组织、团体和个人的非法接触、使用、泄露和转让。同时，已经确认的国家秘密未经国家主管部门审查批准，并在转让合同中明确该技术的密级、保密期限及受让方承担的保密义务，不得进入市场进行有偿转让。而商业秘密则不然，它不能对抗正当的竞争，即不能阻止他人独立研究开发出"不谋而合"的商业秘密。

（4）秘密标志不同。根据《保守国家秘密法》的规定，国家秘密分为绝密、机密、秘密三个等级，而商业秘密则无等级划分的要求。

（5）泄密对象不同。国家秘密事关国家的安全与利益，泄密的对象通常是外国政府和外国的大型企业集团；而商业秘密的泄密对象通常为国内外某一行业具有竞争关系的企业。

（6）泄密造成的后果不同。国家秘密一旦泄露，其后果相当严重，轻则削弱国家的经济、科技实力，重则影响国家的统一、社会的稳定，更让人揪心的是这种损害没有办法补救。相比之下，商业秘密泄露所造成的损失则可以通过法律手段予以挽回，比如可以要求侵权者停止侵权、排除妨碍、赔偿损失等。

从以上分析可以看出，国家秘密受公权保护，具有普遍强制力，任何有权接触、使用国家秘密的人，依法必须承担保密义务，不得向第三人非法泄露、公开或转让，否则，将要承担刑事责任或行政责任。商业秘密的权利人根据需要，可以保守或自愿公开其秘密，可以要求他人尊重商业秘密，也可授权他人接触、使用其商业秘密。侵犯商业秘密的，权利人将要求其主要承担民事责任或行政责任。当然，也可以放弃诉权。

基于以上分析，不难得出如何区分国家秘密与商业秘密：如果一项秘密涉及国家的政治、军事、外交、国家安全和刑事司法领域，那么毫无疑问此秘密为国家秘密；如果一项秘密没有涉及国家的国民经济、科学技术，而仅系涉及某个企业经济利益和竞争优势的技术信息或经营信息，那么可认定此秘密为该企业的商业秘密。凡涉嫌国家秘密与商业秘密的交叉部分秘密事项，应严格按国家秘密与商业秘密各自的特征，区分情况，认定其归属。

一方面，企业特别是国有企业的重大经济技术秘密，如果对国民经济和国家科技具有重大影响，符合国家秘密特征的，应依法定程序确认为国家秘密。非国有企业自行研究、开发的技术成果，如果关系国计民生、具有国际领先水平，应由国家买断，使之成为国家秘密。另一方面，对于已经被确定为国家秘密的企业技术秘密或经营秘密，应当严格按照国家秘密的构成条件，进行认真清理，对于不符合国家秘密条件的，及时予以解密。解密后的技术信息、经营信息，企业认为有保密价值的，可按商业秘密予以保护。

三、商业秘密与国家秘密保护措施的差异

弄清国家秘密和商业秘密的联系与区别，目的在于为制定我国"商业秘密保护法"和完善《保守国家秘密法》服务，对国家秘密和商业秘密分别予以保护。针对二者的不同性质与特点，应区分情况，采取不同方法，从不同方面，分别构建或完善其法律保护体系。

（1）国家秘密法律保护体系的进一步完善。国家秘密，其法律保护应是以刑法和行政法为主的多种法律保护体系。我国关于国家秘密的法律保护体系基本上体现了这一特点。

首先，在《宪法》中明确规定公民有保守国家秘密的义务，并以此为根据，在我国《保守国家秘密法》《刑事诉讼法》《民事诉讼法》《行政诉讼法》《人民法院组织法》《专利法》等多部法律中明确规定有关人员应保守国家秘密，有关机关在诉讼过程中对涉及国家秘密的信息都应当严格依法保密。

其次，关于泄露国家秘密的法律后果，法律明确规定了刑事责任和行政责任。在《刑法》第398条、《保守国家秘密法》第62条以及《全国人民代表大会常务委员会关于惩治泄露国家秘密犯罪的补充规定》（现已废止）中都有明确规定。对于违反保密法、泄露国家秘密、尚未达到刑事处罚程度的，在《保守国家秘密法》第62条、《统计法》第37—46条等规定了行政责任。

可见，我国国家秘密的法律保护基本上形成了以刑法、行政法为主体的法律保护体系，体现了国家对国家秘密的高度重视，在实践中也起到了有效的保护作用。但是我国关于国家秘密的法律保护，缺少民法的手段，缺乏经济处罚和民事责任的内容，这显然不利于新形势下对国家秘密的保护。对此，应从以下两个方面予以完善：

第一，应在民法中规定相应的民事责任。对于泄露国家秘密给国家造成经济损失的，可规定国家有权提起民事诉讼，要求侵权人承担停止损害、赔偿损失的民事责任。

第二，在追究刑事责任和行政责任的同时，增加经济处罚的有关条款。即在刑事责任中增加没收泄露国家秘密的非法所得，或者并处或单处罚金的规定；在行政责任中，根据情况，规定一定数额或倍数的行政罚款。

（2）商业秘密法律保护体系的建立与完善。商业秘密虽然不直接关系国家的安全和利益，但一旦泄露，会损害权利人的经济利益和竞争优势，破坏社会经济秩序，间接影响国家和人民的利益。商业秘密的保护应以民法为主，兼采刑法、行政法等多种保护手段。从各国的立法实践来看，对商业秘密的司法救济分散于合同法、侵权行为法、反不正当竞争法和刑法中。但此种分散式保护方法，显然已不适应现代科技高速发展、商业竞争日趋激烈的情况下同侵犯商业秘密行为作斗争的需要。美国于1979年制定了《统一商业秘密法》，英国、加拿大、日本、法国、德国等国也在研究制定保护商业秘密的专门立法，这是世界性大趋势。

我国1986年颁布的《民法通则》（现已废止）没有将商业秘密列入其中。1987年通过的《技术合同法》（现已废止）以及1989年发布的《技术合同法实施条例》（现已废止），虽然为非专利技术的转让提供了合同法保护，但对技术秘密的保护不完全、不彻底。1991年通过的《民事诉讼法》虽第一次在法律上使用了"商业秘密"这一术语，但由于其为程序法，所以对商业秘密仅提供了诉讼程序上的保护。1993年通过的《反不正当竞争法》第一次对商业秘密的概念作了明确界定，并规定了侵犯商业秘密行为的表现及其法律责任，但对商业秘密的保护范围、刑事责任、财产性质等基本问题均无明确规定。

1993年的《反不正当竞争法》历经2017年、2019年两次修改，很多内容已经发生显著变化，具体有：①扩大了商业秘密的责任主体范围。责任主体范围从一开始的"经营者"到"一切自然人、法人和非法人组织"。②增加了侵犯商业秘密的行为方式。2017年修订后的《反不正当竞争法》将原规定中的"利诱"修改为"贿赂、欺诈"，2019年修正时在此基础上又增加列举了新型的"电子侵入"方式，并将旧法中"违反约定"修改为"违反保密义务"，将法定或者依据商业习惯但并未作出约定情况下违规披露、使用等侵犯商业秘密行为一并纳入犯罪行为方式，扩大了保护范围，并将教唆、引诱、帮助他人违反保密义务或者违反权利人有关保守商业秘密的要求等间接侵犯商业秘密行为纳入犯罪行为方式，从而形成了"直接+间接"行为方式相结合的模式，进一步严密法网。③修改了有关"商业秘密"的定义。一方面，修改价值性的表述，从"能为权利人带来经济利益、具有实用性"修改为"具有商业价值"；另一方面，扩大商业秘密的客体保护范围，将其从"技术信息和经营信息"扩大为"经营信息、技术信息等商业信息"，采用列举与兜底相结合的立法模式，不仅大大扩张了商业秘密的客体范围，同时，"等商业信息"的规定还为未来进一步扩大客体范围留有解释空间。随着《反不正当竞争法》的大幅改动，《刑法》也与之呼应对商业秘密作出一系列调整。2021年3月1日起实施的《刑法修正案（十一）》对侵犯商业秘密罪进行大幅修改，降低入罪门槛，提高法定刑，增加行为方式，加强与前置法的衔接，同时增加规定商业间谍犯罪。

  商业秘密保护法律的完善与健全是一个系统的工程，应在充分分析现行中国法律制度的不足以及完善发展的基础上进行讨论，这将在下文中重点讨论。

第二章

商业秘密的保护现状

商业秘密是企业最重要的财产之一,因此美国、欧洲等国家和地区都极为重视对商业秘密的保护。了解、借鉴其他国家和地区商业秘密保护的方式,对于完善我国商业秘密的保护大有裨益。通过研究美国、欧洲等国家和地区商业秘密保护的立法现状,可对比分析我国商业秘密保护制度的特点和优劣势。现代信息技术的发展给商业秘密保护带来了新的挑战,商业秘密保护体系的研究需要充分考虑这一技术因素。

第一节 美国、欧洲等国家和地区商业秘密的保护现状

一、美国、欧洲等国家和地区商业秘密保护的立法状况

商业秘密是企业最重要的财产之一,因此,保护商业秘密是各国经济法律体系的重要组成部分。下文对美国和欧洲一些国家商业秘密保护的立法沿革及现状进行介绍。

(一)美国关于商业秘密保护的立法沿革及现状

在美国,商业秘密保护的法律沿革可以追溯到19世纪。其中最著名的案例是1906年的霍格诉吉布森案(Hogg vs Gibbs),在这个案例中,美国最高法院首次承认商业秘密是一种合法的财产权,并给出了保护商业秘密

的原则。之后，美国各州陆续制定了自己的商业秘密保护法律，其中最著名的是1979年颁布的《加利福尼亚州统一商业秘密法》（California Uniform Trade Secrets Act，CUTSA），它被广泛认为是商业秘密保护的先驱，并被美国其他州及其他国家效仿。2016年，美国通过《商业秘密保护法》（Defend Trade Secrets Act，DTSA），成为美国首个联邦级别的有关商业秘密保护的法律。该法律规定，私人企业可以通过联邦法院来维护其商业秘密，并规定了针对商业秘密窃取的民事和刑事制裁。

目前，美国关于商业秘密保护的法律主要是由2016年《商业秘密保护法》来规定的。《商业秘密保护法》是美国2016年颁布的一项联邦法律，旨在保护企业的商业秘密免受侵权和不正当获取。该法律的主要内容包括：对商业秘密的内涵进行了界定，即法律规定商业秘密是指可以从中获得经济利益的信息，且该信息具有商业上的价值，并且被企业采取了合理措施来保护其保密性。该法律明确规定了联邦法院对商业秘密侵权行为的管辖，并规定了民事诉讼程序和刑事处罚。其中，在民事诉讼程序方面，企业可以向联邦法院提起诉讼，要求保护其商业秘密。法律规定了相关的诉讼程序和补救措施，包括临时和永久禁令、损失赔偿和惩罚性赔偿等。在刑事处罚方面，法律还规定了商业秘密的盗窃和侵权行为可以构成刑事犯罪，相关的行为者可能会面临罚款和监禁等刑事处罚。在企业保护商业秘密的合理措施方面，要求企业必须采取合理的措施来保护其商业秘密，否则可能无法获得法律保护。

自2016年该法律颁布以来，已有大量的案件根据该法律提起诉讼，并且该法律已经在美国各州法院得到广泛应用。在实践中，企业需要采取一些措施来保护其商业秘密，例如制定机密性协议、控制信息披露、限制员工离职后的竞争行为等。

（二）欧洲关于商业秘密保护的立法沿革及现状

在欧洲，商业秘密保护的法律沿革可以追溯到20世纪。1961年，《欧洲专利公约》（European Patent Convention）出台，其中包括保护商业秘密的规定。20世纪70年代，欧洲各国开始逐步制定自己的商业秘密保护法律。2016年，欧盟通过了《商业秘密保护指令》（Trade Secrets Directive），旨在统一欧盟成员国对商业秘密的定义和保护标准。该指令规定了商业秘密的定义和保护措施，要求成员国采取措施保护商业秘密，并对未经授权获得商业秘密的行为进行制裁。根据该指令，商业秘密被定义为任何秘密的商业信息，包括技术或商业信息，该信息的保密性具有商业价值。该指令规定，只有同时符合以下三个条件的信息才能被认定为商业秘密：①对于拥有该信息的企业具有商业价值；②该信息不为公众所知；③该信息已经采取了合理的保密措施。欧盟成员国必须采取措施保护商业秘密，并对未经授权获得商业秘密的行为进行制裁。指令还规定了保护商业秘密的合法手段，例如禁止非法获取和使用商业秘密、采取保密措施以确保商业秘密的保密性等。

在欧洲，商业秘密的保护还涉及专利和商标法等其他相关法律。例如，《欧洲专利公约》规定，发明者必须保护其发明，并在公开之前采取适当的保密措施。此外，商标法也可以被用于保护商业秘密，例如通过商标保护特定产品的配方或制造过程。

欧洲在商业秘密保护方面采取了一系列措施，这些措施既有优点，也有一些不足。优点在于统一了标准且提供了法律保障，具体而言，欧盟制定的《商业秘密保护指令》，为欧洲各国制定了统一的商业秘密保护标准，促进了欧洲经济的发展，提高了企业在欧洲内部的商业秘密保护水平。欧洲的商业秘密保护法律体系较为完备，可以为企业提供更好的法律保障和维权渠道，降低商业秘密泄露的风险。《欧洲商业秘密保护指令》针对商业秘密的保护措施比较全面，对于违反商业秘密的行为也有明确的惩罚措施。这有助于提高企业对于商业秘密的保护意识和保护水平。

不足之处在于，欧洲商业秘密案件审理速度较慢且成员之间的法律体系相对复杂，法院需要较长时间才能作出判决，这给企业带来了很大的损失。欧洲国家的商业秘密保护法律体系相对复杂，不同国家之间的法律差异也较大，这增加了企业跨国维权的难度。

其中一个著名的例子是英国想象技术公司（Imagination Technologies）与苹果公司的商业秘密纠纷案。2017年，想象技术公司宣布苹果公司将不再使用其技术，这导致该公司的股价大幅下跌。想象技术公司随后向英国法院提起诉讼，声称苹果公司涉嫌盗窃其商业秘密，包括想象技术公司的核心图形处理芯片技术。该案件的审理持续多年。2019年年初，英国高等法院作出了对想象技术公司有利的判决，裁定苹果公司涉嫌盗窃商业秘密，但是，双方对具体赔偿金额仍有争议。最终，双方在2020年达成了和解协议。

这样的案例表明，在欧洲国家，商业秘密案件的审理速度可能较慢，这可能对企业产生负面影响。企业需要花费更长的时间和资源来争取自己的权益，这可能会导致企业损失商业机会。

此外，欧洲国家相对复杂的法律体系，也可能增加企业就商业秘密维权的难度。假设一家英国公司拥有一项重要的商业秘密，并且怀疑一家法国公司正在侵犯该商业秘密。英国公司可能需要在欧洲多个国家的法院进行诉讼，以保护其商业秘密权益。

英国公司可能首先需要在英国的法院提起诉讼，以证明其拥有该商业秘密并且法国公司正在侵犯其权益。如果英国公司成功地证明了这一点，那么它还需要在法国的法院起诉，并寻求法国法院的认可和执行。但是，法国和英国的法律体系可能存在差异，这可能会导致法国法院对英国公司的诉讼提出质疑，并拖延案件审理的时间。此外，欧洲各国的法律体系和司法体系之间也存在差异。如果英国公司需要在欧洲多个国家的法院进行诉讼，那么它可能需要了解每个国家的法律和司法体系，并适应不同的法律程序和法院规则。

总体来看，美国和欧洲在商业秘密保护方面都取得了不俗的成就，但两者的法律体系、文化和经济背景存在一定的差异。

首先，美国和欧洲在商业秘密保护的法律框架上存在一些差异。在美国，商业秘密保护主要依靠《1996年经济间谍法》《计算机欺诈和滥用法》，以及《加利福尼亚州统一商业秘密法》等联邦和州法律。而在欧洲，商业秘密保护主要依靠《欧洲商业秘密保护指令》和各国的民事法律。

其次，两者的文化和经济背景也存在差异。美国注重知识产权保护，尤其是商业秘密保护，因为商业秘密的保护对于企业的竞争力和创新至关重要。而在欧洲，由于存在一些历史和文化因素，一些国家更加注重公共利益，例如保护消费者权益和员工权益等。

最后，需要指出的是，美国和欧洲都在加强商业秘密保护方面作出了努力，例如美国在2016年通过了《商业秘密保护法》，欧盟在2016年颁布了《欧洲商业秘密保护指令》。两者都在跨国合作和国际规范方面进行积极探索和尝试。

二、美国、欧洲等国家和地区商业秘密保护的立法状况与我国之比较

（一）商业秘密保护立法状况比较

从法律基础层面来看，美国和欧洲都有明确的商业秘密保护法律，分别为《1996年经济间谍法》和《商业秘密保护指令》等。而中国则是通过《反不正当竞争法》《中央企业商业秘密保护暂行规定》《劳动合同法》等多个法律文件来维护商业秘密的。

从法律的保护范围看，美国和欧洲国家的商业秘密保护法律非常详细，明确了商业秘密的保护范围、标准、违法行为和惩罚措施。而中国的法律保护范围还不够清晰，导致对商业秘密的定义和保护标准仍有一定争议。中国、美国和欧洲国家都有各自的商业秘密保护法律法规，但是在具体内容和保护范围上有一些差异。在商业秘密定义方面，中国《反不正当竞争法》第9条将商业秘密定义为"不为公众所知悉、具有商业价值并经权利人采取相应保密措施的技术信息、经营信息等商业信息"，主要保护商业秘密的使用权和保密义务。美国《1996年经济间谍法》和《欧洲商业秘密保护指令》将商业秘密定义为"未公开的、具有商业价值的信息"，并强调商业秘密的保护对象是"商业秘密持有人"，即商业秘密的拥有者。在法律责任和救济方式方面，中国、美国和欧洲国家都规定了保护商业秘密的法律责任和救济方式。中国的《反不正当竞争法》规定商业秘密的保护主要采取民事、行政和刑事三种方式，包括赔偿损失、禁止侵权、罚款、刑事处罚等。美国和欧洲国家也有类似的民事和刑事救济措施，并规定了相应的司法程序。在法律保护范围方面，中国的《反不正当竞争法》和美国的《1996年经济间谍法》对商业秘密的保护范围规定较为宽泛，除了技术信息、客户信息、营销计划等商业信息，还包括商业数据、商业模式等。《欧洲商业秘密保护指令》规定商业秘密的保护范围主要是针对未公开的商业信息，包括技术信息、商业计划、营销策略等。

近年来，中国政府已经加强了商业秘密保护力度，特别是在加入世界贸易组织（WTO）后，中国采取了一系列措施加强商业秘密保护。

从案例解析角度看，美国和欧洲国家有大量的商业秘密保护案例，可

以作为判决标准和司法实践的参考。而中国对于商业秘密的案例研究相对较少，难以形成司法惯例。一方面，中国在商业秘密保护方面的司法实践相对来说比较落后，例如审判周期长、判决金额低、司法救济手段单一等。这些问题在一定程度上制约了企业维护商业秘密权益的积极性。但是，中国政府正在积极改进司法制度，加强对商业秘密的保护力度。另一方面，美国和欧洲在商业秘密保护方面的司法实践相对来说比较成熟，并且有更为完备的法律框架。在这些地区，法院和行政机构对商业秘密的保护水平更高，企业可以通过多种方式维护自己的商业秘密权益，例如起诉、禁令、保护令等。

从行政保护方面看，欧洲建立了专门的商业秘密保护机构，为企业提供保密咨询和技术支持。而中国的商业秘密保护机构的服务水平仍需加强。具体而言，美国政府采取了多种手段，如设立商业秘密保护局、加强监管力度、强化行政执法等，来保护商业秘密，对于侵犯商业秘密的行为进行严厉打击。同时，美国法律还规定了民事赔偿和刑事罚款等惩罚措施，对于商业秘密的侵权行为进行了全面的打击。欧洲在商业秘密保护方面也采取了多种手段，如出台《欧洲商业秘密保护指令》、设立专门机构、制定行业标准等，以加强商业秘密的保护。欧洲各国政府也通过国际合作来加强商业秘密保护的力度，如与美国签署了《跨大西洋贸易与投资伙伴关系协定》（TTIP），其中就包括商业秘密保护的规定。中国政府也采取了多种手段，如出台《反不正当竞争法》、加强知识产权保护、设立商业秘密保护办公室等，以保护商业秘密。但是相对于美国和欧洲，中国的行政保护力度还有待进一步加强，尤其是在行政执法的力度上需要加强，以提高商业秘密保护的效果。

从保护手段来看，美国和欧洲允许企业通过诉讼、禁令等手段来保护商业秘密。而中国对于商业秘密的保护主要依赖于行政调解和司法途径，企业的保护手段较为有限。

总体而言，美国和欧洲的商业秘密保护立法比中国更加成熟和完善，但中国的相关法律制度已经在不断完善和强化，未来将有望逐步缩小与发达国家的差距。

（二）中国商业秘密保护优势与不足

基于上文的论述，中国在商业秘密保护上具有优势、也存在不足。优势主要包括：

（1）快速司法程序：中国的知识产权法庭被认为是世界上处理知识产权纠纷最为高效的法庭之一。中国的司法程序相对较快，因此如果有商业秘密被泄露或侵犯，可以通过法律手段快速解决。

（2）相对严格的法律规定：自2018年起，中国颁布了一系列相关法律法规，如《反不正当竞争法》等，这些法律规定相对严格，对商业秘密的侵权行为提供了更加有力的保护。

（3）原产地审查制度：在中国，当商业秘密被泄露或侵犯时，原产地的法院可以在本地受理此案，这意味着外国公司可以在中国追究其商业秘密受损的责任。

（4）专业的技术鉴定机构：在知识产权纠纷中，技术鉴定通常是关键因素之一。中国设有一些专业的技术鉴定机构，可以提供专业、公正、权威的技术鉴定服务。

值得注意的是，虽然中国在商业秘密保护方面有上述优势，但依然存在一些挑战和障碍，比如执行力度不足、司法透明度有待提升等。不足方面主要包括：

（1）执行力度不足：尽管中国已经出台了多项法律法规保护商业秘密，但实际执行的力度仍然存在不足。一些企业在商业秘密受到侵犯时，可能会发现司法程序缓慢，执行力度不够，或对侵犯行为的处罚不足以弥补其受到的损失。

（2）司法透明度有待提升：尽管中国的知识产权法庭被认为是高效的，但在某些情况下，其司法透明度仍然需要提高。

（3）文化差异：在中国，对商业秘密的看法和对待方式与西方国家存在一些文化差异。在一些情况下，这可能导致外国企业感到困惑或无法理解当地企业的行为。

（4）难以维持商业秘密的机密性：在中国，与外部企业、供应商、客户、雇员、顾问等各种利益相关者共享商业秘密是普遍的现象，因此，维持商业秘密的机密性可能会成为一个挑战。

综上所述，中国在商业秘密保护方面已经取得了一些进展，但还需要进一步提高执行力度、提高司法透明度，同时加强对文化差异的理解，维护机密性管理。

三、美国、欧洲等国家和地区典型的商业秘密案件

美国和欧洲在商业秘密保护上有许多案例,下文列举其中较为典型的案例:

威摩(Waymo)诉优步(Uber):该案件是美国历史上最著名的商业秘密案件之一。威摩(谷歌旗下自动驾驶汽车公司)指控优步窃取了其自动驾驶技术的商业秘密。案件最终在 2018 年达成和解,优步向威摩支付了 2.45 亿美元的赔偿金,并同意不使用威摩的任何商业秘密。法院认为优步的前工程师安东尼·莱万多夫斯基(Anthony Levandowski)从威摩偷走了商业秘密,并将其带到了优步。法院认定优步没有直接参与窃取商业秘密,但公司在获取商业秘密后并未采取足够的措施防止该商业秘密被使用。最终,优步同意向威摩支付 2.45 亿美元的赔偿金,以及在使用威摩商业秘密方面达成了协议。

瑞士信贷银行案:在 2009 年,美国的瑞士信贷银行员工在墨西哥的一家竞争对手手中找到了一份包含客户名单、账户信息等敏感商业秘密的电子表格。他们将这些商业秘密带回美国,并向瑞士信贷银行的竞争对手泄露了机密信息,从而获得了奖金和业绩奖励。最终,瑞士信贷银行因商业秘密保护不当而被美国政府罚款 1.96 亿美元。法院认为瑞士信贷银行员工的行为违反了公司内部保密规定,并且该行为有意图向竞争对手泄露机密信息,而瑞士信贷银行没有有效地保护其商业秘密。

美国汽车工业案:在 20 世纪 70 年代,一位叫作约翰·德洛里安(John Delorean)的汽车工程师将一份关于将发动机放在汽车底盘下的设计方案带给美国汽车公司的竞争对手——奔驰。奔驰使用了这项商业秘密,推出了一款新车型,最终在美国市场获得了成功。德洛里安最终被判定犯有商业间谍罪,而奔驰则支付了 1 亿美元的赔偿金。法院认为德洛里安在没有得到美国汽车公司授权的情况下,向竞争对手泄露了商业秘密,犯有商业间谍罪。而奔驰公司则因使用了这些商业秘密而支付了 1 亿美元的赔偿金。

苹果公司与高通公司案:这是一起美国和欧洲的联合调查案件。苹果公司指控高通公司滥用其基于 CDMA(Code Division Multiple Access)技术的专利,并违反了反垄断法规。这些专利涉及智能手机的无线通信,是苹果公司无法替代的关键技术。法院认为高通公司滥用其专利权,从而妨碍了竞争,并违反了反垄断法规。苹果公司则被认为在使用高通公司的专利

方面没有达成合理的协议，并在反垄断方面采取了不当的行为。最终，双方达成了和解协议，高通公司同意授权苹果使用其专利，苹果公司则支付了高达 50 亿美元的赔偿金。

微软公司案：20 世纪 90 年代初期，美国政府指控微软公司滥用其垄断地位，将 Windows 操作系统与 Internet Explorer 浏览器捆绑在一起，从而违反了反垄断法规。法院认为微软公司滥用其在操作系统市场上的垄断地位，捆绑销售 Windows 操作系统和 Internet Explorer 浏览器，从而违反了反垄断法规。最终，微软公司同意分离 Windows 操作系统和 Internet Explorer 浏览器，以及采取其他措施来确保市场竞争的公正性。

联合利华案：2018 年，荷兰联合利华公司（Unilever）起诉一家德国公司窃取其工业秘密。据称，这家德国公司曾从联合利华的工厂购买一种废水处理设备，但该设备存在一些缺陷。后来，该德国公司声称它已经解决了这些缺陷，并将解决方案出售给其他公司。联合利华指控该德国公司窃取了其商业秘密并将其用于其他产品上。最终，德国法院裁定该德国公司侵犯了联合利华的知识产权，下令该公司停止销售涉嫌侵权的产品，并赔偿联合利华损失。

阿克曼 - 赖许尔案：2015 年，美国公司阿克曼 - 赖许尔（Ackerman-Liebrich）在德国发起了一项诉讼，指控其前德国代表窃取了公司的商业秘密。据称，该前代表将公司的机密信息提供给了竞争对手，并在离开公司后试图成立自己的公司，将这些商业秘密用于该公司的产品中。最终，德国法院认定前代表的行为构成了商业间谍罪，并判处其 18 个月的监禁。

资生堂案：2019 年，日本公司资生堂在法国起诉了一家法国公司，指控其窃取了公司的商业秘密，并将其用于其自身的化妆品产品中。据称，这家法国公司曾经是资生堂的供应商，但在与资生堂终止合作后，该公司窃取了资生堂的配方，并开始生产类似的产品。最终，法国法院裁定该法国公司侵犯了资生堂的知识产权，并下令该公司停止销售涉嫌侵权的产品，并赔偿资生堂损失。

通过上述案例，我们大致可以看到美国和欧洲在商业秘密保护方面存在一些共同特征，主要特征如下：

（1）涉及商业秘密的判决通常需要证明该信息是机密和具有商业价值的。在美国，商业秘密必须是"不被公众知晓且具有经济优势"的信息。在欧洲，商业秘密的定义包括任何机密信息，只要该信息是商业上有价值的并且受到了保护。

（2）法院通常会考虑是否存在合法的保密协议或合同。在美国和欧洲，商业秘密的保护通常与合同有关，例如保密协议、不公开协议或员工保密协议。如果合同得到遵守，这通常会得到法院的支持。

（3）法院会考虑是否存在不正当行为。在美国和欧洲，商业秘密的保护通常会牵涉不当竞争或窃取商业秘密的行为。如果被告存在这样的行为，法院通常会支持原告的权利。

（4）法院通常会考虑对商业秘密保护的影响。在美国和欧洲，法院通常会考虑保护商业秘密的重要性，以及如果商业秘密被泄露，将对原告造成的损失。

（5）法院通常会考虑是否存在违反竞争规则的行为。在欧洲，商业秘密保护和竞争法规紧密相关，因为不当竞争和违反竞争法规通常会导致商业秘密泄露。

这些共同的特征，也对我国商业秘密保护案件的审理有一定的借鉴意义，下面看几个在我国发生的商业秘密保护的裁决案例。

长安汽车公司诉张某全、江西华瑞汽车销售服务有限公司商业秘密侵权案：该案是中国首个商业秘密保护案例，长安汽车公司指控前员工张某全窃取公司商业秘密并泄露给竞争对手江西华瑞汽车销售服务有限公司。最终法院认定张某全侵犯了长安汽车公司的商业秘密，并要求其赔偿数百万元的经济损失。

南京中船重工集团诉上海东勃船舶设计有限公司商业秘密侵权案：该案是中国历史上赔偿金额最高的商业秘密侵权案件，南京中船重工集团指控上海东勃船舶设计有限公司窃取其商业秘密并用于自己的船舶设计。最终法院判决上海东勃船舶设计有限公司赔偿南京中船重工集团损失5000万元。

索尼公司诉魅族科技商业秘密侵权案：该案是中国知识产权领域的重要案例之一，索尼公司指控魅族科技窃取其商业秘密并生产销售侵权产品。最终法院判决魅族科技赔偿索尼公司500万元，并承担一定的民事责任。

瑞声科技诉知名汽车品牌商业秘密侵权案：该案是中国商业秘密保护的新典范案例之一，瑞声科技指控知名汽车品牌盗取其商业秘密。最终法院认定被告侵犯了瑞声科技的商业秘密，并判决赔偿瑞声科技100万元的经济损失。这个案例对于中国商业秘密保护的完善起到了重要的推动作用。

根据上述几个案例，结合中国裁判文书网上公布的相关案例来看，我国商业秘密侵权案件中侵犯商业秘密的一方其违法成本相比欧美并不高，上述案例中赔偿金额最高的也仅仅是 5000 万元，而美国侵犯商业秘密可能承担动辄几亿美元的赔偿。

第二节　现代信息技术的发展给商业秘密保护带来的难题

一、现代信息技术的发展给商业秘密造成侵害的形式

从各国目前的商业秘密侵害形式来看，商业秘密侵害主要表现为以下几种方式：盗窃、贿赂、欺诈、胁迫、电子侵入或者其他不正当手段侵害商业秘密，其中盗窃是商业秘密侵害中最直接的方式之一，指未经授权地获取商业秘密的行为。盗窃可能涉及入侵计算机系统、破解密码或其他非法手段。该行为的特征是未经授权地获取商业秘密。

现代信息技术的发展为商业秘密的保护带来机遇的同时也带来了新的挑战，现代信息技术的发展可能对商业秘密造成的侵害形式有以下 5 种。

（1）网络攻击：现代网络攻击技术日益成熟，黑客可以通过多种方式入侵企业的计算机系统或网络，窃取商业秘密信息。网络攻击手段包括钓鱼邮件、木马病毒、勒索软件等。2017 年，美国信用评级机构艾可飞（Equifax）遭遇网络攻击，导致超过 1.4 亿人的个人信息被盗窃，包括姓名、社保号码、生日、地址和驾驶证号码等敏感信息。该攻击被认为是史上最严重的数据泄露事件之一。

（2）数据泄露：企业内部员工或合作伙伴泄露商业秘密信息，包括口头透露或者将商业秘密信息保存在私人电脑或其他存储设备中。此外，数据泄露还包括文件丢失、数据外泄等情况。如 2013 年，美国零售巨头塔吉特（Target）遭遇了大规模数据泄露，约 1100 万名客户的信用卡和个人信息被泄露。泄露事件发生后，塔吉特的股价下跌，公司花费数亿美元来解决与泄露相关的诉讼和赔偿。2018 年，中国社交媒体巨头新浪微博遭遇了大规模的数据泄露，超过 1.7 亿用户的个人信息被泄露。这些信息包括用户名、密码和手机号码等敏感信息。

（3）窃取机密文件：企业机密文件可能会被窃取，包括电子文档、纸

质文件、工程图纸、产品样本等。这些机密文件可能是企业的商业计划、研究报告、合同协议、客户名单、技术资料等。2016年，谷歌母公司字母集（Alphabet）的子公司威摩对优步提起诉讼，指控优步从威摩的自动驾驶汽车项目中窃取了商业秘密信息。威摩声称，一位前员工将包括机密设计和技术规范在内的机密文件复制到了一张外部硬盘中，并将这些文件带到了优步。这一诉讼最终以优步支付2.45亿美元并承认其行为不当而告终。

（4）竞争对手的间谍活动：一些企业可能会雇用间谍收集竞争对手的商业秘密信息。间谍可能采用假身份或伪装成竞争对手的员工，通过非法手段获取商业秘密信息。

（5）人员流动带来的风险：企业内部员工的离职、调动或者合作伙伴的变动，可能会带来商业秘密泄露的风险。离职员工可能会将商业秘密信息带到新的公司，或者将其出售给他人。合作伙伴的变动可能会导致商业秘密信息被泄露或者失窃。2016年，美国芯片制造商超微半导体公司（AMD）起诉一名前员工，指控他将公司机密信息带到了竞争对手英特尔公司。超微半导体公司指控这名员工带走了几十个公司的机密文件，并在加入英特尔之前销毁了公司电脑上的一些文件。这一诉讼最终以英特尔支付数百万美元的和解费用而结束。

二、现代信息技术条件下商业秘密保护的难点

任何事物都有其两面性，信息技术也是如此，现代信息技术的发展对商业秘密保护来说也是一把"双刃剑"。有利的一方面在于：①更加安全的存储。现代技术使得商业秘密可以更加安全地存储。例如，云计算和数据加密技术可以保护数据免受未经授权的访问和窃取。②更容易监测和检测。现代技术使得监测和检测商业秘密的泄露变得更加容易。例如，使用数据分析和监控软件可以迅速识别未经授权的访问和活动。③更好的数据共享。现代技术使得数据共享更加容易和安全。例如，安全的虚拟数据室和安全的文件共享平台可以帮助企业在不暴露商业秘密的情况下与他人共享数据。

与此同时，现代信息技术的发展也给商业秘密保护带来了一定的挑战：①更大的数据泄露风险。现代技术的使用也带来了更大的数据泄露风险。例如，黑客攻击和员工失误等因素可能导致商业秘密被盗窃或泄露。②更难追踪和控制。现代技术的复杂性和可访问性也使得商业秘密更难追踪和

控制。例如,企业可能无法完全掌控其员工使用的移动设备和云应用程序,从而导致商业秘密泄露的风险增加。③更高的维护成本。现代技术的使用也可能增加企业的维护成本。例如,企业需要购买和使用更多的安全软件和硬件设备,以确保商业秘密的安全。具体而言,在现代信息技术条件下,商业秘密保护面临的难点主要有以下五个方面。

(1)数字化威胁:现代信息技术使得商业秘密更容易被数字化储存和传输,也更容易被黑客入侵、窃取或篡改。由于数字化技术的高度发达,攻击者可以使用各种方法窃取商业秘密,例如恶意软件、网络钓鱼和社交工程等手段,这使得商业秘密泄露的风险增加。比如,在2017年,美国信用评级公司艾可飞曝出了一起涉及1.4亿人的数据泄露事件。攻击者利用艾可飞系统的漏洞,窃取了包括社保号码、驾驶证号码等在内的大量个人敏感信息,这也成为史上最严重的数据泄露事件之一。

(2)巨量数据的管理:商业秘密通常是以数字形式存储和传输的,因此在处理和管理这些数据时,必须考虑安全问题。尤其是在大数据背景下,管理巨量的商业秘密数据变得更加复杂和困难,需要实施高度安全的数据保护策略和技术。比如在2013年,美国零售巨头塔吉特曝出了一起涉及约1100万张信用卡信息泄露的事件。黑客入侵了塔吉特的网络,窃取了包括信用卡号码、姓名等在内的大量个人敏感信息,这也是美国历史上最大规模的信用卡信息泄露事件之一。

(3)人为因素:人为因素是商业秘密泄露的主要原因之一。员工的无意或有意的错误、失误、不慎或不当行为,包括密码泄露、处理机密信息疏忽和无意中下载恶意软件等,都可能导致商业秘密泄露。因此,如何管理和控制员工的行为成为商业秘密保护中的一个难点。比如在2013年,美国国家安全局前承包商雇员爱德华·斯诺登(Edward Snowden)泄露了大量美国国家安全机密信息,包括美国政府对国内和外国公民的监视和侦察活动等。这起事件暴露了员工行为管理的漏洞和安全威胁,也引发了全球对隐私和数据保护的讨论和争议。

(4)跨国性:现代信息技术使商业秘密保护的范围扩大到了全球,商业秘密泄露的范围也跨越国界。不同国家的法律法规和文化背景、政治因素等都会影响商业秘密的保护和执行。此外,在全球范围内,企业还要面对不同语言和法律体系的挑战,这也增加了商业秘密保护的难度。比如2016年,优步曝出了涉及57000名司机和4800000名用户的数据泄露事件。

黑客入侵了优步的系统，窃取了包括姓名、电话号码等在内的大量个人敏感信息。此外，这起事件还暴露了优步在全球范围内处理数据泄露事件的文化和方法上存在的问题。

（5）科技创新的竞争：随着科技创新的加速发展，科技公司之间的竞争也越来越激烈，商业秘密的泄露和窃取事件也越来越多。同时，新兴科技领域的创新可能导致商业秘密保护法律法规的落后和缺陷，这也给商业秘密保护带来了挑战。

三、现代信息技术条件下商业秘密保护的对策

针对现代信息技术条件下商业秘密保护的难点，国家和企业应该采取以下措施应对。

（1）建立全面、系统的法律法规体系。加强商业秘密的立法和司法保护，完善商业秘密保护的法律体系，包括侵权行为的界定、法律责任的追究、证据的收集和保护等方面，以便更好地保护商业秘密不受侵害。在这方面，目前部分国家和地区已经具备了相对完善的法律法规体系，如：欧盟《欧洲商业秘密保护指令》，欧盟于2016年颁布该指令，对商业秘密的保护作出了明确的规定，包括商业秘密的定义、保护措施、违法行为等方面，为欧盟成员国制定了一套全面、系统的商业秘密保护法律体系。美国《商业秘密保护法》，该法律旨在保护商业秘密，明确了商业秘密的定义，规定了商业秘密的保护措施，同时对商业秘密侵权行为作出了法律责任的规定，该法是美国商业秘密保护法律体系的重要组成部分。中国在商业秘密保护的法律法规建设上虽然尚不完善，但《反不正当竞争法》也明确了商业秘密的范围和保护措施，对商业秘密侵权行为作出了规定，是中国商业秘密保护法律体系的重要组成部分。

（2）加强对企业内部人员的管理，增强对企业信息系统的安全保护能力，建立完善的信息安全管理制度和风险评估机制，加强员工安全教育和培训，降低人为因素导致的信息泄露风险。在这方面，目前世界上比较知名的公司已经走在了前列，如苹果公司的安全管理制度。苹果公司实施严格的安全管理制度，包括物理安全、信息安全和网络安全等方面，通过严格的权限管理、密码管理等手段保护商业秘密不受侵害，有效降低了信息泄露的风险。又如微软公司的安全管理制度，微软公司实施了一系列安全

管理措施，包括防火墙、加密、权限控制、人员背景调查等手段，保护商业秘密不受侵害，提高了信息安全的能力和保障水平。我国的一些大型企业也建立了完整的保密管理制度，包括保密责任制、保密管理制度、保密培训和教育、保密监督检查等。如中国移动通信集团公司就建立了完善的商业秘密保护制度和组织机构，针对不同的商业秘密种类和级别，制定了不同的保密措施和管理要求，形成了科学的保密管理体系。又如中国银行建立了一套完整的信息安全管理制度，包括风险评估、信息分类保护、安全防范措施等方面，有效保护商业秘密不受侵害。

（3）加强跨国合作和国际规范，推动国际合作，制定更加有效的国际规范，加强全球商业秘密保护的合作和协调，提高商业秘密保护的国际标准化水平。目前在跨国合作中关于商业秘密的保护越来越频繁地被提及，已知的国际合作中涉及商业秘密保护的例子有：欧盟与日本的经济伙伴关系协定（EPA），该协定于2019年生效，旨在促进欧盟和日本之间的自由贸易，并为跨境商业活动提供更高程度的法律保护。该协定包括商业秘密保护的规定，确保商业秘密不受侵犯，并为侵犯商业秘密行为提供惩罚性赔偿。此外，中国在加强商业秘密保护方面已经积极与其他国家和地区进行了多项重要的跨国合作，其中包括：中美两国司法机构之间建立了直接的联系，共同打击商业秘密侵犯和其他经济犯罪活动。例如，中美两国就商业秘密保护问题签署了《中美商业秘密保护联合声明》和《中美商业秘密保护实施方案》等协议。中国与欧盟之间建立了经济和贸易对话机制，该机制立足于解决包括商业秘密保护在内的知识产权问题。另外，中国还加入了世界知识产权组织（WIPO）和世界贸易组织（WTO），这些组织在促进知识产权和贸易规则发展方面发挥着重要作用。中国还与亚太地区其他国家和地区加强商业秘密保护方面的合作。例如，中国与韩国签署了《中韩自由贸易协定》，该协定包含商业秘密保护的内容。此外，中国还与东盟签署了多项贸易协定，并在这些协定中针对商业秘密保护作出规定。这些跨国合作对于加强中国的商业秘密保护工作具有积极的意义，有助于中国吸收和借鉴国际先进经验和标准，并与国际社会建立更紧密的联系，提高商业秘密保护的水平和我国国际竞争力。

（4）加强技术创新和产业布局，提高技术创新能力，发展新的商业模式和产业链，采取先进的技术手段和管理方式，提高商业秘密保护的技术水平和能力。特斯拉是全球知名的电动汽车和能源公司，该公司积极采取技术措施保护其商业秘密。特斯拉的电动汽车具有高度的自动化和智能化技术,这些技术是其商业秘密之一部分。特斯拉不仅在生产环节采取了保密措施,还利用数字加密技术来保护自己的技术,确保没有人能够轻易地盗取其商业秘密。微软作为软件公司,其商业秘密主要涉及软件开发、版权、商标和专利。为了保护其商业秘密,微软采取了一系列技术保护措施,如采用数字签名、加密技术和权限管理等。此外,微软还加强了对员工的培训和管理,以提高员工知识产权意识。IBM作为全球知名的计算机和信息技术公司,其商业秘密主要涉及计算机硬件、软件和服务。IBM采取了多种技术保护措施,例如在硬件和软件设计中加入安全功能,通过数字签名和数字证书确保信息传输的安全性,采用访问控制和权限管理保护数据的机密性。此外,IBM还对员工进行严格的培训和管理,加强对供应商和合作伙伴的监督,防止信息泄露。

(5)加强对商业秘密保护意识的宣传和普及,增强全社会对商业秘密保护的认识和重视,引导企业提高商业秘密保护意识,提高公众对商业秘密保护的意识。美国国家安全局每年都会举行"国家安全月"活动,活动期间,该机构会向公众和政府机构进行保密宣传,增强人们对信息保密和商业秘密保护的意识。此外,美国国家安全局还为员工提供相关培训和教育项目,让员工充分了解商业秘密保护的重要性,从而有效地保护企业和国家的商业秘密。欧洲委员会为了提高企业对商业秘密保护的意识,开展了一系列的宣传活动。例如,该委员会通过网站、电子邮件、社交媒体和会议等方式向企业传播商业秘密保护的知识和技能,增强企业的商业秘密保护意识和能力。此外,该委员会还为企业提供相关的指导文件和工具,帮助企业有效地保护商业秘密。再如日本的一些企业为了防范商业秘密泄露,会对员工进行相关的培训和教育。丰田汽车公司会为员工开设商业秘密保护课程,让员工了解商业秘密的定义、种类、保护措施和风险等方面的知识,增强员工的商业秘密保护意识和能力。这种培训和教育可以有效地提高企业的商业秘密保护水平,避免商业秘密的泄露和损失。我国的一些政府部门和社会团体也开展了商业秘密保护的宣传教育活动,提高了公众对商业秘密保护的意识。例如,国家保密局定期开展商业秘密保护宣传教育活动,向公众介绍商业秘密的定义、种类、保护措施和风险等方面的知识。一些社会团体也会开展商业秘密保护的培训和教育活动,提高企业员工和管理人员的商业秘密保护意识和能力。

第三节 国外商业秘密相关法律法规的有益借鉴

中国在商业秘密保护方面的法律法规体系建设相对落后，尤其是在商业秘密的知识产权保护方面。因此，中国可以从美国和欧洲的商业秘密保护法律法规体系中吸取一些有益的经验和教训，完善自己的商业秘密保护体系。

第一，完善商业秘密保护相关的法律法规。美国和欧洲的商业秘密保护法律法规都对商业秘密的定义和保护范围进行了明确规定。这有助于企业更好地了解和保护自己的商业秘密。我国可以借鉴这种明确规定商业秘密的做法，制定更加详细和明确的商业秘密保护法律法规。另外，一些国家的司法实践也为商业秘密的保护提供了重要的经验，例如加拿大、美国等国家在处理商业秘密侵权案件时，采取了比较严格的司法程序和标准，使商业秘密权益得到了有效的维护，中国在涉及商业秘密侵权的案件时也可以考虑借鉴。同时，中国应借鉴国外的先进经验，例如德国、日本、美国等国家，其在商业秘密管理、技术保密等方面积累了比较丰富的经验和做法，这些都是值得我们学习的。

第二，强化商业秘密的保护手段和制裁措施。美国和欧洲的商业秘密保护法律法规都强调了保护商业秘密的重要性，并对商业秘密侵权行为进行了严厉的制裁。中国可以借鉴这些国家的做法，强化商业秘密保护的手段和制裁措施，提高商业秘密保护的力度和效果。

第三，完善商业秘密保护的司法体系。美国和欧洲都建立了专门的商业秘密保护司法体系，中国可以考虑建立专门的商业秘密保护司法体系，以提高商业秘密保护的效率和质量。

第四，增强知识产权保护意识。美国和欧洲的企业和民众都有着较强的知识产权保护意识，对商业秘密的保护和侵权行为的认识也比较清晰。我国可以从这些国家和地区的经验中学习，通过加强知识产权保护的普及力度，提高企业和民众对商业秘密保护的重视程度。政府和社会机构可通过宣传、教育和培训等方式，提高公众对商业秘密保护的意识和重视程度，这有助于营造一个更加积极的商业秘密保护氛围和文化。

第五，技术手段。随着信息技术的发展，一些国家在商业秘密保护方面采取了更加高效的技术手段，例如加密技术、数字水印技术等，这些技术手段可以帮助企业更加有效地保护商业秘密。随着当前信息技术的快速发展，我国也应注重通过技术手段来加强对商业秘密的保护。

总的来说，国外对商业秘密保护的做法和经验可以为中国提供有益的借鉴，中国可以在立法、司法、意识培养、技术手段等方面进一步加强商业秘密保护。当然，中国在借鉴国外商业秘密保护的经验做法时，应该注意以下问题。

第一，文化差异。不同国家和地区之间存在文化差异，这可能会影响商业秘密保护的实施方式和方法。在借鉴国外经验和做法时，我国应该考虑本土文化因素，制定符合我国实际情况的商业秘密保护措施。

第二，法律体系。不同国家和地区的法律体系不同，商业秘密保护的法律框架也各有不同。在借鉴国外经验做法时，我国应该了解相关法律框架的异同，遵守当地法律法规。

第三，国情因素。中国的经济、政治和社会环境与其他国家和地区不同，因此商业秘密保护的实施方式也有所不同。在借鉴国外经验做法时，我国应该考虑自身国情因素，制定适合本国情况的商业秘密保护措施。

第四，数据安全。随着互联网的发展，商业秘密的泄露风险不断增加。在借鉴国外经验做法时，我国应该注重数据安全，加强信息技术保护，防止商业秘密被黑客攻击、窃取、泄露等。

第三章
商业秘密诉讼案件实务分析

本书前两章介绍了商业秘密基础概念，同时结合美国、欧洲等国家和地区商业秘密保护现状对我国商业秘密保护提出了建议。企业作为参与市场竞争的主体，商业秘密是其核心竞争力的重要组成部分，企业面临着如何保护好自身商业秘密，以及如何在被他人侵犯商业秘密后维护自身合法权益的难题。本章从涉及商业秘密诉讼案件的分析出发，通过诉讼案件中涉案当事人遇到的实际问题及应对策略分析，为企业加强商业秘密保护提供启示和帮助。

第一节　商业秘密案件刑民交叉的处理难点

我国现行商业秘密的法律保护的基本框架可概括如下：
1.《中华人民共和国反不正当竞争法》第9条、第17—31条；
2.《中华人民共和国劳动法》第22条、第102条；
3.《中华人民共和国劳动合同法》第23条、第24条；
4.《中华人民共和国民法典》第501条、第509条、第1185条；
5.《中华人民共和国民事诉讼法》第71条、第137条；
6.《中华人民共和国公司法》第148条第1款；
7.《中华人民共和国律师法》第38条、第48条；
8.《中华人民共和国刑法》第219条；

9. 2004年《最高人民法院 最高人民检察院关于办理侵犯知识产权刑事案件具体应用法律若干问题的解释》第7条；

10. 2007年《最高人民法院 最高人民检察院关于办理侵犯知识产权刑事案件具体应用法律若干问题的解释（二）》第6条；

11. 2020年《最高人民法院 最高人民检察院关于办理侵犯知识产权刑事案件具体应用法律若干问题的解释（三）》第3—6条；

12. 1994年4月15日签署、1995年1月1日生效的《与贸易有关的知识产权协定》(TRIPs)第二部分第七节关于"未公开的信息的保护"；

13. 2020年9月12日起施行的《最高人民法院关于审理侵犯商业秘密民事案件适用法律若干问题的规定》。

一、刑民交叉的保护路径选择

（一）法律体系的现实困境

1. 立法过于分散

我国对于商业秘密的法律保护主要以《反不正当竞争法》为主，辅以《民事诉讼法》《民法典》和《刑法》，相关司法解释，如《最高人民法院关于适用〈中华人民共和国反不正当竞争法〉若干问题的解释》《最高人民法院关于审理侵犯商业秘密民事案件适用法律若干问题的规定》，以及地方的法规规章，如《深圳经济特区企业技术秘密保护条例》，还有各地高级人民法院发布的关于商业秘密案件的意见，如《河南省高级人民法院商业秘密侵权纠纷案件审理的若干指导意见（试行）》《江苏省高级人民法院关于审理商业秘密案件有关问题的意见》等。我国法律对于商业秘密的规定比较分散，每部法律的侧重点不同，导致在法律适用时，无统一的适用标准，商业秘密保护有关法律在不同领域适用上无法做到协调统一，难以形成体系化的保护。

2. 部门法之间存在冲突

虽然商业秘密这一概念最早出现在我国1991年的《民事诉讼法》中，但是我国对于商业秘密的重视程度在近几年才不断提高，对于商业秘密的保护仍然缺乏一部系统完整的法律，尤其是产生法律适用冲突时，无法形成统一的意见。如根据《民事诉讼法》，商业秘密案件的管辖法院应当为中级人民法院，但是根据《刑事诉讼法》，商业秘密的管辖法院为基层人民法院，如果发生商业秘密刑民交叉案件时，就会产生审理法院级别不一致的情形，对于这种情况，哪个级别的法院更加适合作为一审法院，无具体的规定。

3. 商业秘密的主体规定不统一

根据我国《反不正当竞争法》第9条的规定，商业秘密的权利人为经营者，侵权人为经营者及经营者以外的第三人，但是根据该法第2条第3款的规定，经营者是指"从事商品生产、经营或者提供服务（以下所称商品包括服务）的自然人、法人和非法人组织"，如果仅将商业秘密的权利主体限定为经营者，非市场经营者所持有商业秘密被侵犯时可能无法按照《反不正当竞争法》得到有效的保护。在我国《民法典》第501条中也明确劳动者对在劳动中知悉的雇主的商业秘密应当进行保密，如果雇员擅自泄露商业秘密则构成违约行为，应当承担相应的违约责任。《民法典》的主体包括自然人、法人与非法人组织，这与《反不正当竞争法》规定的商业秘密主体范围相一致。但是根据我国《刑法》第219条第3款的规定，商业秘密权利人是指，"商业秘密的所有人和经商业秘密所有人许可的商业秘密使用人"，这里对于商业秘密的权利人称谓变成了"所有人"，与《反不正当竞争法》和《民法典》中的"权利人"的称谓不同，法律用语的不同容易让人产生困惑，也体现了立法中的不严谨。

（二）商业秘密权利人的两难

对于商业秘密权利人来说，采用刑事还是民事手段维护权利，是个两难的抉择。一方面，通过刑事手段维权，在举证、对侵权方的威慑力等方面更省力也更有效；而另一方面，刑事手段存在立案难的问题，而民事诉讼程序则相对更容易推进，同时，权利人的主要目的是停止侵权和/或赔偿损失，该目的在民事诉求中就可以实现。

（三）流行观点

关于商业秘密保护应"先民后刑"还是"先刑后民"，学术界也一直有争论。主张"先民后刑"的学者主要认为，应当先确认商业秘密的权属，如张明楷教授就认为，权属有争议的商业秘密案件应先进行民事诉讼，以确认商业秘密的权属。[1]主张"先刑后民"的学者的出发点主要来自公共秩

---

[1] 张明楷：《程序上的刑民关系》，载《人民法院报》，2006年5月24日第B01版。

序优先论、揭示真相优先论以及诉讼效益优先论。[1]即认为有利于避免泛刑事化、有利于查明案件事实以及通过"先刑后民"达到利益最大化——"第一层级是通过刑事调整使商业秘密权的垄断力达到完满状态,第二层级为通过民事赔偿使经济损失达到完满状态"。[2]

然而,无论是"先民后刑"还是"先刑后民",都有其不可避免的缺陷,如刑民领域对权利归属的证明标准和认定路径的不同可能导致刑民判决出现冲突。故实务界和理论界都在探索出路和方向。

(四)刑事附带民事或刑民并行的可行性探索

作为刑民交叉案件基础规定的《最高人民法院关于在审理经济纠纷案件中涉及经济犯罪嫌疑若干问题的规定》第12条规定:"人民法院已立案审理的经济纠纷案件,公安机关或检察机关认为有经济犯罪嫌疑,并说明理由附有关材料函告受理该案的人民法院的,有关人民法院应当认真审查。经过审查,认为确有经济犯罪嫌疑的,应当将案件移送公安机关或检察机关,并书面通知当事人,退还案件受理费;如认为确属经济纠纷案件的,应当依法继续审理,并将结果函告有关公安机关或检察机关。"该规定第10条规定:"人民法院在审理经济纠纷案件中,发现与本案有牵连,但与本案不是同一法律关系的经济犯罪嫌疑线索、材料,应将犯罪嫌疑线索、材料移送有关公安机关或检察机关查处,经济纠纷案件继续审理。"

基于上述法律规定,目前一般将基于事实产生的刑民交叉,区分为竞合型刑民交叉与牵连型刑民交叉。[3]商业秘密刑民交叉案件可能涉及以上两种类型:商业秘密侵权纠纷案件和商业秘密刑事案件的交叉,主要为竞合型;商业秘密技术许可合同纠纷案件和商业秘密刑事案件的交叉,主要为牵连型。

就属于竞合型刑民交叉的商业秘密案件而言,应选择刑事附带民事诉

---

[1] 王立梅、张军强:《商业秘密刑民交叉案件审理模式的再思考》,载《江淮论坛》2020年第1期,第116—123页。
[2] 王立梅、张军强:《商业秘密刑民交叉案件审理模式的再思考》,载《江淮论坛》2020年第1期,第118页。
[3] 竞合型刑民交叉,即基于"同一事实"产生,包括侵权行为、合同行为、准合同行为等与犯罪行为竞合而产生的交叉。牵连型的刑民交叉,又称关联型,即基于"不同事实"产生的刑民交叉,但行为人涉嫌的犯罪行为对民事案件受理程序、实体审理有影响。也就是说,同一主体因不同的法律事实分别涉及刑事程序与民事程序。

讼的处理方案。随着各地法院知识产权"三审合一"审判体系改革的推进，基于保障权利人权益得到及时救济以及确保裁判结果的统一性要求，可以对"物质损失"做扩大解释，并将知识产权权利人遭受的经济损失认定为物质损失，从而允许知识产权刑事附带民事诉讼。如果属于牵连型刑民交叉的商业秘密案件，则由于双方在法律事实上仅仅存在部分重合而非同一，可以采取"刑民并行"的处理方案。

二、商业秘密案件司法鉴定的审查

（一）鉴定程序

司法鉴定是指在诉讼活动中，鉴定人运用科学技术或者专门知识对诉讼涉及的专门性问题进行鉴别和判断，并提供鉴定意见的活动。司法鉴定意见作为法定证据种类之一，因其专业性、权威性，在诉讼中往往能发挥"一锤定音"的关键作用。

在商业秘密侵权诉讼中，因技术秘密具有较强的专业性，其是否符合商业秘密构成要件往往需要依据专业人员的意见来判断。鉴定分为当事人自行委托鉴定和经过法定程序的鉴定。二者的鉴定意见经过法庭质证、审查后具有同等的证据主体地位，均可成为认定案件事实的依据。区别在于，当事人自行委托的鉴定被认可度较低，但法院指定鉴定人要根据法律规定的程序进行。

根据《民事诉讼法》及司法解释的相关规定，当事人可以就查明事实的专门问题向人民法院申请鉴定。当事人申请鉴定，可以在举证期限届满前提出。当事人申请鉴定的，由双方当事人协商确定具备主体资格的鉴定人；协商不成的由人民法院指定。此外，当事人未申请鉴定，人民法院就专门问题认为需要鉴定的，应当委托具备资格的鉴定人进行鉴定。如果当事人对鉴定意见有异议或者人民法院认为鉴定人有必要出庭的，鉴定人应当出庭作证。

《最高人民法院关于审理不正当竞争民事案件应用法律若干问题的解释》（现已废止）第9条第2款列举了有关信息"不为公众所知悉"的6种情形，司法部的《司法鉴定程序通则》是司法鉴定的程序性规范，上述两部法律文件均没有对知识产权司法鉴定取样及鉴定的程序作出强制性要求。

（二）影响鉴定意见可采性的主要障碍

1. 鉴定资质瑕疵

因为技术性强的特点，商业秘密侵权案件中普遍存在通过专业机构进行鉴定以查明案件事实的需求。但是目前知识产权鉴定领域中存在的问题在于，四类（法医类、物证类、声像资料类和环境损害类）外鉴定机构的鉴定资质存在授权瑕疵。2017年7月中共中央办公厅、国务院办公厅印发的《关于健全统一司法鉴定管理体制的实施意见》以及之后司法部发布的《关于严格准入 严格监管 提高司法鉴定质量和公信力的意见》《关于严格依法做好司法鉴定人和司法鉴定机构登记工作的通知》，均要求"对已登记从事四类外鉴定的鉴定机构鉴定人，要依法坚决注销登记"。这意味着知识产权类鉴定机构资质有瑕疵，其出具的鉴定意见在证明效力上难以得到保障。换言之，有能力出具鉴定意见的鉴定机构可能没有鉴定资格。

遗憾的是，司法部并未就四类外司法鉴定机构及其出具的意见如何处理作出规定。从司法判例上看，在这几年商业秘密领域影响较大的"香兰素案""天赐案""优选锯案"中，最高人民法院并没有对知识产权鉴定机构出具鉴定意见的资质问题作否定表态。即是说，目前司法实务界对知识产权鉴定机构及其出具的意见采取接纳的态度。

但是，虚假鉴定、违规鉴定、重复鉴定、多头鉴定等鉴定乱象仍然存在，对鉴定意见的不信任根源上在于对鉴定程序规范性的担忧。

2. 鉴定意见不明确或鉴定标准不合理

实务中，鉴定意见不被法院采纳的原因主要集中于鉴定意见不明确或鉴定标准不合理。关于"秘密性"鉴定，在江阴挪赛夫玻璃钢有限公司与华某守、江阴耐波特船舶设备有限公司、江阴万国玻璃钢有限公司侵害技术秘密纠纷上诉案中，江苏省高级人民法院认为一审鉴定结论中关于"逐渐为公众所知悉"的表述模糊，从而不采信一审鉴定结论作为评判涉案技术是否构成商业秘密的证据。关于"损失数额"鉴定，在福建省厦门市中级人民法院（2015）厦刑终字第590号案中，法院认为证明该损失的《司法会计鉴定报告书》中把不相关的其他客户利润计入缺乏客观性、合理性，鉴定的时间与伟联公司实际交易的时间不符，鉴定报告体现利润与上报税务机关的毛利润不符，从而判定鉴定对象不当，认定造成损失的依据不足。

（三）审查的核心要素

商业秘密的内核包含两个方面，一方面为内在内容即必须为技术信息或者为经营信息；另一方面为外在内容，即必须是有价值性或者经济性、保密性、实用性、不为公众知悉性等。这两方面也正是司法鉴定的主要对象。同理，法院在对该类案件进行审理时，这两方面也是最重要的审查内容。

围绕审查的核心要素，鉴定意见在程序上首先应当呈现鉴定机构的资质，其次就是鉴定事项应属于可鉴定的范围。鉴定意见的内容要呈现商业秘密的要素，对是否属于商业秘密、是否为公众所知悉及"同一性"进行鉴定。

第二节　法律认定及举证

一、是否构成商业秘密

在诉讼过程中，原告主张商业秘密被侵害的前提是争议内容是否构成商业秘密，这是侵犯商业秘密纠纷中的必然前提，也是绝大部分案件中的争议焦点。实践中，即使被告不就是否构成商业秘密进行抗辩，法院在认定是否构成侵权之前，亦要前置性地对是否符合商业秘密要件进行判断。故本部分围绕商业秘密核心构成要件进行探讨。

（一）秘密性要件

根据《反不正当竞争法》第9条的规定，商业秘密是指不为公众所知悉、具有商业价值并经权利人采取相应保密措施的技术信息、经营信息等商业信息。申言之，商业秘密的第一个核心要件即"不为公众所知悉"的秘密性。这是商业秘密区别于专利、商标、作品等其他知识产权客体的最根本属性，也是商业秘密被称为"秘密"的根本原因。一项商业秘密一旦丧失秘密性成为公知信息，其也就失去了作为商业秘密保护的基础。

1. "不为公众所知悉"及"不容易获取"的关系

关于秘密性的司法审查标准，在《最高人民法院关于审理侵犯商业秘密民事案件适用法律若干问题的规定》第 3 条中规定："权利人请求保护的信息在被诉侵权行为发生时不为所属领域的相关人员普遍知悉和容易获得"，这是对《反不正当竞争法》中所规定的"不为公众所知悉"的进一步解释，即应理解为"不公知"和"不易得"两个要件。诉讼层面这意味着，权利人要证明商业秘密的秘密性这一消极事实，需要证明诉争的商业秘密既不为公众所知，也不容易获得。

尽管《最高人民法院关于审理侵犯商业秘密民事案件适用法律若干问题的规定》第 4 条列举了 5 种可以认定有关信息为公众所知悉的典型情形，但现实的复杂性使得具体条款在运用于司法时，仍会出现争议和疑难。一方面，上述规定的情形仅是对商业秘密不具有秘密性的一种法律推定，并不是天然且绝对地为公众所知，亦非不可通过举证反驳。另一方面，即使是看似并无太多争议或较为明确的表述，实践中仍然存在解释空间。例如，第 4 条明确"已经在公开出版物或者其他媒体上公开披露的"，及"已通过公开的报告会、展览等方式公开的"两种情形，看似并无太多争议，但实践中这种客观上已经公开的出版物、文献报告等，极有可能是并非一对一公开权利人所主张的商业秘密信息，而是需要结合一篇或多篇公知文献信息，以及本领域相关人员的常识来进行判断是否破除秘密点。在司法实践中，这种技术判断大都通过知识产权司法鉴定或者依赖技术调查官辅助法庭判断。由此可见，即便是最为客观的文献公开情形，也可能会受一定的主观判断因素影响。也因此在实践中，针对"不为公众知悉"的认定依赖司法鉴定意见（特别是刑事案件），专业的鉴定机构进行"不为公众知悉"的认定符合知识产权案件专业性的要求。

诚如上述，"不为公众所知悉"需要满足"不公知"和"不易得"两个要件，那么两个要件之间应当是什么关系？如果按照《与贸易有关的知识产权协定》第 39 条的规定，只要非普遍知悉的信息，或者不易获得的信息，都属于"秘密"的范围，都可以成为商业秘密，而不必同时具备这两个条件，即二者是"或"的关系。但根据我国《最高人民法院关于审理不正当竞争民事案件应用法律若干问题的解释》（现已废止）第 9 条的规定，有关信息不为其所属领域的相关人员普遍知悉和容易获得，应当认定为《反不正当竞争法》第 10 条第 3 款规定的"不为公众所知悉"。因此，我国法院对秘密性的认定标准比《与贸易有关的知识产权协定》更为严格，"不公知"和"不易得"两个要件必须同时满足才能构成不为公众所知悉的商业秘密。

2. "秘密性"的理解与适用

从实践经验来看，最能被法院采纳的是文献公开情形，实物公开以及其他容易获得情形对于举证要求较高，尤其是在非直接公开或一对一公开情形下，法院对是否构成实物公开或容易获得情形在个案中的认定存在判定标准不一的情况。近几年司法实践案例在秘密点归纳以及权利基础举证层面有降低权利人的维权门槛的态势，这也是对长期以来商业秘密权利人举证难的应对。不过，出于利益平衡原则考虑，司法审判也应重视实物公开以及其他容易获得情形，不能忽视对权利人是否确有采取合理保密措施的要件判断，在保护权利人商业秘密权益的同时，也不应不当打击和限制科技人员正常流动和自主创业空间。

《最高人民法院关于审理侵犯商业秘密民事案件适用法律若干问题的规定》第4条中规定的"已经在公开出版物或者其他媒体上公开披露""通过公开的报告会、展览等方式公开""其他公开渠道可以获得"等情形仅是对商业秘密不具有秘密性的法律推定，并非不可通过举证反驳。原告仍可主张"公开"的程度较低，秘密性未丧失。

（二）保密性要件

《反不正当竞争法》中"经权利人采取相应保密措施"的表述，通常被称为保密性或保密性要件，是构成商业秘密的三大要件之一。是否采取合理的保密措施不仅决定着权利人在经营中是否能守住其商业秘密，也决定了权利人在诉讼中能否成功向侵犯其商业秘密的行为人主张维权，起着"退可守，进可攻"的作用。与应由哪一方承担举证责任存在争议的秘密性要件不同，保密性要件由权利人承担举证责任并无疑义，而对保密性要件举证不能也是权利人败诉的一大原因。因此，企业在日常管理中，如何采取保密措施以及如何针对保密措施存证、取证至关重要。

1. 保密措施的主观性

相较于商业秘密另外两个要件，保密性具有主观能动性，秘密性与价值性则具有客观被动性。也正因如此，保密性最应受到权利人的重视，一方面是因为保密性可由权利人自主掌控，另一方面是基于不采取保密措施的严重后果。严密的保密措施虽然改变不了该商业信息是否具有秘密性的客观既定事实，但是如果满足秘密性的商业信息得不到合理保密措施的保护，则会产生丧失秘密性的严重后果。

从立法过程来看，有关保密措施的规定其实经历了从"采取保密措施"到"合理保密措施"再到"相应保密措施"的立法过程，对保密措施的认识和标准一步步趋于明确，采取相应保密措施并不要求可以对商业秘密的保护天衣无缝、万无一失。对权利人而言，只要采取了合理适当的保密措施，使商业秘密在通常情况下不至于被侵权，即应当认为符合商业秘密保密性要件。权利人主观上必须有将信息作为秘密进行保护的意识，而且客观上还应当实施了相应保密措施。司法实践中对于主观意识的判断往往从客观行为出发，如果权利人对于商业信息并未采取任何保密措施，则可以推断出其不具有商业秘密保护的主观意识。反之，如果权利人对商业信息采取了合理、有效的保密措施，则可以推断出其具有商业秘密保护的主观意识。

2. 保密措施之合理性判断

司法裁判中影响保密措施的参考因素，应当依据《最高人民法院关于审理侵犯商业秘密民事案件适用法律若干问题的规定》第5条第2款之规定，即人民法院应当根据商业秘密及其载体的性质、商业秘密的商业价值、保密措施的可识别程度、保密措施与商业秘密的对应程度以及权利人的保密意愿等因素，认定权利人是否采取了相应保密措施。但仍须在主观上反映权利人的保密意愿、客观上与被保密的信息相适应。对保密措施"合理性"的低要求无疑会导致法律对商业秘密的保护范围不当扩大，因此实践中应根据个案具体情况从主观和客观两方面考察保密措施的"合理性"。针对保密措施的合理性，《江苏省高级人民法院侵犯商业秘密民事纠纷案件审理指南》第2.6条保密措施的认定原则中，将保密措施的合理性审查归纳为有效性、可识别性、适当性三个方面。其中有效性指"原告所采取的保密措施要与被保密的客体相适应，以他人不采取不正当手段或不违反约定就难以获得为标准"，可识别性指"原告采取的保密措施，在通常情况下足以使相对人意识到该信息是需要保密的信息"，适当性指"保密措施应当与该信息自身需要采取何种程度的保密措施即可达到保密要求相适应"。根据北京市高级人民法院《关于审理反不正当竞争案件几个问题的解答（试行）》，保密措施还要求权利人必须对其所采取的保密措施明确、具体地规定信息的范围。

以《最高人民法院关于审理侵犯商业秘密民事案件适用法律若干问题的规定》第6条列举的"保密协议"及"在合同中约定保密义务"的两类

保密措施为例，即使在协议或合同中明确保密条款的，也不必然满足保密措施的司法认定标准，例如在（2017）最高法民申 2964 号案件中，涉案《关于保密工作的几项规定》仅有 4 条，且内容为原则性规定，无法让该规定针对的对象（所有员工）知悉该公司作为商业秘密保护的信息范围即保密客体，因此不属于切实可行的防止技术秘密泄露的措施，在现实中不能起到保密的效果，也就不能认定为采取了保密措施。在侵犯商业秘密纠纷中，多数纠纷是因前员工披露、使用或允许他人使用涉密信息导致侵权，采取协议类保密措施是比较常见的保密方式，只是采取此种措施时，权利人需要在协议中对商业秘密范围有明确界定且与其所主张的秘密范围相符，以满足"相应保密措施"参考因素和构成标准。因此，以保密协议、劳动合同等方式约定被诉侵权人承担保密义务是否构成符合规定的保密措施，需要考虑相关保密义务条款是否明确、具体地规定了信息范围，同时还要考虑义务群体是否涵盖可接触商业秘密的群体。

（三）是否构成相同或实质相同

根据《反不正当竞争法》第 32 条第 2 款，"商业秘密权利人提供初步证据合理表明商业秘密被侵犯，且提供以下证据之一的，涉嫌侵权人应当证明其不存在侵犯商业秘密的行为：（一）有证据表明涉嫌侵权人有渠道或者机会获取商业秘密，且其使用的信息与该商业秘密实质上相同；（二）有证据表明商业秘密已经被涉嫌侵权人披露、使用或者有被披露、使用的风险；（三）有其他证据表明商业秘密被涉嫌侵权人侵犯"。司法实践中，也将上述规定称为"接触＋相同或实质相同—合法来源"原则。申言之，该原则的主要内容包括：首先，原告证明被告有机会接触其商业秘密，具备获取商业秘密的条件，而被告却不能证明其使用的涉案信息具有合法性。需要说明的是，"接触"原则是指一种接触可能性或者具备接触条件，并不意味着事实上已经接触。其次，被控侵权信息与原告主张商业秘密保护的信息具有实质相似性，即相同或者高度一致，并不限于完全相同。最后，被告涉案信息与原告的实质相同和被告的实质接触具有法律上的因果关系。实践中，该判断规则适用较为普遍，为人民法院审理商业秘密侵权案件提供了比较便利的手段。其中相同或实质相同，系审判中争议较大的部分，也通常是被诉侵权人进行抗辩的主要方向。

关于对相同或实质相同的理解，在相同商业秘密中基本不存在争议，实践中出现完全相同的诉争商业秘密的情况极为少见,亦很少有商业秘密权利人能够证明实质相同要件成立,因为大部分商业秘密侵权人都会修改商业秘密非核心部分使其有所区别。更普遍的情况是,判断是否构成实质相同才是司法审判中的重点和难点。那么,如果实质相同要件选择与其字面意思最为接近的"本质相同"进行解释,即当确定被诉信息与某一商业秘密本质上一致时,给商业秘密权利人一个合理怀疑的机会,推定被诉侵权人侵权盖然性较高,并要求被诉侵权人对此作出必要的解释,既有效维护了商业秘密权利人的权利,也并未使被诉侵权人承担更多的责任。在司法实践中应该灵活地理解"实质相同",不拘泥于字面意义上的"相同、相似"。例如,他人通过不正当手段获取了原告未来数年的公司经营策略方案,并将该方案披露给原告的竞争对手。而原告视这份公司经营策略方案为商业秘密,并采取了相应的保密措施。竞争对手通过分析该份经营策略方案可以制作出不利于原告经营的策略方案。在这种情况下,虽然主张的两份信息从内容层面上完全相反,表面上看并不"近似",但正是因为"信息的完全不同"而反过来推断出被告制订计划的源信息来自原告的信息,这也正符合了"实质相同"的要求,即法院应当认定"近似"成立。此外,如果被告所使用的商业秘密达到了与原告完全相同的程度,此时即便原告无法举证"接触"这一要件,也应当可以推定被告已经侵犯了原告的商业秘密。

二、是否侵犯商业秘密

(一)侵犯商业秘密的构成要件分析

根据《刑法》中对于商业秘密罪的规定[1],侵犯商业秘密罪是指以盗窃、利诱、胁迫、披露等不正当手段,侵犯他人商业秘密,给商业秘密权

---

[1]《刑法》第219条规定,有下列侵犯商业秘密行为之一,情节严重的,处三年以下有期徒刑,并处或者单处罚金;情节特别严重的,处三年以上十年以下有期徒刑,并处罚金:
  (一)以盗窃、贿赂、欺诈、胁迫、电子侵入或者其他不正当手段获取权利人的商业秘密的;
  (二)披露、使用或者允许他人使用以前项手段获取的权利人的商业秘密的;
  (三)违反保密义务或者违反权利人有关保守商业秘密的要求,披露、使用或者允许他人使用其所掌握的商业秘密的。
  明知前款所列行为,获取、披露、使用或者允许他人使用该商业秘密的,以侵犯商业秘密论。本条所称权利人,是指商业秘密的所有人和经商业秘密所有人许可的商业秘密使用人。

利人造成重大损失的行为。正如前一节所述，在构成商业秘密的前提条件下，以不正当手段实施犯罪，造成损害后果的情形即构成本罪。本部分将从商业秘密犯罪构成四要件角度来进行分析。

1. 主体要件

在司法实践中，商业秘密的范围比较宽泛，掌握、接触商业秘密的人群也日趋复杂化和多样化，所以侵犯商业秘密罪的犯罪主体是一般主体，既可以是自然人，也可以是公司、企业等单位。在实践中，触犯该罪的多为企业的中高级管理人员、进行技术研发的核心骨干或者是因合作关系而知悉企业商业秘密的交易第三方。但是也有部分国家将行为主体限定在自然人的范围内，如法国、意大利。其实，商业秘密是市场竞争的产物，因为有了商业秘密，公司就有了独特性，进而产生独有的竞争力，这也是企业的生存之道。企业拥有商业秘密，就有了市场竞争力，也就拥有了市场优势地位。换言之，拥有优势地位也就表明其抢占了先机。当然，侵犯商业秘密不仅是企业之战，对社会经济竞争秩序也会产生很大的影响。所以将企业纳入犯罪主体范围是十分必要的。这既符合司法实践的需要，也与公司法人参与类似有组织、有谋划的犯罪的实际情况相适应。

2. 主观方面

关于本罪的主观方面，学术界争议较大，主要因为《刑法》第219条中出现了"明知"这一特殊规定。争议焦点在本罪是否包含过失上。本书认为，若追究过失侵犯商业秘密的刑事责任，不仅不符合罪责刑相适应原则，也不利于企业之间合理的人才流动和正常的竞争秩序。追究过失犯罪的刑事责任，在一定程度上可以给予相关权利人较好的保护，但是却不利于社会整体利益的均衡，其本质上是一种矫枉过正的行为。若员工在工作中接触掌握公司的商业秘密，便很难跳槽，即使离职，同行业相关企业也不敢录用，否则便可能被追究刑事责任。这不仅不利于良好的市场秩序的形成，也侵犯了劳动者的劳动权以及就业选择权。[1]

对于条文中"明知"的理解，本书认为，可以扩大解释为一种"推定的明知"，应当限定在犯罪故意的范围之内。将其分为"知道和应当知道"两种情况。换言之，在具体案情中，通过分析客观证据，根据社会一般主体的认知和理解能力，足以推断出第三人在主观认识上已经知悉其所获得并且

---

[1] 周铭川：《侵犯商业秘密罪研究》，武汉大学出版社2008年版，第182页。

继而使用的商业秘密是他人通过盗窃、利诱等非法方式获取的,或者是他人故意违背约定而恶意披露的。进而可以推断出第三人对于自身行为将造成相关合法权利人重大经济损失的结果有主观上的认识,希望并且放任这种结果的发生,完全符合《刑法》第14条第1款[1]对于故意犯罪的定义。

3. 客观行为

侵犯商业秘密罪的行为对象是商业秘密,商业秘密是企业无形的资产,是企业安身立命之本,商业秘密一旦泄露,将给企业带来不可估量的损失。关于商业秘密的含义,《反不正当竞争法》第9条第4款规定,商业秘密,是指不为公众所知悉、具有商业价值并经权利人采取相应保密措施的技术信息、经营信息等商业信息。虽然不同法律法规中对商业秘密的含义规定并不完全一致,但本质内涵是一样的,商业秘密具有秘密性、价值性和保密性三个特征。

根据《刑法》第219条,侵犯商业秘密主要包括三种法定的行为方式:①以盗窃、利诱、胁迫或者其他不正当手段获取权利人商业秘密的行为。盗窃,一般是指通过窃取商业秘密的载体而获取商业秘密;利诱,是指以金钱、物品或者其他利益为诱饵,使知悉商业秘密内容的人提供商业秘密;胁迫,是指对知悉商业秘密的人进行恐吓、威胁,迫使他人提供商业秘密。②披露、使用或者允许他人使用以前项手段获取的权利人商业秘密的行为。这是上述第一种手段的延续。披露,是指将其非法获得的商业秘密告知他人或者公布于众;使用或者允许他人使用,是指将非法获取的商业秘密自己或者允许他人用于生产经营。③违反约定或者违反权利人有关保守商业秘密的要求,披露、使用或者允许他人使用其所掌握的商业秘密的行为。这指的是合法知悉商业秘密的人实施了侵犯商业秘密的行为。合法知悉人主要包括公司、企业内部的工作人员,曾在公司、企业内工作的调离人员、离退休人员以及与权利人订有保密协议的人员。此外,第三人明知或者应知上述三种违法行为,仍获取、使用或者披露他人商业秘密的行为,同样被视为侵犯商业秘密的行为。

4. 损害后果

成立侵犯商业秘密罪,要求侵犯商业秘密行为给权利人造成了重大损

---

[1] 《刑法》第14条第1款规定:"明知自己的行为会发生危害社会的结果,并且希望或者放任这种结果发生,因而构成犯罪的,是故意犯罪。"

失以上的结果。实践中,如果行为人只是单纯获取商业秘密,既没有披露、使用,也没有允许他人使用,那么不会给权利人造成损失,也不构成侵犯商业秘密罪。《最高人民法院、最高人民检察院关于办理侵犯知识产权刑事案件具体应用法律若干问题的解释(三)》将侵犯商业秘密的重大损失数额标准由50万元降低至30万元。除此之外,直接导致商业秘密的权利人因重大经营困难而破产、倒闭的,或造成商业秘密的权利人其他重大损失的,也可构成本罪,在第一档法定刑幅度内判处刑罚,即处3年以下有期徒刑,并处或者单处罚金。如果给商业秘密的权利人造成损失数额在250万元以上,则属于"情节特别严重的",应适用升格法定刑,处3年以上10年以下有期徒刑,并处罚金。

(二)举 证

众所周知,侵犯商业秘密案件的举证是比较困难的,为了有效解决商业秘密民事案件举证难,维护科技创新企业的核心竞争力,保护当事人的合法权益,本部分内容就结合法律法规以及司法实践中进行整理。

2019年《反不正当竞争法》第32条第2款在侵权行为证明上突破了"接触+实质相似"的判断规则,除第2款第一项仍遵循"接触+实质相似"的限制外,第2款第2、第3项所指的"有证据表明商业秘密已经被涉嫌侵权人披露、使用或者有被披露、使用的风险"和"有其他证据表明商业秘密被涉嫌侵权人侵犯"两种情形,不局限于"接触+实质相似"的情形。但是,对于"有被披露、使用的风险"以及其他涉嫌被侵权可能性的自由裁量权空间明显较大,需要在实践中予以明确并统一规则。

一般而言,商业秘密案件的举证大致可以分为四个阶段;第一阶段为证明商业秘密存在;第二阶段为证明自身合法拥有或使用商业秘密;第三阶段为证明涉嫌侵权人侵犯了自己的商业秘密;第四阶段为证明存在损害以及具体的损害数额。与其他知识产权侵权案件不同,商业秘密案件举证最困难的点之一就是在第一阶段,也就是说,证明商业秘密的存在。

1. 证明商业秘密的存在

商业秘密最大的特性就是其秘密性,这也就决定了商业秘密无法像商标、专利那样建立起一套有效的权利公示方式。因此,在诉讼中,原告主张被告的行为侵犯其商业秘密,那么首先要证明商业秘密的存在。也就是说,原告主张商业秘密不被公众所知悉,那么这个商业秘密在被诉的侵权行为发生时应当是不被所属领域的相关人员所普遍知悉或者容易获得。另外，如果主张商业秘密具有商业价值，应当根据商业秘密的研究开发成本、实施该项商业秘密的收益、可得利益、可保持竞争优势的时间等因素，举证证明商业秘密因不被公众知悉而具有现实的或潜在的价值。因此，诉讼权利人需要先对此种信息属于商业秘密加以证明，以使其诉讼上的请求具有实体法上的基础。

由于商业秘密的秘密性，再加上企业在诉讼中证明商业秘密存在较为困难，若能对商业秘密进行备案，则将选择权与控制权交到企业手中。这样一来，企业便拥有了自主性，可以决定哪些经营技术信息作为商业秘密进行保护，哪些技术信息可以专利等形式进行保护。企业也拥有了定密权，可以自行决定自家企业的商业秘密内容，市场监督管理局或其他部门只需要对其内容形式进行审核，这样既可以为企业增加维权保障，也可以统一市场秩序，避免恶性竞争。通过备案制度，企业在新增自己商业秘密保护的需求时，也可以对曾经需要保护而现在已经失去秘密保护价值的商业秘密进行解密，将解密的商业秘密公布或者宣布废弃。这样因商业秘密产生的纠纷就可以明确争执焦点。

2. 相应的保密措施的证明

在诉讼中，权利人在举证时，要想证明商业秘密的存在，可以主张其对商业秘密采取了相应的保密措施，这些保密措施应该是根据商业秘密及其载体的性质、商业秘密的商业价值、保密措施的可识别程度、保密措施与商业秘密的对应程度，以及原告保密意愿等因素进行举证证明，其为了防止商业秘密的泄露，在被诉侵权行为发生以前就采取了与其主张的商业秘密相适应的保密措施。

在举证证明权利人采取了"相应的保密措施"时，若有证据证明存在保密协议、书面告知等纸质的约定或者对涉密区域、设备进行区分和管理，抑或要求离职员工登记、返还、销毁其接触或者获取商业秘密的载体等情况，则相对应地可以证明权利人采取了相应的保密措施。这些措施要进行具体区分，将对企业之间、供应商或者客户、来访人员的保密措施以及对本企业的员工的保密措施进行区分。"相应保密措施"的认定标准则是基于《最高人民法院关于审理侵犯商业秘密民事案件适用法律若干问题的规定》第5条第1款的规定"权利人为防止商业秘密泄露，在被诉侵权行为发生以前所采取的合理保密措施，人民法院应当认定为反不正当竞争法第九条第四款所称的相应保密措施"作出的。

《〈最高人民法院关于审理侵犯商业秘密民事案件适用法律若干问题的规定〉的理解与适用》[1]中提到的，"对于相应保密措施，并不要求达到严丝合缝、万无一失的程度"，而是要"在正常情况下足以防止商业秘密泄露"。所谓"合理的"保密措施，本书认为应当将"保密措施的可识别程度"和"保密措施与商业秘密的对应程度"这两个因素结合起来考察。

具体到认定"相应保密措施"需要参考的因素，《最高人民法院关于审理侵犯商业秘密民事案件适用法律若干问题的规定》第5条第2款对此作了更加全面的规定，"人民法院应当根据商业秘密及其载体的性质、商业秘密的商业价值、保密措施的可识别程度、保密措施与商业秘密的对应程度以及权利人的保密意愿等因素，认定权利人是否采取了相应保密措施"。其中，"商业秘密的商业价值"和"保密措施与商业秘密的对应程度"系该司法解释新增的两大参考因素。同时，该司法解释认定"相应保密措施"需要参考的因素最终确定为5个。

参考因素的变化，导致"相应保密措施"的具体情形也发生了相应的变化。关于保密措施的具体情形，上述司法解释第6条进行了修改、丰富和完善，列举了6个方面的具体情形，并规定了兜底性规定"采取其他合理保密措施的"。虽然这6个方面的情形看起来复杂，但其可以归纳为两大类型。一是保密义务或保密要求方面的规定，主要为：①签订保密协议或者在合同中约定保密义务的；②通过章程、培训、规章制度、书面告知等方式，对能够接触、获取商业秘密的员工、前员工、供应商、客户、来访者等提出保密要求的；③要求离职员工登记、返还、清除、销毁其接触或者获取的商业秘密及其载体，继续承担保密义务的。二是商业秘密本身及其载体方面的规定，包括：①对涉密的厂房、车间等生产经营场所限制来访者或者进行区分管理的；②以标记、分类、隔离、加密、封存、限制能够接触或者获取的人员范围等方式，对商业秘密及其载体进行区分和管理的；③对能够接触、获取商业秘密的计算机设备、电子设备、网络设备、存储设备、软件等，采取禁止或者限制使用、访问、存储、复制等措施的。

---

[1] 林广海、李剑、杜微科：《〈最高人民法院关于审理侵犯商业秘密民事案件适用法律若干问题的规定〉的理解与适用》，载《法律适用》2021年第4期。

3. 合理表明商业秘密被侵犯

除证明企业对其商业秘密已经"采取保密措施"之外，还需要"合理表明商业秘密被侵犯"，比较常见的包含下述九种情形：①被告生产的含有原告商业秘密的产品、产品手册、宣传材料、计算机软件、文档；②被告与第三方订立的含有原告商业秘密的合同；③被告所用被诉侵权信息与原告商业秘密相同或者相似的鉴定报告、评估意见、勘验结论；④被告与披露、使用或者允许他人使用商业秘密的主体存在合同关系或者其他关系的材料；⑤针对原告商业秘密的密匙、限制访问系统或者物理保密装置等被破解、规避的记录；⑥能反映原告商业秘密被窃取、披露、使用的证人证言；⑦包含原告商业秘密的产品说明书、宣传介绍资料；⑧被告明知或应知他人侵犯商业秘密仍提供帮助的相关资料；⑨被告教唆、引诱、帮助他人侵犯商业秘密的录音录像、聊天记录、邮件。但在司法实践中，把相对应的证据固定下来，确实仍然比较困难。

4. 被告采取不正当手段的证明

商业秘密权利人需要证明涉嫌侵权人有不正当的行为，包括不正当获取、使用、披露等。当然，对于手段的不正当性不太可能以直接的方式加以证明。因为随着技术的发展，非法获取的行为越来越隐蔽，除非当场发现其非法获取的行为，否则很难直接证明。并且，对方使用其商业秘密的行为，在很多时候也没有办法直接证明。

综上所述，商业秘密案件的举证，大约可划分为四个阶段：第一阶段，证明商业秘密存在；第二阶段，证明自身合法拥有或使用商业秘密；第三阶段，证明对方侵犯了自己的商业秘密；第四阶段，证明自身遭受了损害。在由权利人直接起诉的情况下，第一阶段则和第二阶段可以合并。

三、在职、离职员工侵犯商业秘密纠纷疑难问题

在职或者离职员工利用职务之便，窃取公司产品技术、设计、客户信息等商业秘密，从事竞争行业是科技型企业经常面临的问题。关于"员工、前员工"的范围，可以进一步明确为"法人、非法人组织的经营、管理人员以及具有劳动关系的其他人员"。"劳动关系"的界定依据《劳动合同法》第2条"与劳动者建立劳动关系"的规定。针对《反不正当竞争法》第32条第2款规定的"有证据表明涉嫌侵权人有渠道或者机会获取商业秘

密，且其使用的信息与该商业秘密实质上相同"。这对企业要求较高，企业要有相应的商业秘密保护的意识，签署保密协议、竞业限制协议，加强对涉密资料的管理等。

在实践中，较为常见的主张员工、前员工有渠道或者有机会获得原告商业秘密的情况，可分为四种情形：员工或者前员工的工作职务、职责或者权限与涉案的商业秘密相关；员工或者前员工承担的本职工作或者承担的任务与涉密的内容相关；员工或者前员工曾经参与和商业秘密相关的生产经营活动；员工或者前员工曾经保管、使用、存储、控制或者以其他方式接触、获取商业秘密及其载体。

实践中，针对上述类型案件，权利人收集证据是十分困难的。随着互联网的发展，权利人的商业秘密大都储存于计算机系统当中。侵权人通过互联网获取商业秘密更具隐蔽性，而且侵权人的侵权行为大多发生于自己的经营场所或存储于其计算机设备当中，非法获取权利人商业秘密的行为更难被发现。权利人在收集证据时，往往无正当途径进入侵权人的经营场所或接触侵权人的设备，难以证明侵权人实施侵犯其商业秘密的行为。

此外，对行为追溯证明较为困难，目前企业常用方式就是签订保密协议，将公司商业秘密范围固定下来。我国《民法典》对合同当事人承担保守商业秘密的义务作出了规定，在订立合同的过程中，当事人可以将属于商业秘密的内容写进合同条款，要求对方当事人保守商业秘密。保密协议是对协议双方的一种保护，对于公司而言，这是十分有效的管理员工的手段，对于员工而言，其也可以明确知道自己接触的哪些信息属于商业秘密，规避风险实现自我保护。在保密协议中，对于保密的要求、范围、责任等，都可以作出明确的规定，如果对方当事人泄露或者不正当地使用协议双方约定所保守的商业秘密，则应当承担相应责任。

第三节 损害赔偿数额的认定

一、刑事案件对"重大损失"的认定

侵犯商业秘密罪中"重大损失"的认定，历来是侵犯商业秘密犯罪案件最集中、最突出的问题。阅览近年来司法实践案例，本书认为大致有两

种认定损失的方法：

（一）以侵权人的收益认定损失数额

1. 丘某琦、郑某林侵犯商业秘密罪一案［（2021）浙02刑初35号］

《最高人民法院、最高人民检察院关于办理侵犯知识产权刑事案件具体应用法律若干问题的解释（三）》第5条第1款第3项规定，违反约定、权利人有关保守商业秘密的要求，披露、使用或者允许他人使用其所掌握的商业秘密，损失数额可以根据权利人因被侵权造成销售利润的损失确定。同时根据该条第2款的规定，权利人因被侵权造成销售利润的损失，采取递进方式确定，首先可以根据权利人因被侵权造成销售量减少的总数乘以权利人每件产品的合理利润确定；其次，销售量减少的总数无法确定的，可以根据侵权产品销量乘以权利人每件产品的合理利润确定。本案中，郑某林、丘某琦等人违反约定及权利人有关保守商业秘密要求，使用"最佳的压缩器"技术生产、销售侵权产品，对权利人造成的损失是减少了其合法产品的市场占有机会。考虑到音王电声公司销售量的减少还可能存在涉案侵权行为以外的其他市场因素，本案中无法准确确定音王电声公司因被侵权造成销售量减少的总数。故音王电声公司因被侵权造成销售利润的损失，可根据侵权产品销售量乘以权利人每件产品的合理利润确定。权利人每件产品合理利润，应当理解为权利人每件产品因使用了该商业秘密所获得的销售利润。《最高人民法院关于审理不正当竞争民事案件应用法律若干问题的解释》（现已废止）第17条第1款规定，侵犯商业秘密行为的损害赔偿额，可以参照确定侵犯专利权的损害赔偿额的方法确定；而《最高人民法院关于审理专利纠纷案件适用法律问题的若干规定》第14条第2款规定，侵权人因侵权所获得的利益一般按照侵权人的营业利润计算，对于完全以侵权为业的侵权人，可以按照销售利润计算。本案被告人郑某林、丘某琦等人生产、销售的调音台产品均使用了"最佳的压缩器"商业秘密，系以侵权为业的侵权人，且考虑音王电声公司为此付出的研发成本，如使用营业利润或净利润计算损失有失公允，故应当将音王电声公司的毛利润作为销售利润来计算损失。针对被告人郑某林及其辩护人对连资评鉴字（2020）12215号价值评估鉴定报告提出的意见，经查，关于技术贡献率38.74%，指评估鉴定的技术对整体技术（公知技术除外）的贡献程度，系鉴定机构依据评估准则采用行业内通行的方法进行评估。音王电声公司的数字调音台每台售价3736元、毛利率52.43%，系鉴定机构针对音王电声公司2017年至2019年销售的使用了"最佳的压缩器"技术的所有型号数字调音台财务资料进行核查后作出，既核查了销售数量、销售收入及相关成本，也核查了音王电声公司的审计报告和研发成本，其鉴定意见中形成的数据客观、真实，法院予以采信。综上，被告人郑某林、丘某琦等人侵犯"最佳的压缩器"商业秘密给音王电声公司造成的损失数额为：侵权数字调音台的销售量（1205台）×音王电声公司产品单价（3736元）×音王电声公司毛利率（52.43%）×技术贡献度（38.74%）=91.43万元。

2. 彭某侵犯商业秘密罪一案［（2016）黔刑终593号］

该案中，一是已有证据无法证明涉案商业秘密因嘉净源公司及彭某、叶某东、赵某、宋某的侵权行为而为公众所知悉，故不能仅以沃某公司的研发投入数额确定赔偿数额，贵州致远司法鉴定所作出《关于贵阳时代沃某科技有限公司用于生产反渗透膜产品的专有技术研发成本及该项技术许可使用费损失的鉴定报告》（黔致远司评鉴字〔2013〕001号），不能作为认定沃某公司损失的依据。二是贵州致远司法鉴定所作出《关于叶某东等人侵犯贵阳时代沃某科技有限公司商业秘密生产销售反渗透膜产品扣除技术贡献后的不当获利金额的鉴定报告》（黔致远司会鉴字〔2013〕002号），该鉴定报告扣除了技术贡献，故其不能单独作为沃某公司的损失依据。三是鉴于沃某公司无有效证据证明其实际损失的具体金额，原审判决结合贵州致远司法鉴定所出具《司法会计鉴定报告》（黔致远司会鉴字〔2013〕003号）中关于"沃某公司2012年及2013年1月至3月期间各型号反渗透膜销售单支毛利鉴定"，经计算武胜门市部的该四种反渗透膜生产支数乘以沃某公司在该期间正常的销售价格下的利润，得出沃某公司因彭某等侵犯其商业秘密所造成的损失为375.468万元。由于彭某等人设立公司后未按相关会计制度规定进行规范的财务核算，其在生产销售反渗透膜产品过程中的销售收入、销售成本和销售利润率不能进行司法会计鉴定，且罗某去向不明，亦无法进行核实，原审法院计算沃某公司的损失数额并无不妥。故对上诉人彭某及其辩护人所提"应该以嘉净源公司的销售金额加上罗某账户的销售金额来确认损失"的上诉理由，法院未予采纳。

（二）以商业秘密的商业价值认定重大损失

商业秘密的商业价值，可以根据该项商业秘密的研究开发成本、实施该项商业秘密的收益、优势可持续时长等因素综合确定。

1. 李某湘等人侵犯商业秘密罪案[(2014)潭中刑终字第326号]

湘潭潭城司法鉴定所作出潭城司鉴所(2014)价鉴字第34号司法鉴定报告书,其鉴定意见认为:鉴定标的焊接驱动轮技术于鉴定基准日的公开市场价值为311.11万元。法院经审理认为,本案中在权利人的损失及侵权人所获实际利润未查实的情况下,应结合法律及司法解释的规定,充分考虑取得商业秘密的成本、侵权人使用商业秘密之前的获利状况与使用之后获利多少、商业秘密的新颖性程度、商业秘密的生命周期、市场竞争状况和市场前景等因素,以确定合理预期的未来收益,湘潭潭城司法鉴定所所做的司法鉴定报告书有其合理性,应予采纳。

2. 丘某琦、郑某林侵犯商业秘密罪一案[(2021)浙02刑初35号]

被告人郑某林以不正当手段获取了"卡迪克调音台三项技术信息",上述商业秘密尚未披露、使用,权利人的损失是上述商业秘密合理许可使用费的丧失,应当根据《最高人民法院、最高人民检察院关于办理侵犯知识产权刑事案件具体应用法律若干问题的解释(三)》第5条第1款第1项规定确定损失数额。由于上述商业秘密仅由关联公司SCC公司和音王电声公司免费使用,并未对外许可使用,故无实际发生的许可使用费用。连城公司出具连资评鉴字(2020)11213号价值评估鉴定报告,采取成本法和收益法进行评估,成本法评估的虚拟许可价值为1143.5万元,收益法评估的虚拟许可价值为182万元,评估报告采取了收益法认定182万元虚拟许可价值作为鉴定意见。法院经审理认为,侵犯商业秘密损失的计算依据应当因侵犯商业秘密的损害结果样态的不同而有所区别。上述商业秘密尚未实际使用,侵权行为未造成商业秘密被公众所知悉,商业秘密的商业价值未丧失,不宜以商业秘密的研发成本评估许可使用价值。就郑某林以不正当手段获取上述商业秘密而言,权利人的损失在于许可侵权人使用商业秘密的机会丧失,评估鉴定采取的收益法,系从一定的产品销售规模产生的收益入手,计算未来可能取得的收益,再通过一定的技术分成率,得出该评估对象在一定的经营规模下于评估基准日的公允价值。通过收益法评估上述商业秘密自评估基准日起未来的许可使用价值,既充分考量了商业秘密剩余经济寿命期、折现率、技术分成率、技术贡献度和未来收益期内的收益额等因素,也考虑了音王电声公司相关产品的技术、市场、经营以及财务等风险因素,且以收益法对许可使用费进行评估与本案案情相符。鉴定意见认定的商业秘密技术贡献度 100% 系指评估鉴定的技术对整体技术（公知技术除外）的贡献程度，技术贡献度、商业秘密许可使用价值均系根据资产评估基本准则认定，评估方式科学、合理、审慎，法院对上述鉴定意见予以采信。

二、民事案件如何认定"损害赔偿"

民事案件与刑事案件对损失数额的认定原则上相同，具体可以分为以下三类情况。

（一）以权利人实际损失认定损害赔偿

1. 一般原则——损害填平原则

因侵权受到损害的权利人的赔偿数额，按照其因侵权所遭受的实际损失确定，即遵循民法中的损害填平原则。因为商业秘密具有因秘密性而使权利人获取经济利益和保持竞争优势的特点，故侵害商业秘密给权利人造成的损失不仅直接反映在因侵权引起产品销售数量减少、市场份额萎缩等，还包括商业秘密公开后，其本身价值的减损。

在东莞强某制鞋有限公司与谢某蓝、谢某媛侵害技术秘密纠纷案[（2008）东中法民三初字第 91 号]案中，原告主张之债权包括两部分：①高某翘公司侵犯商业秘密给强某公司造成的直接经济损失为人民币 604000 元；②强某公司为维权支出了鉴定评估费用人民币 101875 元。以上主张有刑事判决为证，足以采信。因此，该案法官确认强某公司主张债权合计为 705875 元。

2. 全面赔偿规则

侵害人对于商业秘密权利人可计算的财产及收入损失全面赔偿。包括商业秘密的研发成本、使用状况、市场容量和供求关系以及受害人营业额的减少量、维权成本等。

在广州天赐高新材料股份有限公司等与华某等侵害技术秘密纠纷案[（2019）最高法知民终 562 号]中，法院对惩罚性赔偿进行说理。

原审法院认为，惩罚性赔偿由情节、基数和倍数要件构成。情节要件是指恶意侵权且情节严重的情形。基数要件是指权利人实际损失或侵权人侵权获利。倍数要件是指基数的 1 倍以上 5 倍以下。惩罚性赔偿是相对于补偿性赔偿而言的。补偿性赔偿的目的是填补权利人实际损失。而惩罚性赔偿的目的不仅在于填补权利人实际损失，还在于通过责令侵权人支付高于甚至数倍高于实际损失或侵权获利的金额，加大对源头侵权、恶意侵权、重复侵权等具有严重恶劣情节侵权的打击力度，形成威慑从而阻吓侵权的发生。故惩罚性赔偿与补偿性赔偿具有倍比关系，后者是前者的计算基数。基数固然重要，但机械地认为只要基数的全部数额不能查明就不能适用惩罚性赔偿，将严重影响该制度功能的发挥，使恶性侵权者轻易逃避法律惩罚。据此原审法院认为，既然基数全部数额查明时可以适用惩罚性赔偿，举重以明轻，部分数额能够确定时也可就该部分适用惩罚性赔偿。

本案中，华某、刘某、胡某春、朱某良和安徽纽曼公司均具有侵权主观故意。华某、刘某、朱某良被定罪，华某、刘某还受到刑事处罚。安徽纽曼公司自2014年开始，即使在关联刑事案件审理期间甚至法院作出的有罪生效判决后，也未中断生产销售其卡波产品，无视法院生效判决和国家法律，主观恶性大，且出口销售的国家和地区达20多个，自认的销售额超过3700万元。综合考虑这些因素，足以认定安徽纽曼公司恶意侵权且情节严重，本案满足情节要件。如上所述，现有证据不足以证明广州天赐公司、九州天赐公司实际损失和安徽纽曼公司侵权获利的全部数额，故本案不能以此为基数适用惩罚性赔偿。但如果两天赐公司实际损失或安徽纽曼公司侵权获利的部分数额能够确定，本案仍可就该部分数额适用惩罚性赔偿。

根据《最高人民法院关于审理不正当竞争民事案件应用法律若干问题的解释》（现已废止）第17条第1款，确定侵犯商业秘密行为的损害赔偿额，可以参照确定侵犯专利权的损害赔偿额的方法进行。根据《最高人民法院关于审理专利纠纷案件适用法律问题的若干规定》（2015年，已于2020年修正）第20条，权利人的实际损失可以根据专利权人的专利产品因侵权所造成的销售量减少的总数乘以每件专利产品的合理利润所得之积计算。权利人销售量减少的总数难以确定的，侵权产品销售总数乘以每件专利产品的合理利润所得之积可以视为权利人的实际损失。侵权人的侵权获利可以根据该侵权产品销售总数乘以每件侵权产品的合理利润所得之积计算。侵权人的侵权获利一般按照侵权人的营业利润计算，对于完全以侵权为业的侵权人，可以按照销售利润计算。

本案中，参照专利侵权赔偿额的计算方法，安徽纽曼公司侵权获利＝销售总量×产品每单位利润。由于每单位利润＝单价×利润率，故安徽纽曼公司侵权获利＝销售总额 × 利润率。由于安徽纽曼公司自称是专业研发、生产、销售卡波产品的企业，且没有证据证明其还有其他产品。故原审法院认定其完全以侵权为业，可以按照其销售利润（毛利润）计算赔偿数额。另外，根据诚安信鉴定所第101号鉴定意见书中记载的销售额和销售量，很容易计算出安徽纽曼公司产品不含税单价约为40元/千克。虽然原审法院未采纳诚安信公司第927号审计报告关于九江天赐公司毛利率的意见，但这并不代表该报告中的所有数据都不真实。诚安信鉴定所根据九江市公安局提供的销售发票清单、部分发票复印件、部分发货清单审计出来的销售额和销售量，在未提交任何反证的情况下，原审法院予以采纳。据此可以计算出九江天赐公司产品不含税单价亦约为40元/千克。由此可见，至少2014—2016年广州天赐公司、九江天赐公司与安徽纽曼公司产品单价持平。另外，安徽纽曼公司侵害技术秘密，节省了研发成本。所以，安徽纽曼公司的毛利率理应高于九江天赐公司。换言之，在无法查明安徽纽曼公司毛利率的情况下，将九江天赐公司毛利率视为安徽纽曼公司毛利率并未超出合理推定范畴。

综上，安徽纽曼公司侵权获利＝安徽纽曼公司销售总额 × 九江天赐公司毛利率。由于安徽纽曼公司自认销售总额37046171.71元，并主张以广州天赐公司年报公布的精细化工行业毛利率作为九江天赐公司卡波毛利率（经计算，2015—2018年度平均值为32.26%）。故安徽纽曼公司侵权获利＝37046171.71元 × 32.26%＝11951095元。需要强调的是，由于安徽纽曼公司自认的销售总额并不全面，故此计算的结果仅反映其部分侵权获利。安徽纽曼公司部分侵权获利为11951095元，就该部分获利可以适用惩罚性赔偿。惩罚倍数大小由侵权情节轻重决定。与惩罚倍数相关的情节包括：第一，安徽纽曼公司自2014年开始持续侵权，即使在关联刑事案件审理期间甚至法院作出有罪生效判决后，也从未中断，主观恶性大。第二，安徽纽曼公司生产规模巨大，自认的销售额已超过3700万元，且销售范围包括国内外，出口国家和地区达20余个。第三，安徽纽曼公司侵害的广州天赐公司、九江天赐公司技术秘密涉及产品生产工艺、流程和设备。这些技术秘密对产品的形成起到关键作用。其中，聚合反应和闪蒸干燥工艺的技术秘密具有产品型号限制（两天赐公司卡波340和380，分别对应安徽纽曼公司卡波940和980），其他工艺、流程、设备的技术秘密没有产品型号限制。安徽纽曼公司自称有20多个卡波型号，故其主张确定赔偿额应考虑产品型号，具有部分依据。第四，根据《最高人民法院关于审理侵犯专利权纠纷案件应用法律若干问题的解释（二）》第27条，在权利人已经提供侵权人所获利益的初步证据，而与专利侵权行为相关的账簿、资料主要由侵权人掌握的情况下，人民法院可以责令侵权人提供该账簿、资料；侵权人无正当理由拒不提供或者提供虚假的账簿、资料的，人民法院可以根据权利人的主张和提供的证据认定侵权人因侵权所获得的利益。本案中，原审法院参照该条责令安徽纽曼公司限期提供获利数据并附财务账册和原始凭证。安徽纽曼公司虽提交资产负债表和利润表，但以单据数量庞大和路途遥远为由未提供财务账册和原始凭证。对此原审法院认为，姑且不论安徽纽曼公司的原始单据是否多到庞大的程度，也不论在当今交通条件下安徽金寨至广州的路途是否属于遥远，即便证据很多且路途遥远，安徽纽曼公司据此拒绝提供，也没有任何法律依据。同时，"谁主张谁举证"是民事诉讼的基本原则。在举证义务已转移至某方当事人的情况下，收集提供证据和交通的成本，是该当事人理应预见和承担（至少应当预先承担）的诉讼成本。故安徽纽曼公司所述并非正当理由，其拒绝提供证据导致原审法院无法查明全部侵权获利，构成举证妨碍，应承担不利法律后果。综合考虑上述情节，也为了最终认定赔偿，原审法院确定2.5的惩罚倍数并取其整数30000000元作为安徽纽曼公司的赔偿数额。

（二）以侵权人实际获利确定赔偿数额

实际损失难以计算的，按照侵权人因侵权所获得的利益确定。侵权获利本质上是被告基于其侵害行为而获取的不当得利，将该不当得利归于权利人的基础在于被告利用了其不当获取的商业秘密，由此获得的利润没有正当性；同时，因为实际损失举证难度较高，以侵权获利来确定赔偿数额相对容易。

在北京君和信达科技有限公司、孙某明等侵害经营秘密纠纷案[（2017）京民终398号]中，涉及2011年CIQ项目的交易，君和信达公司和孙某明的行为侵犯了同方威视公司的商业秘密，应承担赔偿损失的民事责任。确定侵犯商业秘密的损害赔偿额，可以参照确定侵犯专利权的损害赔偿额的方法进行。法院综合考虑此次交易的数额、相关成本、费用及同方威视公司相关商业秘密在本案中的商业价值等因素，酌情确定君和信达公司的损害赔偿额。

（三）特殊情形

在特殊情况下，要根据商业秘密的商业价值、研发成本、侵权人过错、侵权行为等综合确定损害赔偿额。

在创普讯维（北京）科技有限公司等与北京神州在线科技有限公司等商业秘密合同纠纷案［（2014）一中民终字第3261号］中，神州公司提交的丢失客户名单，属于单方形成之证据，在创普公司、赵某川、秦某格予以否认的情况下，原审法院认为该证据尚不足以证明其损失情况。鉴于双方均未提交有效证据证明涉案侵权行为的损失或获利情况，故原审法院依据涉案商业秘密的重要性、侵权行为的持续时间、赵某川及创普公司的行为恶意程度等情况综合酌定赔偿数额。

而在大连倍通数据平台管理中心、崔某吉侵害技术秘密纠纷案［（2021）最高法知民终1687号］中，由于倍通数据未能提供证据证明其因被侵权所受到的实际损失及崔某吉因侵权所获利益，故根据《最高人民法院关于审理侵犯商业秘密民事案件适用法律若干问题的规定》第20条第2款的规定，可以考虑商业秘密的性质、商业价值、研究开发成本、创新程度、能带来的竞争优势以及侵权人的主观过错、侵权行为的性质、情节、后果等因素，确定本案的赔偿数额。法院认为，对于权利人与侵权人在保守商业秘密条款中就侵权责任的方式、侵权损害赔偿数额作出的协商约定，属于双方就未来可能发生的侵权损害赔偿达成的事前约定，在人民法院确定侵害技术秘密赔偿数额时，可以作为重要参考因素。具体而言，法院在确定崔某吉应承担的侵权损害赔偿数额时重点考量了下列因素：①涉案技术秘密的开发情况。涉案技术信息是倍通数据针对医药行业的特定要求而开发的特定计算机程序，倍通数据为开发涉案技术信息，专门组建开发团队，并在短短4个月就投入开发成本25.2万元。但在该案审理时涉案技术秘密仍处于开发过程中，并未投入使用。②侵权人的侵权情节。崔某吉作为爬虫平台项目的负责人，在入职和离职时，均与倍通数据签订严格的保密协议，约定崔某吉不得泄露公司商业秘密；离职时不得私自带走任职期间完成的文案和模板等内容，需要带走的文件均须向倍通数据备案并经倍通数据同意。但是，崔某吉无视公司的保密要求和保密协议约定，仍然实施了盗窃涉案技术秘密的行为，主观上具有恶意。然而在案证据证明崔某吉仅有盗窃技术秘密的侵权行为，并无实施其他侵害技术秘密的行为。③权利人与侵权人关于违反保密协议的侵权损害赔偿数额约定。倍通数据与崔某吉在《保密协议书》中约定，公司数据库、系统源代码及内含资料等文件资料属于公司的绝密级秘密，并约定倍通数据每月向崔某吉支付保密工资作为其保守公司商业秘密的补偿金。该协议还约定，若崔某吉违反以上协议，侵犯倍通数据绝密级秘密的，应当向倍通数据赔偿50万元至100万元。本案为侵害技术秘密纠纷，倍通数据与崔某吉的约定属于双方就侵权损害赔偿达成的事前约定，且崔某吉根据这一约定在工作期间每月可以获得相应的保密工资，故在崔某吉违反相关约定时，可以将双方约定的侵权赔偿数额作为确定本案侵权损害赔偿的重要参考因素。

小　结

在商业秘密司法保护路径的不断探索中，在现有法律法规的约束下确立了一系列的裁判标准。但实践中仍有不少适用疑难问题以及法律适用的解释空间，从目前来看，各级法院审理的侵犯商业秘密纠纷案件呈现整体增长的趋势。作为企业，商业秘密维权之路并非坦途，而且实务中无论是在程序中还是在实体问题上都存在诸多不确定性。这就要求企业在日常管理过程中，首先要构建商业秘密管理机制，将商业秘密管理融入日常管理，对可能造成商业秘密泄露的环节或者流程进行管控，建立内外部管控机制。其次，在职、离职员工侵犯商业秘密纠纷是商业秘密纠纷中的"重头戏"，保密协议和竞业限制协议是员工侵犯商业秘密案件中重要的证据，也是企业内部法务部门需要处理的重要协议，无论是从内容上还是从保密形式上均需要对该两类协议予以重视。最后，商业秘密诉讼案件，举证是难题，实践中可以考虑通过商业秘密备案机制予以完善。

第四章
企业商业秘密管理机制构建

如前所述，企业商业秘密维权中面临举证难等问题。这给企业在日常商业秘密及信息管理提出了高要求。特别是在现今无纸化办公环境中，信息被存储在计算机和各类系统中，需要将法律保护措施及技术措施有效结合。

本章将根据企业商业秘密管理经验，结合中国专利保护协会发布的《企业商业秘密管理规范》（T/PPAC 701—2021）团体标准（以下简称"团体标准"）及《企业商业秘密管理规范》（DB4403/T 235—2022）深圳市地方标准（以下简称"地方标准"）两个重要标准来撰写。需要注意的是，各企业商业秘密类型不同、投入不同、规模不同、需求不同，因此管理模式有所差异。没有最好的管理模式，只有最适合本企业的管理模式，希望本书给读者带来管理启示，促进形成适合本企业的管理模式。

第一节　商业秘密管理的基本架构

参考团体标准，企业商业秘密管理基本架构包括企业环境、领导作用、策划、支持、商业秘密的确定、商业秘密的管理、商业秘密的争议处理，以及监督检查、评审及改进内容。其中，企业环境、领导作用、策划、支持，以及监督检查、评审及改进工作是企业合规管理的通用环节，因此仅结合商业秘密的特点进行具体阐述。

一、企业环境——定制化需求

企业的管理规范必然要结合各个企业的需求，而企业商业秘密管理规范的"定制化"需求属性尤为突出。因此，在对企业环境进行调研时，就要密切关注企业内外部需求，结合企业商业秘密管理的薄弱环节，结合企业现行的人力资源、行政、技术等部门的工作流程，结合企业管理架构及治理机制，最终形成规范类成文信息。

在形成规范类成文信息的过程中，应当注意匹配企业现有的审批机制，平衡企业与供应商、客户、合作伙伴间正常的信息传输需求，同时考虑到向监管部门报送信息等特殊信息传输场景，以及在商业秘密案件中的证据要求。也正因考虑的要素多种多样，商业秘密管理规范才格外有一企一策的"定制化"属性。

二、领导作用——高层参与

最高管理者应当知悉、支持商业秘密管理体系的建设，并且保证商业秘密管理的方向与企业的战略方向一致；同时，确保商业秘密管理体系建立及运行所需要的人力及物力资源。

商业秘密的整体管控方针制定应当符合企业的总体战略，同时与研发战略、知识产权战略相协调。具体可以参考地方标准第4.3条给出的关于商业秘密管理应遵循的原则，即"最小授权原则、必须授权原则、审批原则、受控原则、可追溯原则"，在进行方针制定时，可以考虑围绕相关原则进行讨论，结合企业情况制定保护方针。

关于岗位、职责和权限设置问题，应当在最高管理者的支持下，确保商业秘密管理的相应岗位、职责及权限设置。鉴于商业秘密保护具有复杂性及多部门协同性，因此，相关的商业秘密管理机构设置可以结合企业架构安排，但一般应当包含知识产权、法务、信息安全、人力资源、技术、行政管理等部门，通过协同形成合力，完善企业的商业秘密保护。具体配合上，地方标准第4.2条中规定"企业的商业秘密管理工作应由最高管理者牵头，高管负责，专人管理，全员参与"，这个总结很全面，商业秘密的管理需要自上而下覆盖全员，通过专业人员建立并执行整套管理规范。

就商业秘密管理部门具体的组织机构、职责和工作范围而言，各企业可以参考地方标准第5.2条进行明确：

a）指定专人作为商业秘密管理部门的负责人，负责企业商业秘密管理体系的决策、管理、实施并向企业最高管理者汇报，也可由企业最高管理者直接负责商业秘密管理部门；

b）配备专职的商业秘密管理人员，或由法务、信息安全等部门人员兼任商业秘密管理工作；

c）商业秘密管理部门可设立两个以上层级的商业秘密管理组织架构；

d）商业秘密管理部门可根据职能设置不同的工作小组，分别负责制度、信息技术、宣传培训、检查评估等工作；

e）商业秘密管理部门的职责应包括商业秘密、涉密物品、涉密载体、涉密部门、涉密人员、涉密区域等的识别和管理，管理制度的制定、执行、检查、改进，员工的保密宣传、培训、考核，以及泄密事件的内部处理和法律维权等；

f）商业秘密管理部门应定期组织会议，对商业秘密的识别与分级、管理制度的修订、信息技术的实施等重大事项进行决策。

三、策划——平衡安全与效率

在对商业秘密管理进行策划时，要考虑商业秘密管理的整体目标以及需具体落实的职责、工作内容、监督检查等工作，围绕管理目标进行策划。要注意平衡安全与效率，避免极化的思维模式。

鉴于侵犯商业秘密有民事、行政乃至刑事责任，策划时就要特别考虑商业秘密案件风险：一方面是企业商业秘密被泄露的案件风险；另一方面是新员工携带原雇主的商业秘密，如何进行侵权应对的案件风险。围绕可能发生的风险策划应急处理机制。同时，如果出现商业秘密泄密事件或案件，还要结合风险应对的实践，进一步复盘，完善商业秘密管理机制。

四、支持——形成合力

团体标准围绕资源、能力、意识、沟通、成文信息五个方面对支持进行了拆解。

就资源方面而言，企业管理必然需要建立并实施相应的管理机制，而相应的管理机制需要配备专业人员，提供所需的各类技术措施、手段及相应管理设备，并提供相应的经费。良好的商业秘密管理机制的建立，离不开具有商业秘密管理能力的专业人员、完善的信息安全系统，以及相关软硬件设备支持，也就需要加大投入力度。

就能力方面而言，商业秘密管理体系的建设离不开具有专业能力的人员，这里的专业人员需要具有跨领域的能力。包括人员管理能力、法律专业知识能力、技术管控能力等多方面的综合能力。当然，一个人具备如此多领域的能力相对比较困难，所以需要协同建立跨部门的团队，提供专业能力支持。

就意识方面而言，企业应当面向管理层及员工宣传贯彻商业秘密管理规范。明确为什么要保护商业秘密，以及如果违反规定将要承担的后果，目的是让全体人员都了解保护商业秘密的意义，包括对企业无形资产的影响，对企业竞争力的影响，以及对自身职业安全的影响等，鼓励员工主动发现商业秘密管理薄弱环节，参与到完善商业秘密管理的工作中来。

就沟通方面而言，沟通的方式可以是多种多样的，包括周期性的宣传、专项的培训、日常工作中的提醒等。如果有条件的话，还可以让全体员工参加商业秘密培训，并进行考核。通过多种方式与员工就商业秘密保护进行沟通，扩大商业秘密保护沟通覆盖的人员范围。

就成文信息而言，其在本书中是指企业内部的商业秘密管理制度。商业秘密管理制度是整个环节中最为显著的工作内容，但事实上，商业秘密管理制度的撰写正是基于对企业内外部环境的了解，根据企业商业秘密管理方针，结合企业实际情况进行管理策划，并且在各项资源支持的前提下，最终体现为一个成果性文件。没有前期的工作，是没有办法形成符合企业需求的商业秘密管理制度的。

因此，商业秘密管理制度是定制化的、一企一策的。需要在前期对企业的管理现状、管理部门、泄密风险、信息类型等多方面进行深入访谈调研的基础之上才能够呈现劳动成果。

对于成文信息内容，团体标准第 7.5.3 条中要求对成文信息"进行妥善的保护，防止泄密、不当使用或缺失，并确保在需要的场合和时机可获得并适用"。事实上，对于企业来说，内部的各项管理制度也是其重要商业秘密之一。也就是说，商业秘密的管理制度本身也属于企业的商业秘密，因此也要采取各项保密措施。比如，在商业秘密管理制度的页眉页脚处，注意标注保密提醒，用商业秘密法律制度保护商业秘密管理制度。

如前所述，商业秘密管理制度涉及企业方方面面的管理，具体涉及的内容可以参考地方标准第 6.3—6.5 条（表 4-1），实操中可以根据表 4-1 所列任何一种方式进行分类管理，或通过总制度加具体细则的方式，或交叉形成矩阵进行管理。

表 4-1　商业秘密管理涉及内容

类别	内容
按主要内容	a）商业秘密的识别与分级；b）涉密物品管理；c）涉密载体管理；d）涉密纸质文档管理；e）涉密计算机管理；f）涉密网络管理；g）涉密区域管理；h）涉密人员管理；i）泄密事件管理；j）奖惩管理
按业务部门	a）研发；b）生产；c）销售；d）采购；e）信息技术；f）财务；g）行政等业务部门
按管控对象	a）商业秘密及分级；b）涉密人员及岗位；c）涉密计算机；d）涉密物品；e）涉密信息系统

五、监督检查、评审及改进

商业秘密管理体系应当建立监督、检查、评审及改进的相应机制。对商业秘密管理规范等成文信息定期进行更新和评估，对整体管理机制进行动态跟踪，适时调整。同时，要特别关注改进内容。如果在处理案件或事件过程中，发现了商业秘密管理规范未尽事宜，及时补充到管理规范当中，动态复盘更新，从而持续完善商业秘密管理体系。

以上是围绕企业管理规范的一般内容，结合商业秘密的特别要求进行的阐述。下面将具体围绕团体标准中商业秘密的确定、商业秘密的管理、商业秘密的争议处理三个问题，结合企业实务工作进行阐述。

第二节　商业秘密的确定

一、确定商业秘密范围

保护商业秘密的前提是确定商业秘密的范围。商业秘密产生于经营活动的各个阶段，如团体标准中所列举的战略规划、管理方法、商业模式、改制上市、并购重组、产权交易、财务信息、投融资决策、产销购策略、资源储备、客户信息、招投标事项等经营信息,以及设计、程序、产品配方、制作工艺、制作方法、技术诀窍等技术信息。由此也可以看出,在企业生产经营的各个阶段、产品研发的全周期中,都有可能产生商业秘密,这也对商业秘密的管理提出了极高的要求。

1. 从法言法语到通俗易懂

实操中,跟员工直接沟通"商业秘密的范围就是具有非公知性、秘密性、价值性的商业信息,符合三性的信息都可以被称作商业秘密"效果并不好,员工往往很难理解复杂的法律概念。在日常的培训中,应对法律概念予以释明,如秘密性或非公知性,就是这个信息没有被普遍公开,企业也不想让别人特别是竞争对手知道信息的内容。价值性,就是信息对企业具有商业价值,对企业很重要。保密性就是企业要主动采取保密措施,法律不保护躺在权利上睡觉的人。重点是从法言法语到通俗易懂的日常用语的"翻译工作",能够让员工更加理解商业秘密的含义和内容,能够更好地在日常工作中确定商业秘密的范围。

2. 日常管理中商业秘密范围与维权中商业秘密范围不同

实操中要注意,商业秘密日常管理中企业所界定的商业秘密范围往往大于维权中所界定的商业秘密范围。日常的商业秘密管理工作中,为了对更多的企业商业信息进行保护,就需要对商业秘密赋予更宽泛的定义。而在诉讼维权阶段,一般来说在对企业造成比较重大损失的前提下,其才会就商业秘密进行维权。同时,商业秘密经过非公知性、价值性、保密性的双方举证,再经过鉴定机关的鉴定等手段,将商业秘密提炼成秘密点。因此,在日常管理阶段对商业秘密范围的认定和在维权阶段对商业秘密范围的认定有所不同。

关于商业秘密日常管理与商业秘密维权的区分还有一点,在诉讼维权案件中,价值性通常是双方围绕非公知性、价值性、保密性"三性"进行举证中最为简单的一个环节。但在商业秘密管理中,价值性非常重要,需要让管理者及员工了解信息对于企业的重要性,以及信息的泄露会给企业造成的损失。在这个前提下,企业才可能完善商业秘密管理体系,投入人力与资源,完善商业秘密保护的各项流程。

二、商业秘密分类

实操中要注意,仅是对商业秘密进行法律定义,或者说翻译成日常用语来进行界定还远远不够。业务处理的信息类型多种多样，仅凭一个定义很难对商业秘密进行明确限定，因此就需要开展进一步的工作，对商业秘密进行分类分级管理。

尽管法律上没有对商业秘密进行分类的规定，但在实操中，商业秘密的分类对于企业商业秘密管理有着重大的意义。

1. 保密信息无法简单以技术秘密、经营秘密等分类

就商业秘密分类而言，尽管法律上仅将商业秘密分为技术秘密、经营秘密以及其他商业信息三类，但在实操过程中，员工很难将经手的信息简单地分为这三类。例如财务系统既涉及系统这类技术信息，又涉及财务这类经营信息，就如何进行分类业务侧往往很难处理，也会因此产生很高的沟通成本。那么就需要在技术秘密、经营秘密、其他商业信息这三类项下，再进行细分，以便于业务侧将经手的信息先归纳入子类目中，最终归纳于这三类信息之中。

2. 商业秘密分类表有助于人员协同处理

由于日常管理中商业秘密的范围相对较广泛，很多员工都有可能接触商业秘密，对于商业秘密的梳理工作就变成了多人协作工作。此时明确详细的商业秘密分类表就能让员工快速掌握区分标准，减少模糊地带，高效地对接触的信息进行归类。

以下给出了企业信息分类表（表4-2、表4-3），如果需要，企业可以进一步分为二级、三级类目。但需要注意，商业秘密的类型归纳要注意平衡实操性和效率性问题，不宜作太过细致的区分，导致协同人员难以区分，反而无益于商业秘密的归类。

各企业处理的信息类型不同，标准不一，就常见的商业秘密进行分类，可以参考地方标准中附录A的内容。读者可以根据企业合规管理需求，梳理企业处理的商业秘密类型情况，在此基础上进一步细化为二级类目、三级类目等。

表4-2 商业秘密的技术信息保护范围

项目	表现形式
研发信息	设计图纸、模型、样板、方案、测试记录及数据、进度表等
生产信息	产品配方、工艺流程、技术参数、电子数据、作业指导书、样本库等
硬件信息	设备仪器的型号、配置参数、特别要求等
软件信息	源代码、应用程序、数据算法等
其他	企业认为有必要采取保密措施的其他技术信息

表 4-3　商业秘密的经营信息保护范围

项目	表现形式
公司基础信息	公司架构、规章制度、内部通知、决议文件、会议纪要等
决策信息	战略决策、研发策略、投资计划、股权激励方案、专利规划布局等
经营信息	采购计划、采购记录、营销策划、营销方案等
销售信息	客户名单、供应商名单、销售记录、销售协议、投标书等
财务信息	财务报表、融资报表、预决算报告、各类统计报表、审计报告等
人力资源信息	员工名册、通讯录、工资表、社保公积金清单等
信息技术信息	网络拓扑图、信息安全风险报告、运维日志等
其他	企业认为有必要采取保密措施的其他经营信息

三、商业秘密分级

就商业秘密分级而言，尽管法律上并没有对商业秘密进行分级，但在实操过程中，商业秘密的分级管理是非常重要的。从法律上来讲，信息分为公开信息以及商业秘密两个级别，但在企业的日常管理中，商业秘密包含的类型多种多样。有些信息在日常工作中就是要与供应商、客户进行比较频繁的信息传输；而有些信息属于企业的核心机密，需要非常高级别的保护。如果不予分级，"一刀切"式管理，反而会给企业的日常经营工作造成困难，不利于企业的发展，也不符合商业秘密管理制度整体架构的初衷。

1. 分级基本方法

参考国家秘密分级方式，企业通常将商业秘密分为绝密、机密、秘密三级，更具操作性。将对企业最重要的、最需要保密的信息作为绝密级别进行管理；将企业经营管理中经常需要进行传输的保密信息作为秘密级别管理；而平衡两者，既有一定的安全需求，又有一定传输效率需求的，就落入机密级别进行保护。

举例来说，合同内容、发票价格，以及销售的产品数量等，都是日常管理中经常需要向客户传输的信息。如果对此类信息采取过于严苛的保密措施，任何传输都需要经过层层审批，无疑将影响日常业务，也影响人员工作效率。如可口可乐配方这类对于企业极其重要的信息，就要以安全为第一要务，围绕安全进行严密的保密措施部署。而居于两者之间的信息，就作为机密信息，保密措施严于秘密信息，又弱于绝密信息。只有对企业的商业秘密进行分级管理，才符合企业信息传输的实际需求。本书认为，这也是《反不正当竞争法》在对于保密措施进行认定时添加了"相应的"这样一个标准的初衷。

2. 分级标准一企一策

当然，具体信息的分级要密切结合企业的实际需求，不同的企业对于不同信息的分级很有可能不同。如配方类信息对于可口可乐公司来说就是极其重要的商业秘密，而配方类信息对于提供技术服务的企业来说，可能是不需要考虑的信息类型。具体的商业秘密的分级，就要参考企业不同的需求、产品的不同类型、企业的不同发展阶段，秉持一企一策的处置方式，使其切实符合企业的实际需求，最大限度地保护企业的市场竞争力和商业价值。

具体分级的考虑因素可以参考地方标准第7.2条给出的示例：

企业对商业秘密进行评估时可考虑但不限于以下因素：
a）商业秘密的经济价值；
b）产生商业秘密投入的成本；
c）商业秘密对企业的重要程度；
d）竞争对手获取商业秘密后产生的价值；
e）商业秘密泄露后产生的经济损失；
f）商业秘密泄露后可能承担的法律责任；
g）商业秘密在企业内部可查阅的范围；
h）对商业秘密采取保密措施所需的成本。

以上分别介绍了商业秘密的分类与分级，实操中商业秘密分类和分级往往体现在一张表格中进行矩阵管理，结合表4-2和表4-3，本书分享一个表格矩阵（表4-4）供读者参考。

表4-4 企业商业秘密分类分级矩阵

一级类目	二级类目	三级类目	密级
技术秘密	研发信息	设计图纸	机密
经营信息	公司基础信息	公司架构	秘密

第三节 商业秘密的管理

初次接触商业秘密管理，可能会觉得信息无处不在，无所不包，无从下手。相关法律法规统一将商业秘密的管理工作规定为"保密措施"，但实操中，"保密措施"的落实其实是涉及企业管理的方方面面的，需要进行详细的工作拆分，具体工作非常琐碎。为便于读者理解，本书根据团体标准分类进行解析。团体标准给出了一个很好的管理架构，从涉密人员、涉密载体、涉密设备、涉密区域、对外合作的商业秘密管理等方面入手进行商业秘密管理。

一、涉密人员管理

（一）入职管理

企业招聘到符合需求的人才，肯定是皆大欢喜的事情，但是人才的录用特别是社会招聘的情况下，还要注意商业秘密问题，防止不当地引进人才给企业带来商业秘密侵权风险。

团体标准从多方面对招聘阶段招聘人员的要求进行了规定。主要包括：要看拟招聘的岗位本身是否属于涉密岗位；要对招聘的人员进行保密提醒，并且提醒其不得泄露前雇主的商业秘密；对拟招聘的员工进行背景调查；签署不违反竞业限制协议或保密协议；企业应当注意保留涉密提醒、背景调查等证据；在入职流程阶段，还要注意进行入职保密培训；及时签署保密协议、竞业限制协议。

1. 商业秘密管理嵌入招聘流程

实操中，一方面，通过面试流程设置，将保密提醒、背景调查、保密协议、竞业限制协议签署等工作嵌入员工招聘的流程当中，进行节点管控。另一方面，日常保密培训中也要提醒招聘部门注意防范新入职人员对前雇主的商业秘密侵权问题。

2. 商业秘密培训纳入入职培训

并非所有商业秘密的泄露都是故意泄露，常见的情况是员工或其他接触人员无保密意识下无感知的泄露。在入职阶段，保密培训是非常有必要的。将商业秘密培训纳入入职培训的主要目的就是协助新员工了解商业秘密是指什么，哪些行为可能侵犯前雇主的商业秘密，哪些信息不能够带入新雇主的工作中，这样做不仅是对前雇主商业秘密的保护，也是对员工自身的保护，更是对新雇主的保护。因此入职培训中增加商业秘密内容是重要且必需的。

3. 完善保密相关协议签署

需要注意的是，商业秘密相关法律法规必然不能覆盖所有企业需求，在商业秘密案件中，很多场景需要通过约定进行补足，因此，需要特别关注约定内容。关于保密协议和竞业限制协议，由于涉及的法律问题和协议内容较多，详见本书第五章。

在日常管理工作中，关于具体的招聘阶段节点流程嵌入工作，地方标准第8.1.5条给出的脱密措施具有可参考性：

> 涉密人员曾在存在竞争关系的企业工作过的，入职前应采取以下脱密措施以避免侵害他人的商业秘密：
>
> a）要求涉密人员提供与原企业的保密协议、竞业限制协议，或其他与保密义务有关的文件；
>
> b）提醒涉密人员工作中不能使用原企业的商业秘密；
>
> c）签署不侵犯原企业商业秘密的承诺函；
>
> d）检查涉密人员有无携带或使用原企业的商业秘密。

（二）在职管理

在职过程中的商业管理比较复杂，涉及多部门配合以及员工工作的方方面面，同时又要与涉密载体、设备等管理内容交叉进行。一方面，员工工作中需要接触公司的商业秘密以完成工作，另一方面，员工又是商业秘密侵权案件最常见的侵权主体，因此，员工的管理需要做细做实、系统留痕，这就给商业秘密管理提出了很高的要求。

1. 专项保密承诺

工作过程中，不同岗位员工可能接触不同级别的信息，而遇到密级很高的信息，如重大产品的研发、重要发布会的准备、重要的促销活动时，企业可以视情况要求员工签署专项保密函，并妥善保存备查。专项保密函的签署可以明确所接触的信息范围，有针对性地对员工进行保密提醒，提高员工的保密意识，有效地防范员工因过失而泄露重大项目的高密级商业秘密。如果涉及故意泄露商业秘密，这种方式也可有效预警并保留了侵权证据。

2. 重要涉密会议的管理

重要会议要注意是否有板书，会议结束后板书是否及时擦除；如果会议室内有监控，那么监控的录音录像存储是否安全，接触人员是否可靠；参会人员是否留存参会记录，一旦发现泄密事件是否可以立即确认参会人员；如果会议涉密级别很高，是否可以规定不得携带录音录像设备进入会场；是否在会议开始后及结束前对大家进行保密提醒……这些细节都是召开重要涉密会议需要注意的问题。

3. 日常工作保密习惯管理

在无纸化办公的趋势下，员工的工作主要依靠电脑完成，那么员工离开工位时，是否进行了电脑锁屏，是否设置了密码；如果涉及外出开会或者在公共场所进行工作的场景，是否选择了较为安全的地点，或使用了防偷窥膜或耳机等限制其他人员看到或听到的设备；是否避免在火车、飞机这类人员密集地点公开沟通公司内部事宜……这些都是需要员工在日常工作中注意的细节。

4. 岗位变动配合商业秘密管理

岗位变动中的商业秘密保护是容易被忽视的商业秘密保护场景。不少人认为即使发生员工岗位变动，信息还是属于企业内部传输，无须给予特殊的关注。但事实上，员工在原岗位的工作中可能参与了不同层次的群邮件、工作群、系统权限等，岗位变动场景下就需要对员工的原有权限进行调整，防止扩大不必要知悉信息的人员范围，增加商业秘密泄露的风险。

5. 日常保密培训

尽管在入职期间进行了保密培训，但在职期间的保密宣传仍是非常重要的，两个阶段保密培训有所不同。首先，客体不同。入职保密培训，主要针对原雇主的商业秘密。而日常工作中的保密培训，主要针对新雇主的商业秘密。其次，目的不同。前者是对不要侵犯原雇主商业秘密的提醒；后者是针对新雇主的商业秘密，不能随意对外泄露、传输，离职时不能携带走的保密提醒。另外，在职期间的周期性保密培训，也有利于让员工牢牢建立起保密意识，在工作交流、媒体采访、外部会议等场景中，提高注意义务，防范过失泄露商业秘密。

保密培训的具体内容可以参考地方标准第 8.2.1 条，在准备培训材料的过程中可以将以下方面作为内容清单：

> 企业对员工开展保密教育的内容应包括以下方面：
> a）商业秘密的重要性；
> b）商业秘密属于企业的职务成果；
> c）哪些行为可能泄露或侵害企业的商业秘密；
> d）侵害商业秘密可能承担的法律责任；
> e）企业的商业秘密管理制度；
> f）其他与保密义务、保密范围、保密行为有关的内容。

（三）离职管理

需要承认的是，离职期间是商业秘密泄露的高发时段，应引起商业秘密管理者高度注意，离职期间的流程设计一定要考虑商业秘密安全问题。整个离职的流程中，一方面要注意证据的留存，另一方面也要注意证据的留存不能过于影响员工的情绪。否则可能造成情绪上或舆论上的不良影响，这是商业秘密管理与人员管理中需要平衡的点。

1. 侵权高发阶段

《劳动合同法》第 37 条规定，"劳动者提前三十日以书面形式通知用人单位，可以解除劳动合同。劳动者在试用期内提前三日通知用人单位，可以解除劳动合同。"第 40 条规定："有下列情形之一的，用人单位提前三十日以书面形式通知劳动者本人或者额外支付劳动者一个月工资后，可以解除劳动合同……"根据法律规定，劳动者与企业的合同解除，从提出辞职到合同解除，有 30 日的时间。实操中，由于双方即将解除劳动关系，员工对企业的忠诚度很低，这 30 日往往是员工泄密的高发期。企业商业秘密管理一定要对侵权高发阶段予以关注。

2. 工作设备管理

有条件的企业可以让员工使用企业派发的计算机设备，在离职时员工应将设备交还给企业，这也是防范商业秘密泄露的方式之一。如果没有使用企业配备的设备而使用个人的设备，在合法的前提下要对设备进行清查，防范离职员工带走企业的商业秘密。

3. 离职告知管理

离职的流程中，需要嵌入确认已签署保密协议等环节。另外，在离职的沟通过程中，也建议进行保密提醒，明确告知员工在职期间接触的商业秘密属于企业的无形资产，不能携带到新公司中。这既是一种提醒，也是一种警示。

具体的离职检查内容可以参考地方标准第 8.4.4 条罗列的内容。其中部分工作需要完善的安全技术支持，应当先完善系统和专业人员的布局工作。

涉密人员离职前应做如下检查：

a）工作电脑数据是否完整，是否有删除、复制痕迹；

b）工作电脑上是否有权限之外的文档；

c）工作系统、软件的账户的访问日志是否有异常；

d）是否有非工作时间登录、频繁登录、批量下载、删除、修改的异常行为痕迹；

e）是否有访问外部邮箱的记录；

f）是否有对外发送商业秘密的记录；

g）检查员工离职前一定期限内的商业秘密的查阅和使用情况有无异常。

（四）外部人员管理

除员工外，外部人员也有可能在一段时间内频繁接触企业的商业秘密。如企业的顾问、律师、会计师、审计师等专项工作人员，在需要外部人员介入的情况下，企业应与供应商签署保密协议，进入公司的外部人员需要比照员工进行管理。

1. 向外部服务机构发送商业秘密资料

在顾问、律师、会计师、审计师等专业服务人员需要内部信息以提供服务的场景下，应当在进行资质审核时，确认是否具有信息安全管理配套措施。向外部发送资料前，应当确认与相应机构签署了保密协议。相应机构应当对聘请的专业人员负责。涉及特别重要信息的，可以指定对接人，限定知悉人员范围，并且与主要负责的专业人员签署专项的保密协议。

2. 通过内部软硬件环境管理

在上述场景中，如果涉及的信息密级高，或服务机构自身的信息安全环境相对有限等，可以考虑聘请专业人员驻场，使用公司的计算机设备、办公网络、地点环境等方式，进行商业秘密管理。同时，在系统中应当注意对外部人员权限的设置和管理，仅开放需要知悉的内容，屏蔽其他无须知悉的公司内部信息。

具体的管理手段可以参考地方标准第9.4条规定，根据企业情况进行进一步规定：

> 涉密项目需要长期向供应商或外部研发企业提供商业秘密的，或因维修、研发等需要经常进入涉密区域的，可要求外部企业采取以下保密措施：
> a）与参与项目的外部企业员工签订个人保密协议；
> b）使用企业提供的保密计算机；
> c）使用企业提供的加密系统；
> d）使用企业提供的加密存储介质；
> e）对外部人员使用的便携机等设备进行检查。

二、涉密载体管理

涉密载体是指"以文字、数据、符号、图形、实物、视频和音频等形式记载和存储商业秘密的纸介质、光介质、电子介质等各类物品"，这个概念涵盖的介质形式是很多的，不同的企业乃至同一企业内部不同的部门涉及的涉密载体多种多样，因此涉密载体的管理需要结合具体的需求作出安排。本部分重点就纸质文件和常见办公电子文件的管理进行分享。

1. 纸质文件管理

首先，可以在纸质文件打印机处，放置保密章戳，需要时可以便捷盖章。其次，纸质高级别保密文件的签收、存储、复制、借阅应当建立台账及管理机制，对接触商业秘密的人员进行留痕管理。最后，关于保密文件的销毁，可以在办公地点设置碎纸机等设备。如果量大需要统一回收处理的，可以设置纸质文件收集箱，定期对文件进行收集处理及销毁。需要提醒的是，文件收集箱的投入口应当相对较小并且上锁管理，防止第三方将投入的文件取出。同时，进行销毁作业的供应商或人员应当可靠，防范在处理过程中泄露商业秘密。

2. 电子文件管理

关于电子文件加密处理问题，一方面要让员工在日常工作中对涉密文件有添加保密提示的意识，主动添加保密提示；另一方面针对相应信息可以通过系统添加保密提醒。如果需要对文件进行传输，可以对文件加密，另行发送密码，从技术上提高获取门槛，限定文件接触的人员范围。

三、涉密设备管理

好的商业秘密管理包含法律管理和技术管理。就具体技术管理的部分而言，企业应当聘请专业的信息安全人员对设备进行技术管理。法律和技术人员需要协同配合，才能更好地完成商业秘密管理工作。

1. 系统管理

设定员工权限管理系统，注意账号密码的设置和管理。建议对企业系统的权限进行匹配设置，不同部门、不同层级的员工可以看到系统内符合其业务范围和职级范围的信息。访问商业秘密应当留存访问日志，就访问人员、时间、内容、下载情况等信息予以留存。

关于网络和通信安全，建议企业安排专业人员进行防火墙管理。如果涉及密级非常高的信息，可以采取专门设备断网处理，并且指定区域、指定设备、指定人员处理，防范信息被电子侵入技术不当获取。

2. 专用设备/传输系统管理

提供专门的工作用设备，建立符合要求的沟通交流方式，在条件允许的前提下，可以匹配企业专用的电脑以及专用的沟通系统，用于处理日常工作的信息。防范使用不安全的外部设备或外部软件进行信息的沟通和文件的传输、存储。鉴于目前技术发展较快，工作电脑中光驱、云盘、移动存储、硬件存储设备接口应当予以封禁。

具体的管理手段可以参考地方标准第 12.4 条规定，涉及安全技术管控的问题，这是仅提示需要注意的基本问题，具体细节管理和配套措施一定要协同专业的安全技术人员，跨部门合作完成商业秘密管理设备安全管理工作。

保密措施

a）涉密计算机的操作系统、办公软件、信息系统等均应设置登录账号，密码应定期更换，不应共用账号。

b）企业应对操作系统设置屏幕保护恢复密码、屏幕水印、复制粘贴限制等保密措施。

c）涉密计算机的办公软件应由企业统一安装并管理，未经授权不应私自安装软件。个人邮箱、网盘、即时通信工具等具备通过网络对外发送文件的软件均应禁止。

d）企业应使用具备关键字过滤、外发邮件审批、邮件审计等保密功能的企业邮箱。

e）在涉密网络内部使用的即时通信软件不应与其他网络，或连接到互联网的通信软件连接。

f）加密软件应定期检查，确保加密软件对所有类型文件在所有场景都能够进行加密。批量解密等特殊解密的授权权限应经过审批统一管理。

g）企业应使用专用的信息系统存储商业秘密信息，信息系统应具备权限管理、日志、审计等保密功能。

h）涉密计算机应安装专门的行为管控软件，可记录商业秘密信息数据的复制、流转、删除等操作并保存备份。

四、涉密区域管理

关于涉密区域的管理，每个企业的情况可能有所不同。大型企业可能存在多个职场，中小型企业可能有按照楼层或房间划分的职场，初创型企业可能是共享办公室。因此，需要匹配不同的情形，对涉密区域进行划分，科学管理。

针对大型企业，建议划分确定涉密区域，不同的涉密区域规定不同权限管理。部分重大的研发区域甚至可以单独进行职场设置。

对于有单独办公环境的企业，可以通过门禁等方式加强办公区域的管理。外部人员如果要进入办公区域，应当进行登记，防范身份不明的第三人随意进入办公区域。

涉及共享办公的企业，应当加强对相关设备的管理，同时避免在人员密集场所交流涉密级别较高的信息。

具体的管理手段可以参考地方标准第 10.2 条规定，结合企业办公环境，参考适用，如果职场有条件，建议区分涉密区域进行管理。

涉密区域可采取如下保密措施：

a）使用独立、封闭的办公区域，不宜使用开放式办公或多部门混合办公；

b）人员进出需具备相应权限且佩戴身份标识卡，非授权人员因工作需要出入需经审批取得临时授权，外部人员进入需有专人全程陪同；

c）出入口配备安保人员及安防设备；

d）不应携带手机、便携机、平板、智能手表等具备拍摄、录音、存储功能的设备器材；

e）不应非授权人员接入涉密网络；

f）区域内部覆盖实时面部识别、动作识别、异常行为识别的高清摄像头；

g）内部设置专门的涉密会议室或电话室；

h）涉密计算机配备防偷窥、防拍照措施。

五、对外合作的商业秘密管理

团体标准围绕信息发布、商务活动、技术合作、国际交往、许可转让等，就对外合作的商业秘密管理进行了规定。

1. 信息发布

信息对外发布前，应当建立相应的保密审查审批流程。确认已经过相应保密审批流程后，再行对外发布。同时，在发布的过程中应当注意采取各类保密措施，包括但不限于添加保密提醒、传输文件加密等方式对文件进行传输。需要注意的是留痕机制，尽量采取邮件等更易留痕的传输方式进行管控。双方可以签署交接单，对交接的内容进行明确及留痕。

2. 商务活动

在商务活动交流的场景下，应当评估商务活动交流中是否涉及披露商业秘密，如果涉及，应当采取专项保密措施，包括但不限于与对方签署保密协议，通过对保密部分进行遮挡等方式，防范商务活动中商业秘密泄露风险。

3. 技术合作

在技术合作的场景下，双方应当对合作开发的内容签署保密协议，并约定知识产权归属。在这里有一点需要注意，如果涉及双方共同所有技术成果，那么在维权案件中，双方均需要对商业秘密的保密性、秘密性、价值性进行举证，特别是均需要证明对商业秘密采取了保密措施。一旦有一方被认定没有采取相应的保密措施，另一方商业秘密维权工作必然受到影响。

4. 国际交往

在国际交往或国际商务合作的场景下，基于知识产权本身具有地域性，商业秘密保护受到两国法律的管辖，因此需要注意符合两国对于商业秘密法律的相关规定。特别提醒注意的是，此处不仅要注意商业秘密本身的传输，如果涉及数据跨境、个人信息等多重法益保护的情形，应就相应跨境传输问题同步开展评估。

5. 许可转让

在许可或转让特别是许可的过程中，权属本身未发生改变，但被许可人又增加了。在此种情形下，应当签署保密协议对保密义务进行明确约定，提醒被许可方加强对于接触商业秘密员工的管控。在日常的工作沟通过程中，同步密切关注商业秘密的保密情况，防范在许可场景下商业秘密被泄露的风险。

第四节 商业秘密的争议处理

商业秘密的争议处理既涉及商业秘密法律规定，也涉及整个维权诉讼机制。鉴于本书主要针对企业的商业秘密管理，此处仅就企业侧的经验进行分享。

一、侵权风险防范及应急处置

就侵权风险防范及应急处理而言，前面所提到的商业秘密管理的各项内容均是出于侵权风险防范的目的。通过保密意识培养、法律后果宣介及系统设置配合，减少员工在不知道需要保密或者过失情形下对外披露商业秘密的风险。针对潜在的故意侵权的情况，也通过以上种种措施完善了证据留存工作。

但是实操中避免不了商业秘密侵权问题，需要准备应急预案，明确知悉对接的部门和人员，接到泄密事件线索后相互配合，迅速启动预案。

1. 举报机制设立

完善的商业秘密管理机制一定要有举报机制，并且应完善获得举报线索后的处理机制。通过便捷的举报机制，员工一旦发现商业秘密泄露问题，可及时举报，减少企业损失。

2. 协同部门准备

一旦出现商业秘密泄密事件，往往需要多部门协同应对，具体包括：法务、人力资源、行政、安全等职能部门，必要的情况下还需联系外部律师取得支持；如果信息被公开，就要联动公关等部门迅速处理泄密事件。因此，企业应当提前做好应急协同工作准备。

二、企业维权工作开展

维权工作是一套比较复杂的体系，需要内外部法律专业人员协同应对。作为企业的商业秘密管理人员，其工作重点包括但不限于了解维权的途径，储备具有专业能力的维权律师名单，以及对接相关部门收集证据。

1. 研判维权方式

以维权途径为例，提起诉讼只是商业秘密保护维权的一种方式，还有协商解决、发送律师函、行政投诉、到劳动仲裁机构仲裁、向公安机关控告等多种方式。具体维权方式的选择要结合案件实际情况，参考专业意见，选择"最优解"或者"最优组合"，最大限度保护企业利益。如果泄露的商业秘密属于《中华人民共和国数据安全法》《个人信息保护法》《保守国家秘密法》等规定的特殊客体，要及时识别并同步启动其他权利内容的应急措施，必要时向相应行政管理部门报告。

2. 内部证据固定

无论采取哪种维权方式，最基础的工作还是证据的收集和固定。基于上述采取的多种保密措施，应急处理部门在收到案件线索后，调查案件情况的同时可以内部开展证据的收集及固定工作。

举证要围绕主张的信息符合司法案件判定中商业秘密的要求，员工实施了侵权行为的证据，侵权行为给公司造成的损失证据等方面进行。具体可以结合企业管理实务以及内外部律师建议，罗列证据清单进行准备。

3. 防范二次泄密

在维权工作中，需要向外部律师、行政或司法机构、对方律师、对方当事人披露部分涉密信息，这都是非常重要的对外传输场景。因此，企业商业秘密案件处理中一定要特别注意防范二次泄密问题，通过在案件中主动提出涉及商业秘密申请不公开审理，提出保密申请等方式主动采取措施，防范商业秘密在案件中被披露。

4. 争取高额赔偿

根据《最高人民法院关于审理侵犯商业秘密民事案件适用法律若干问题的规定》第19条，因侵权行为导致商业秘密为公众知悉的，赔偿数额可以考虑商业秘密的商业价值，商业价值"应当考虑研究开发成本、实施该项商业秘密的收益、可得利益、可保持竞争优势的时间等因素"。第20条规定，确定侵权赔偿数额，可以考虑"商业秘密的性质、商业价值、研究开发成本、创新程度、能带来的竞争优势以及侵权人的主观过错、侵权行为的性质、情节、后果等因素"。

因此，企业内部在准备赔偿相关证据时，可以围绕法律规定的考虑因素协同财务、销售等部门提供证据，如：产品销量的减少、侵权产品的销量、利润率、年产量、研发成本、双方财务报表等进行准备。

具体证据固定工作可以参考地方标准第14.2.2条，需要依据专业律师的意见进行证据收集及固定工作。

> 发现商业秘密可能被泄露或侵权时，应收集并固定如下证据：
> a）企业是商业秘密的权利人；
> b）商业秘密的具体内容和载体；
> c）商业秘密不为一般公众普遍知悉；
> d）商业秘密不为一般公众容易获得；
> e）企业对商业秘密采取的保密措施；
> f）商业秘密具有商业价值；
> g）泄密人员的身份、工作信息；
> h）泄密人员接触到了商业秘密；

i）被控侵权信息与商业秘密实质性相似；

j）泄密人员以不正当手段获取、披露、使用商业秘密等反不正当竞争法规定的侵权行为；

k）因泄密产生的损失或侵权人的获利、许可使用费，以及因维权产生的律师费、鉴定费、评估费等；

l）产生商业秘密的开发费用等成本。

三、企业应诉工作开展

如果企业成为商业秘密案件的被告，那么就需要进行案件应诉的准备，围绕常见的商业秘密抗辩进行证据收集。

1. 内部自查

如果企业被起诉，需要及时启动内部自查，确认是否有员工存在商业秘密泄露行为，及时根据自查结果启动案件应对工作。鉴于一旦被起诉，企业较为被动，建议应在日常招聘及管理中加强保密意识宣传培训力度，防患于未然。

2. 证据固定工作

这里特别要提示注意的，就是上文所述入职阶段签署的保密承诺函，及一系列入职保密培训。企业如果能够证明自己并没有侵犯商业秘密的主观故意，那么也将有效地减轻或免除企业作为新雇主的责任。因此，要在新员工入职阶段完善保密承诺函的签署，进行商业秘密的宣传和培训，并对异常情况高度关注，多管齐下，防范在未知的前提下，因招聘新员工而侵犯了其他企业的商业秘密。

3. 抗辩工作

并不是所有的商业秘密侵权主张都是合理的。如果涉及企业具有可提起商业秘密侵权抗辩的情形，企业应积极举证进行抗辩。如主张的商业秘密已经被公开，涉案的商业秘密属于反向工程、独立研发等，被诉企业可通过积极抗辩主张合法权益。

四、商业秘密管理制度完善

商业秘密的管理也遵循"木桶理论"。因此，在案件发生后应当进行复盘，发现案件背后商业秘密管理机制的漏洞和短板，及时查漏补缺，亡羊补牢，未为迟也。同时，在企业管理制度中更新完善后的机制，防范相同或类似风险的再次发生。

有关制度完善工作，需要结合泄密事件或案件中发现的问题，进入企业合规管理循环，通过"监督检查、评审及改进"工作循环，将发现的问题融入相应整改环节中，形成管理工作的闭环，从而不断升级企业商业秘密管理能力。

第五章

企业保密协议与竞业限制协议

就商业秘密保护而言,企业还可以通过签署保密协议及竞业限制协议,从《民法典》的角度进行保护。保密协议及竞业限制协议是企业商业秘密管理中极为重要的环节和保护方式,因此单列一章进行阐述。

本章聚集保密协议和竞业限制协议的具体实务,提出建议。在订立合同的过程中,当事人可以将属于商业秘密的内容写进合同条款,要求对方当事人保守商业秘密。对于保密的要求、范围、责任等,都可以在合同中作出明确的规定,如果对方当事人泄露或者不正当地使用合同双方约定所保守的商业秘密,则应当承担相应责任。

企业还可以在与员工的劳动合同中明确企业与员工之间的保密权利义务,前置防范员工侵犯企业的商业秘密。

第一节 保密协议撰写注意事项

一、保密协议的签订时机、适用对象及类型

保密协议是企业保护商业秘密的重要手段之一,一般来说,保密协议的签订时机、适用对象及类型如下。

签订时机: 保密协议的签订时机应该在雇佣关系建立之前或者在涉及商业秘密的业务往来发生之前,即在双方开始进行商业合作之前就应先行

签订。在保密协议签订之前，披露方需要进行充分的秘密点的界定和分类、打标，据此在协议中明确保密信息的范围，作出双方均可接受的关于秘密点的准确界定，并约定保密期限、违约责任等相关内容。

适用对象：保密协议的适用对象一般是企业员工、合作伙伴、供应商、承包商等与企业有业务往来的相关方。除了签订保密协议，还建议对接收对象进行充分的背景调查和风险评估，以确保协议的有效性和执行力。在签订保密协议之后，企业还应该对保密协议进行有效的监管和执行，确保对方遵守协议的内容和条款，防止商业秘密泄露和侵权行为的发生。

类型：保密协议分为单边和双边两种类型。企业从操作便利性的角度，通常优先选择适用双边保密协议。企业应根据实际业务情况至少准备有利于披露方的及有利于接收方的两个不同合同模板，并根据信息接收方须承担信息披露义务的多少而选择适用。[1]

此外，根据约定内容和适用场景与对象的不同，保密协议还可以分为以下四类。

（1）雇佣合同中的保密条款：这是企业与员工之间就商业秘密保护达成的协议。

（2）供应商等合作伙伴保密协议：这是企业与供应商等合作伙伴之间就商业秘密保护达成的协议，一般用于约束供应商等合作伙伴在合作过程中不得泄露已获知的企业商业秘密。

（3）专利许可协议中的保密条款：这是在许可方授权受许可方使用专利技术的同时，就保密事项达成的协议。

（4）投资交易中的保密协议：在进行公司并购等投资交易活动时，披露涉及商业秘密的资料是经常发生的，为了保护商业秘密，在公司投资交易活动过程中，与交易对方签署保密协议是非常必要的。

二、保密协议在文本撰写中的技术要点及难点

一份合法有效的保密协议应当至少具备以下内容：①保密内容和范围；②保密期限；③保密义务和泄密行为；④违约责任和赔偿方式。

---

[1]《保密协议（二）：保密协议模板的起草及常规性风险的识别》，载北京大成律师事务所网站，http://dacheng.com/service/rest/tk.File/54bb0f6a1d694fceb1985cb4093dfebd，最后访问时间：2023年4月3日。

（一）保密信息的定义——披露方角度的起草建议

按照《反不正当竞争法》的规定，商业秘密是指不为公众所知悉、具有商业价值并经权利人采取相应保密措施的技术信息、经营信息等商业信息。根据《关于禁止侵犯商业秘密行为的若干规定》，商业秘密包括设计、程序、产品配方、制作工艺、制作方法、管理诀窍、客户名单、货源情报、产销策略、招投标中的标底及标书内容等信息。因此，在签署保密协议时，双方应当首先通过"保密信息"定义条款明确保密协议的保护对象。

实践中，对保密信息的定义，有概括和列举两种方式。但需要注意的是，保密信息并非约定得越宽泛越好，若保密信息的范围界定得过于宽泛，商业秘密无法得到法律保护的风险就会增大。在司法实践中法院倾向于认为，保密协议明确界定需要保护的商业秘密的范围，是信息所有人是否已采取合理保密措施的重要依据。

例如，北京某咨询服务有限责任公司诉叶某念等侵犯商业秘密纠纷案中，特高咨询公司与叶某念在双方签订的劳动合同中约定，叶某念应在某咨询公司供职期间和离开后的约定时间内保守商业秘密，承担相应的保密义务和责任。对于保密的内容、责任主体、保密期限、保密义务及违约责任等，协议内容中并未作出具体的约定，且该咨询公司没有提供证据表明其就涉案诉请保护的商业秘密信息采取了足以防止信息泄露的具体措施，法院对保密协议的效力难以认可。

又如，上海一电器销售公司与一物业发展有限公司之间的保密协议纠纷案中，电器销售公司在与物业发展有限公司签订的保密协议中将"所有信息"都列为保密信息，其中包括一些与保密无关的信息。法院认为该电器销售公司的保密协议内容过于宽泛，因此相关诉求未被支持。

再如，一科技有限公司与某公司之间的保密协议纠纷案中，在该科技有限公司与对方签订的保密协议中，将所有"与公司业务相关的信息"都列为保密信息。法院认为该保密协议界定过于宽泛，因此未支持科技有限公司的相关诉求。

这些案例表明，法院在处理保密协议纠纷时会考虑保密协议的具体内容，并要求保密协议中的保密信息界定必须具体、明确，不能过于宽泛。因此，在签订保密协议时，各方应该根据实际需要，明确具体的保密信息。

在保密协议中，需要明确规定保密信息的范围，以确保双方对保密信息的理解一致。具体而言，可以根据业务性质和保密信息的分类，将保密信息划分为不同的类别，如技术信息、商业计划、客户信息、财务信息等，并对每种类型的保密信息进行具体定义和说明。

国务院国有资产监督管理委员会发布的《中央企业商业秘密保护暂行规定》第10条关于商业秘密的保护范围主要包括："战略规划、管理方法、商业模式、改制上市、并购重组、产权交易、财务信息、投融资决策、产购销策略、资源储备、客户信息、招投标事项等经营信息；设计、程序、产品配方、制作工艺、制作方法、技术诀窍等技术信息。"

深圳市市场监督管理局发布的《企业商业秘密管理规范》（DB 4403 / T 235—2022）附录 A 列出商业秘密保密范围，商业秘密的技术信息保护范围包括：研发信息、生产信息、硬件信息、软件信息及其他；经营信息保护范围包括：公司基础信息、决策信息、经营信息、销售信息、财务信息、人力资源信息、信息技术信息及其他。该规范所载有《商业秘密保密协议（参考文本）》，对保密信息的定义如下：

  第三条　保密信息的范围

  经双方确认，乙方在甲方任职期间，因履行职务已经或将要接触或知悉甲方的商业秘密，包括但不限于以下内容：

（1）甲方的客户、员工、管理人员及顾问的名单、联系方式及其他相关信息，包括但不限于姓名、联系电话（移动和固定电话）、电子邮件地址、即时通讯方式或社交网络地址（QQ、MSN、Skype、微信、易信、来往、Line、微博、空间等）、家庭地址等任何足以识别、联系客户、员工、管理人员及顾问的信息；

（2）与甲方经营活动有关的合同文本及法律文书：

（3）甲方经营活动中涉及的关键价格信息：

（4）甲方日常经营管理中的会议决议、会议纪要、谈判与磋商细节等资料；

（5）甲方的具体经营状况及经营策略（如营业额、销售数据、负债、库存、经营方针、投资决策意向、产品定价、服务策略、市场分析、广告策略、定价策略、营销策略等）；

（6）与甲方资产、财务有关的信息（如存货、现金等资产的存放地、保险箱密码、数量、价值等，以及财务报表、账簿、凭证等）；

（7）与甲方人事、管理制度有关的资料（如劳动合同、人事资料、管理资料、培训资料、工资薪酬及福利待遇资料、奖惩情况等）；

（8）甲方的知识产权、专有技术等信息（如产品设计、产品图纸、生产制造工艺及技术、计算机软件程序、数据库、技术数据、专利技术、版权信息、科研成果等）；

（9）根据法律、法规规定以及本协议约定需要保密的其他与技术和经营活动有关的信息。

此外，该规范还提供了企业与合作方《商务合作保密协议（参考文本）》，其中也有关于保密信息的定义：

第二条　保密信息的范围

经双方确认，双方在谈判或合作履约期间，因合作需要可能接触或掌握对方有价值的保密信息，包括但不限于以下内容：

（1）双方的客户、员工、管理人员及顾问的名单、联系方式及其他相关信息，包括但不限于姓名、联系电话（移动和固定电话）、电子邮件地址、即时通讯方式或社交网络地址（QQ、MSN、Skype、微信、易信、来往、Line、微博、空间等）、家庭地址等任何足以识别、联系客户、员工、管理人员及顾问的信息；

（2）双方经营活动有关的合同文本及法律文书；

（3）双方经营活动中涉及的关键价格信息；

（4）双方谈判或合作履约中的会议决议、会议纪要、谈判与磋商细节等资料；

（5）双方的具体经营状况及经营策略（如营业额、销售数据、负债、库存、经营方针、投资决策意向、产品定价、服务策略、市场分析、广告策略、定价策略、营销策略等）；

（6）与双方资产、财务有关的信息（如存货、现金等资产的存放地、保险箱密码、数量、价值等，以及财务报表、账簿、凭证等）；

（7）双方的知识产权、专有技术等信息（如产品设计、产品图纸、生产制造工艺及技术、计算机软件程序、数据库、技术数据、专利技术、版权信息、科研成果等）；

(8）根据法律、法规规定以及本协议约定需要保密的其他与技术和经营活动有关的信息。

2020年，浙江省市场监督管理局印发《商业秘密保护工作指引》，其中提供了《委托加工保密合同（参考文本）》，对"商业秘密"的定义如下：

> 第一条 委托加工涉及甲方的商业秘密包括：
> 1. 产品（含不合格产品）、样品、包装；
> 2. 工艺资料、图纸、色版/样、原材料配方；
> 3. 委托加工过程中知悉的甲方产品和工艺创造技术、产品价格、供货商、客户等相关信息；
> 4. 委托加工过程中根据甲方产品和工艺创造的新的技术信息、技术资料、知识产权等智力成果；
> 5. 经甲乙双方在委托加工过程中确认的需要保密的其他信息。

而在技术类的商业秘密保护中，对于与产品相关的技术信息（包括产品信息及方法信息），主要通过两种途径加以保护：一种是通过专利予以保护；另一种是通过商业秘密进行保护。产品信息和方法信息又可以细分为技术产品设计、技术配方、工艺流程等信息。

（二）保密信息"除外情形"——披露方角度的撰写建议

深圳市市场监督管理局发布的《企业商业秘密管理规范》提供的《商业秘密保密协议（参考文本）》中就保密信息除外情形条款示例如下：

> 第四条 保密信息的例外
> 1. 在披露时或披露前，已为公众所知晓的信息或资料；
> 2. 能证明从甲方获得相关信息时乙方已经熟知的资料或信息；
> 3. 由第三方合法提供给乙方的非保密资料或信息；
> 4. 未使用甲方的技术资料，由乙方在日常业务中独立学习或研究获得的知识、信息或资料。

上述为"除外情形"的通常文本，从有利于信息披露方的角度考虑，在上述文本基础上，有关保密协议保密信息"除外情形条款"还可考虑如下撰写角度：

信息披露方可以在保密协议中依据自身特点对已为公众知晓的信息进行限定，对应增加"已为公众知晓的信息或资料"的例外情形，以及保密信息"定义除外条款"。例如，在技术类的保密协议中，虽然某些技术概念在公众知晓信息的领域，但根据这一概念形成的技术细节不属于公知信息。若在协议中将该技术细节约定为公知信息的例外情形，则它们是商业秘密，可以受到保密协议保护。增加"公知信息"的例外情形，在一定程度上限制接收方广泛而笼统地提出"公知信息"这一抗辩理由，并一定程度上增加接收方的举证责任及举证难度。[1]

关于接收方的保密义务条款，可参考浙江省市场监督管理局印发的《商业秘密保护工作指引》中《委托加工保密合同（参考文本）》，其对接收方保密义务规定如下：

第四条　乙方责任：

1. 乙方应将甲方提供的资料信息仅用于甲方的产品；

2. 乙方不论委托加工工作完成与否，都应对本合同中甲方提供的所有标的物严格保密，未经甲方书面同意，乙方不得故意或疏忽以泄露、告知、公布、发布、出版、传授、转让等任何方式将甲方商业秘密透露给第三方知悉，或自行使用；

3. 乙方为承担本合同约定的保密责任，应妥善保管有关的文件和资料，未经甲方事先的书面许可，不得对其复制、仿造等；在委托加工合同到期后，亦不得复制、仿造甲方产品；

4. 乙方应当建立商业秘密保护制度，与涉密人员签订保密协议，进行有效管理。建立甲方商业秘密使用台账，确认经手人员、使用时间、产品制作（销毁）数据等情况；

5. 乙方应当建立甲方产品废弃物销毁登记制度。乙方销毁甲方的报废品、不合格产品等物品时，需甲方的工作人员或委托人员在场确认；

6. 乙方应当于委托加工合同结束时，或者于甲方提出要求后，返还属于甲方的财物标的物。甲方的标的物包括相关图纸资料、加工的报废品、样品、半成品、成品等资料和产品以及记载着甲

---

[1]《保密协议（二）：保密协议模板的起草及常规性风险的识别》，载北京大成律师事务所网站，http://dacheng.com/service/rest/tk.File/54bb0f6a1d694fceb1985cb4093dfebd，最后访问时间：2023年4月3日。

方秘密信息的一切载体；

　　7. 在本合同约定的保密期限内，乙方如发现甲方商业秘密信息被泄露，应及时通知甲方，并采取积极的措施避免损失的扩大。若商业秘密泄露由乙方造成损失，甲方有权追究乙方法律责任。

　　上述示例条款对委托加工场景下信息接收方（被委托方）的保密义务进行了详细约定，明确了接收方信息披露前应采取的保密措施及确定使用保密信息时应采取的保密措施。如信息接收方应建立商业秘密保护制度，与涉密人员签订保密协议，进行有效管理；建立商业秘密使用台账，确认经手人员、使用时间、产品制作（销毁）数据等情况；建立产品废弃物销毁登记制度；等等。

　　特别地，在保密信息使用上，上述条款未使用措辞"接收方必须不为除合同明确规定的目的之外的其他目的使用保密资料"，此类措辞较为笼统，缺失一定操作性。为了增强指引性，参考文本以列举方式明确约定信息接收方对保密信息的使用范围，即"在委托生产合作中"仅可将信息提供方的保密信息用于其委托生产的产品，不可用于其他场景。例如，在技术类场景中，"鉴于甲方已向或将向乙方披露特定技术和商务信息，该等信息仅能用于本协议规定的特殊目的——让乙方能够在保密信息和商务信息的基础上，为××技术工程进行详细技术设计、采购设备和原材料以及提供相关配套服务"，这也是更具有操作性关于如何使用保密协议的条款[1]。

第二节　竞业限制协议撰写注意事项

一、竞业限制协议的适用对象

　　《劳动合同法》规定，对负有保密义务的劳动者，用人单位可以在劳动合同或者保密协议中与劳动者约定竞业限制条款，并约定在解除或者终止劳动合同后，在竞业限制期限内按月给予劳动者经济补偿。劳动者违反竞

---

[1]《保密协议（二）：保密协议模板的起草及常规性风险的识别》，载北京大成律师事务所网站，http://dacheng.com/service/rest/tk.File/54bb0f6a1d694fceb1985cb4093dfebd，最后访问时间：2023年4月3日。

业限制约定的，应当按照约定向用人单位支付违约金。

竞业限制的适用人员应为用人单位的高级管理人员、高级技术人员和其他负有保密义务的人员。竞业限制的范围、地域、期限则由用人单位与劳动者约定。

二、竞业限制协议撰写中的技术要点及难点

通常情况下，竞业限制条款包含竞业限制对象与范围、竞业限制期限、竞业限制违约金及经济补偿金等内容。

（一）竞业限制的适用对象

高级管理人员、高级技术人员和其他负有保密义务的人员一般为竞业限制的适格主体，用人单位与非前述人员签署的竞业限制协议则被认定无效的情形。

在王某、勉县协和医院竞业限制纠纷案［（2021）陕民申2015号］中，从工作岗位来看，王某是涉案医院一名普通工作者，非医院中高层管理人员、高级技术人员。就其工作性质来讲，王某接触到的患者治疗步骤、治疗方法、质控方案、用药配方等不属于商业机密。而医院的津贴/培训费发放、组织架构、财务制度等对医院的工作人员亦不属于商业秘密。故法院认为，医院未能举证证明王某接触了除普通工作信息外的商业秘密，故王某不属于竞业限制协议中所指的高级管理人员、高级技术人员和其他负有保密义务的人员。《劳动合同法》将竞业限制的人员限于用人单位的高级管理人员、高级技术人员和其他负有保密义务的人员，就是因为竞业限制本身与劳动者的自由就业权之间存在实质冲突，因而不能不加区分地将竞业限制适用于所有劳动者。因此，二审法院认为医院将保密及竞业限制协议作为管理医院的手段而未加甄别地适用于普通劳动者，存在滥用的情况，认定双方签署的竞业限制协议无效。

（二）竞业限制期限

我国法律关于竞业限制的期限规定，经历了一个从长到短的过程，由最初的3年法定期限缩短为2年期限。根据《劳动合同法》第24条规定："竞业限制的人员限于用人单位的高级管理人员、高级技术人员和其他负有

保密义务的人员。竞业限制的范围、地域、期限由用人单位与劳动者约定，竞业限制的约定不得违反法律、法规的规定。在解除或者终止劳动合同后，前款规定的人员到与本单位生产或者经营同类产品、从事同类业务的有竞争关系的其他用人单位，或者自己开业生产或者经营同类产品、从事同类业务的竞业限制期限，不得超过二年。"因此，目前企业与劳动者在订立竞业限制协议时，应将竞业限制的期限限定在劳动者与用人单位解除或者终止劳动合同后2年之内。超出2年时限的，超出部分可能被认定为无效。

（三）竞业限制补偿金

与保密协议不同，竞业限制条款仅约定竞业限制义务而未约定任何经济补偿，用人单位亦未实际依法向劳动者支付经济补偿的，存在协议被认定无效的情形。《劳动合同法》第23条规定："用人单位与劳动者可以在劳动合同中约定保守用人单位的商业秘密和与知识产权相关的保密事项。对负有保密义务的劳动者，用人单位可以在劳动合同或者保密协议中与劳动者约定竞业限制条款，并约定在解除或者终止劳动合同后，在竞业限制期限内按月给予劳动者经济补偿。劳动者违反竞业限制约定的，应当按照约定向用人单位支付违约金"。例如：尹某与东莞昱龙塑胶制品有限公司侵犯商业秘密和竞业限制纠纷案［广东省高级人民法院（2009）粤高法民三终字第359号］案中，企业仅约定尹某应当履行竞业限制义务而未约定其能获得任何经济补偿，约定双方当事人之间权利义务不对等。用人单位与劳动者约定竞业限制的，应当在竞业限制期限内依法给予劳动者经济补偿，用人单位未支付经济补偿的，竞业限制条款对劳动者不具有约束力，因此应认定该约定无效。

（四）竞业限制范围

虽然《劳动合同法》第24条仅对竞业限制的范围作出了框架性的规定，但在竞业限制协议的撰写过程中应确保其范围是合理的而不应过于宽泛：竞业限制协议的限制范围应该与企业的业务领域密切相关。

具体来讲，在实践中，竞业限制的范围需考虑两个因素：一是竞争对手的范围，应当限于与用人单位生产或经营同类产品、提供同类服务、从事同类业务的企业范围以内；在具体撰写内容上，关于竞争对手如何约定，一种是明确竞争对手的概念，如约定"劳动者在竞业限制期限内，不得在生产同类产品、经营同类业务或有其他竞争关系的用人单位任职，也不得自己生产与原单位有竞争关系的同类产品或经营同类业务"。另一种是明确竞争对手的企业名称，例如在合同直接约定竞争对手的企业名称列表，这样后续将更利于企业举证。二是竞业限制地域的范围，建议以能够与用人单位形成实际竞争关系的地域为限。总之，企业应当根据实际情况谨慎考虑竞业限制范围，不应当过分扩大地域和竞争对手范围。

深圳市地方标准《企业商业秘密管理规范》所附《竞业限制协议（参考文本）》的相关条款可作为实践的参考：

第二条　竞业限制义务

乙方（劳动者、接受方）承诺在竞业限制期间：

1. 未经甲方（用人单位、披露方）同意，乙方在甲方任职期间不得自营或者为他人经营与甲方同类的营业。不论因何种原因从甲方离职，乙方在劳动关系解除或终止后_____年（不超过二年）内，不得到_____（具体竞业限制区域）内与甲方生产或者经营同类产品、从事同类业务的有竞争关系的其他用人单位，或者自己开业生产或者经营同类产品、从事同类业务。

三、竞业限制协议与保密协议的适用

竞业限制协议与保密协议都是保护商业秘密的非常重要的措施。竞业限制协议通过约定禁止特定人的竞业行为保护商业秘密；保密协议则通过明确相关人的保密义务以达到保密的目的。两者的根本目的是一致的，都是保护商业秘密。两者的不同之处主要在于：

（1）适用主体不同。

（2）期限不同，竞业限制协议一般最长期限为二年。

（3）费用给付不同，保密协议中的保密义务不以权利人支付保密费为前提，但当事人可以自由约定是否支付保密费；竞业限制协议则以支付补偿金为前提。

因此，对于不适合或不需要签订竞业限制协议的对象，企业应考虑通过签订保密协议的方式进行规制。对于侵害企业商业秘密的行为，企业在维权时应结合具体案情、举证难度和追求的法律后果，决定是依据《劳动合同法》从竞业限制纠纷的角度提起劳动仲裁，还是从侵权、不正当竞争的角度通过其他民事、行政或刑事的途径保护企业商业秘密。实践中也存在企业在起诉要求劳动者承担商业秘密侵权责任后，又起诉要求劳动者就其违反竞业限制协议的行为承担违约责任的案例，所以竞业限制协议和保密协议可互为补充，全方位地保护企业商业秘密。[1]

---

[1]《企业如何个性化定制竞业限制协议？——关于竞业限制的十个实务操作要点》，载律商网，https://www.lexiscn.com/topic/legal.php?act=detail&newstype=3&isEnglish=N&id=354141&tps=ln_cm，最后访问时间：2023年3月6日。

第六章
商业秘密备案制度的必要性和备案内容

目前，我国已经基本建立了商业秘密保护制度。制度的构建为有效保护商业秘密提供了法律保障。然而，商业秘密保护实践中仍有一些问题，比如，商业秘密被侵权人维权难、举证难、商业秘密认定难等。这些实务难题对商业秘密的保护提出了新的挑战，加之商业秘密保护与人才合理流动间的矛盾、商业秘密保护与信息社会间的矛盾等，传统的商业秘密的保护思维已经很难适应现代企业对商业秘密保护的强烈需求。

在我国已经制定并颁行的《民法典》《商标法》《海关法》等一系列法律法规中，不乏对备案、登记、审查的技术性规定。那么，我们能否进行相关制度的借鉴和移植，建立商业秘密的备案制度，利用行政登记手段或类似的手段加强对商业秘密的保护呢？我们认为，商业秘密备案制度完全可以上述法律法规为依托，建立起符合商业秘密特点的新的商业秘密管理及保护模式。

第一节 商业秘密备案制度的必要性及优势

我国虽然已经基本建立起商业秘密保护体系，但统一的商业秘密法缺位，由此带来权利人维权难的问题。国内登记备案制度的缺失，使商业秘密纠纷中的企业权利人很难证明自己是商业秘密的合法持有人，从而导致商业秘密保护主体不明，妨碍企业寻求法律救济。因此，企业对于商业登记备案制度有着强烈的需求。

一、商业秘密备案制度的必要性

1. 商业秘密备案制度可以强化我国的市场经济地位[1]

长期以来，我国国家秘密与商业秘密在法律上的界限并不明晰。2010年4月29日，第十一届全国人大常委会第十四次会议通过了对《保守国家秘密法》的修订，其中一个重要的内容就是关于国家秘密的界定，2024年2月27日，该法再次修订，强化了对国家秘密的保护，但对于商业秘密的界定依旧模糊。

作为市场经营主体，除了涉及国防、能源等行业的企业面临国家秘密和商业秘密的区分问题，一般企业主要是市场经营活动中产生的技术信息和经营信息的所有者，而非国家秘密的所有者。商业秘密备案制度，从国家秘密与商业秘密的角度厘清了国有企业与政府的关系，有利于国际社会对我国市场经济地位的承认，使企业在市场交易中更加自主。备案登记制度明确了何为商业秘密，区分国家秘密与商业秘密，减少了企业的顾虑，有利于市场的国际化，有利于维护我国企业的交易安全。

2. 商业秘密备案制度可以明确商业秘密的权利主体

一直以来，企业只能小心地处理商业秘密问题，因为一旦发生纠纷，企业很难证明自己就是商业秘密的所有者。高级管理人员与高级技术人员作为企业的重要资源，掌握着企业的众多商业秘密，往往成为竞争对手"猎头"的对象。一旦这些人员离开企业，企业的商业秘密就会处于危险状态。虽然《劳动合同法》规定了竞业限制义务和保密义务，但实践中依据《劳动合同法》追究相关人员责任是相当困难的。商业秘密备案制度可以明确企业的权利主体地位，当跳槽雇员或者第三人在人才流动中侵犯企业商业秘密时，企业能够及时证明自己是商业秘密的所有者，从而要求该雇员或者第三人承担相应的法律责任。

二、商业秘密备案制度的优势

企业、行业和国家需要通过商业秘密备案制度的构建为商业秘密保护提供保障；同时，商业秘密备案制度的自身优势也契合了我国商业秘密保

---

[1] 参见韩进文、夏曦：《从经济发展看我国商业秘密保护制度的建设》，载"知产财经"微信公众号，2021年9月8日。

护的强烈需求。

1.有利于解决目前商业秘密管理混乱的现状

第一，商业秘密备案制度有利于厘清定密权主体。在我国，定密权主体的规定尚不明确。修订后的《保守国家秘密法》第17条明确规定："中央国家机关、省级机关及其授权的机关、单位可以确定绝密级、机密级和秘密级国家秘密；设区的市级机关及其授权的机关、单位可以确定机密级和秘密级国家秘密；特殊情况下无法按照上述规定授权定密的，国家保密行政管理部门或者省、自治区、直辖市保密行政管理部门可以授予机关、单位定密权限……"尽管国务院国有资产监督管理委员会发布的《中央企业商业秘密保护暂行规定》明确了央企具有商业机密的定密权，但央企仅仅是众多企业类型中的一种。对于民营企业而言，企业的商业秘密定密权又在何处？企业需要确定自身的商业机密，但是自己规定自己的权利范围，又易造成权利的滥用。

因此，建立一个以行政管理部门牵头的商业秘密备案体系是非常必要的。将传统意义上的定密权分解为制定权和确定权两项权利内容：企业确定自己的商业秘密，通过申报行政主管部门备案行使制定权；行政主管部门确认该信息不会扩大企业自身的权利范围，予以批准，行使确定权。

第二，商业秘密备案制度可以解决商业秘密定义难的问题。既然商业秘密内涵和外延处于不断变化之中，何不将权利内容交给企业自己确定，毕竟作为市场竞争主体的企业，其对于自己哪些经营技术信息需要以商业秘密形式进行保护是非常清楚的。并不是所有的经营技术信息都必须通过商业秘密来保护，部分技术信息可以专利的形式进行保护。企业拥有了定密权，自己来确定商业秘密的内容，市场监督管理部门或其他行政管理部门只需对权利内容进行审核即可，既能避免多个行政部门业务冲突，也能避免企业与市场监督管理等部门对商业秘密权利内容的认定出现不一致的局面。通过备案制度，企业在新增商业秘密保护的需求时，完全可以对曾经需要保护而现在已经失去秘密保护价值的商业秘密进行解密，将解密的商业秘密公布或者宣布废弃。这样一来，因商业秘密产生的纠纷就可以明确争执焦点。

第三，商业秘密备案制度有利于统一执法。依据《反不正当竞争法》第4条的规定，"县级以上人民政府履行工商行政管理职责的部门对不正当竞争行为进行查处；法律、行政法规规定由其他部门查处的，依照其规定"，赋予其他部门同样的执法权。可见，对同一事件的处理可能由不同的部门完成。商业秘密备案制度实施后，将有利于商业秘密的统一管理。企业将商业秘密统一在国家指定的公信力机关、机构或者单位备案，由市场监督管理部门统一负责管理。

企业商业秘密备案后，在商业秘密受到侵犯时，可以直接向市场监督管理部门要求救济，不论侵权主体是内部员工还是其他主体。将商业秘密多头执法变成单独的社会主体主要负责，其他法定机关协助的管理模式，有利于防止互相推诿，提高执法效率，增强执法的统一性与严肃性。

2. 有利于解决商业秘密取证难的问题

第一，商业秘密备案制度可以明确权利主体。在技术公司中，一个技术总监的跳槽可能带动整个部门人员的跳槽。由于核心技术全掌握在技术人才手中，企业作为商业秘密的权利人往往空有其名，尽管享有商业秘密的所有权，却根本没有办法举证。企业将自己的技术信息和经营信息确定为商业秘密后，及时向国家指定的具有公信力的机关、机构或者单位进行登记备案。一旦发现商业秘密被侵犯，企业可以要求备案机关出具相应的证明或者要求法院查看备案登记以证明自己是商业秘密权利人。整个解密过程是在法院或者其指定单位的监督下完成的，作为证据是具有证明力的。

第二，商业秘密备案制度可以明确权利内容。商业秘密的侵权诉讼主要涉及两部分内容：技术秘密和经营秘密。经营秘密比较好处理，一般都是单位服务的客户对象，通过合同备案很容易举证，而最难举证的就是技术秘密。就侵权诉讼来说，法官要解决三个层次的问题：第一，权利人主张的技术秘密；第二，原告主张被告侵权的技术秘密；第三，两个技术秘密的比对。最关键的，就是第一个层面的证据，如果第一个层面做不好，后面的工作就无从谈起。

商业秘密侵权诉讼的难点，就在于权利人主张的技术秘密作为客体究竟是什么难以证明。客体必须有一个载体。但不管以什么样的载体存在，都应该由相关部门签字确认把客体固化下来进行备案。此外，应根据设计的技术内容的特点，其形式不妨多样化一些，防止损坏，或者防止某一个版本出现问题。备案制度就是这样的一种制度，将企业的技术秘密做成一个成型化的载体，在国家机关进行备案、固定化。当技术秘密受到侵犯时，权利人只需到备案机关解密、将技术秘密取出即可证明案件的客体，从而有效保护自己的权利。

综上所述，商业秘密备案制度可以有效确认权利人、权利内容，以及权利义务关系，通过建立商业秘密的专门认定机构、认定方法、认定程序来解决实践中商业秘密认定难的问题，从而实现有备案，就可查、可究。

第二节 商业秘密备案的内容及审查

对于商业秘密备案制度，《与贸易有关的知识产权协定》规定："对一些采用新化学成分的医用或农用化工产品，如要在一国政府主管部门取得进入市场的许可证，就必须把相关未披露的实验数据或其他数据提供给该政府主管部门，而该国政府主管部门应保护该数据，以防不正当的商业使用。"《关于禁止侵犯商业秘密行为的若干规定》（1998年修订）中虽然对政府主管部门行为作出一定限制，即"国家机关及其公务人员在履行公务时，不得披露或者允许他人使用权利人的商业秘密"，但并没有规定向政府主管部门提供的商业秘密的保护问题，与《与贸易有关的知识产权协定》要求有差距。我国现已加入世界贸易组织，世界贸易组织其他成员的企业或个人，均有权要求中国保护其商业秘密。我国必须履行所承诺的国际义务，为向政府主管部门提供的商业秘密提供法律保护。因此，对商业秘密备案制度的完善完全是有法可依的，也是我们应该做的。

那么具体到企业，对于企业内部的重要信息，比如技术信息、品牌信息、商业秘密信息等，企业应对其进行有序管理，在企业知识产权战略的框架下，对技术适宜采取公开策略保护的，可以申请专利；而对技术信息用不公开方式进行保护更符合企业发展利益的，则可以进行商业秘密保护，将包括技术信息与经营信息在内的企业商业秘密向特定机构进行备案登记。一方面，方便企业对商业秘密的管理；另一方面，方便纠纷发生时对证据的有效提取。当商业秘密受到侵犯时，企业可通过之前的备案有效获取证据，这大大增加了企业的制胜筹码，可以运用多种救济方式进行救济，不必再局限于刑事手段保护。也就是说，在商业秘密备案登记后，企业能够有效提供证据证明自己的权利人地位，可以通过民事等手段获取赔偿。

一、商业秘密备案的内容

凡属商业秘密皆可以进行备案,而具体内容在我国《反不正当竞争法》中有明确规定。该法指出,商业秘密不仅包括那些凭技能或经验产生的,在实际中尤其是工业生产中适用的技术信息,如工艺流程、技术秘诀、设计图纸、化学配方、制造技术等技术科学方面的信息,而且包括那些具有秘密性质的经营管理方法以及与经营管理方法密切相关的经营信息,如管理方法、经营方法、产销策略等信息。

备案可实现存档备查,方便企业或社会对商业秘密进行有效的管理;同时,管理商业秘密的主体,有利于证据的有效保全,有助于解决因商业秘密权属、侵权等造成的纠纷,为解决商业秘密纠纷提供初步证据。

备案与审批不同,商业秘密备案只是在诉讼证明力方面有所增强,并不意味着商业秘密因备案而取得效力。同时,备案也仅是企业的一项自主权利,是否进行备案,完全是企业自主选择。对于企业来讲,在商业秘密的开发、使用及流转过程中,侵权行为时有发生,而且手段多样。这些侵权行为不仅严重侵蚀着市场信用、商业道德、竞争质量、企业利益等,而且加剧了商业秘密侵权的取证难。而备案对权利人是有利的,通过查阅提交的申请书及附送的相关备案文件,对是否侵权更容易界定,也有助于双方以更合理的方式解决所面临的法律争执。备案时所提交的材料是日后发生纠纷时调取证据的关键,因此,在备案时,对相关文件的提交应有一定的要求。当然,在备案审查上,可以借鉴软件著作权登记的操作,对备案仅作形式审查,对商业秘密本身内容不作实质审查。

(一)诚信承诺书

在权利人提出申请时,可要求权利人签署诚信承诺书。因为在对商业秘密进行备案时,备案机关并不对权利人提交的材料的真实性进行审查,为了保证申请人提交材料的真实性,这项制度是很有必要的。如有因材料虚假引起负面法律后果及违反承诺的行为,权利人应承担相应法律责任。

签署诚信承诺书的举措,当前被广泛应用,且能起到良好的提醒甚至警戒的作用。在商业秘密备案制度中,行政机关只是"弱势介入",为了避免事后由于申请人虚假备案导致行政机关与真正权利人之间产生纠纷,不妨事先就对申请人预警,明示提供虚假材料、进行虚假备案的严重后果,这可以在一定程度上预防虚假备案的出现。

（二）备案申请书

备案申请书是商业秘密持有人向有关备案机关申请备案时必须提交的文本文件，它记载着备案商业秘密的基本信息，如商业秘密的备案方、商业秘密的范围等信息。具体表格可以到备案机关的网站下载。

除了备案申请书，整个商业秘密的备案制度设计，与我国海关知识产权的保护制度设计相类似。在此对我国知识产权海关备案的运作作一简单介绍，希望从中有所借鉴。

我国海关在进出境货物有关的知识产权保护方面采取的是备案制度和申请制度并存。即《与贸易有关的知识产权协定》规定的"依职权"与"依请求"两种边境行政保护启动程序。依职权主动保护是海关有关部门依照法律所赋予的职权，主动地采取措施以保护知识产权。依据《中华人民共和国知识产权海关保护条例》（以下简称《知识产权海关保护条例》）第7条规定，知识产权权利人可以依照本条例的规定，将其知识产权向海关总署申请备案；申请备案的，应当提交申请书。根据《知识产权海关保护条例》第13条规定，知识产权权利人请求海关扣留侵权嫌疑货物的，应当提交申请书及相关证明文件，并提供足以证明侵权事实明显存在的证据。申请书的内容应当包括：知识产权权利人的名称或者姓名、注册地或者国籍等；知识产权的名称、内容及其相关信息；侵权嫌疑人的名称、住所、法定代表人、主要营业场所，以及侵权嫌疑货物的名称、规格、可能进出境口岸、时间、运输工具等。侵权嫌疑货物涉嫌侵犯备案知识产权的，申请书还应当包括海关备案号有关证据。

"双线式"保护制度显然有其合理性。一方面，申请保护程序启动所需要的证据的提供对于权利人而言十分困难，有时几乎是不可能达到的；另一方面，我国海关的人力和物力有限，单独采取登记制度显然难以满足需求，并且这本身也是效率不高的方法。实际上，"双线式"也正是大多数国家知识产权海关保护的做法。

海关在知识产权保护上的"双线式"模式，完全借鉴运用到商业秘密备案制度上并不十分稳妥。鉴于商业秘密是一项私权利，目前关于商业秘密的备案登记，还是以当事人主动申请为好。

（三）附送的相关文件

在备案申请书中提及的相关证明文件，需要一并附送。例如，与备案方信息相对应的，要提交备案单位的营业执照信息、经办人的身份信息等；与商业秘密的范围相对应的，要提供商业秘密的技术信息，提供公司与员工之间的保密协议、竞业限制协议以及与商业秘密权属相关的公司和他方订立的合同副本等。

对于竞业限制，只能是雇主与雇员之间发生法律纠纷，与第三人无关。而对于保密协议，即便是与商业秘密权利人没有任何合同关系的第三人，其不当行为仍然可能构成对商业秘密的侵犯。如我国《刑法》明确规定，第三人明知或应知他人具有侵犯商业秘密的行为，仍然获取他人商业秘密或使用或披露他人商业秘密的，以侵犯商业秘密罪论处。可见，在竞业限制协议中有可能涉及的责任主体是协议双方，即雇主和雇员；而在商业秘密保护中涉及的责任主体是除商业秘密保有者外的所有人，如雇员和其他人。

提交的备案资料中，会经常使用几个名词，在此予以说明。

（1）保密权利人：是指依法对商业秘密享有所有权或者使用权的公民、法人或者其他组织，包括被授权或许可使用商业秘密的人，要列明权利人的姓名、名称、注册地、住所等自然情况，知悉范围应当限定具体岗位和人员。

（2）保密义务人：是指依法对商业秘密承担保密义务的人，包括签订保密协议的公司内部人员及公司外部构成法定或约定保守商业秘密义务的人。

（3）保密协议文本：是指合同双方当事人签订的有关保守商业秘密的协议，协议内容包括保密的内容和范围、双方的权利义务、协议期限、违约责任等。

二、对备案内容的审查

（一）形式审查

由于对商业秘密的备案登记尚处于论证阶段，我们可以借鉴知识产权领域其他方面的形式审查制度。例如，计算机软件著作权登记中，登记人员对源程序并不测试,只审查提交的书面材料,申请人把程序的源代码和程序说明打印出来,连同申请表和身份证明文件上交,待版权局的审查员核实格式、份数、身份等信息后,就会受理。另外,依据我国专利相关法律之规定,发明专利初步审查的内容有:①申请人的申请文件是否完备,撰写是否符合《专利法》及其实施细则的规定。②申请人的身份是否合法,各种证明文件是否齐全。申请人是外国人的,是否依法委托代理。③申请专利的发明创造是否属于违反国家法律、社会公德或者妨害公共利益及属于不授予专利权的对象。④申请人是否缴纳了申请费等。

专利初步审查,也称为"形式审查"或"格式审查",是国务院专利行政部门对发明、实用新型和外观设计专利申请是否具备形式条件进行的审查。初步审查的主要目的是查明申请专利的发明,是否符合《专利法》关于形式要求的规定,为以后的公开和实质审查做准备。

我们可以借鉴上述两个例子中关于形式审查之规定。权利人商业秘密的取得和著作权一样,无须申请,权利人自拥有该商业秘密之日即拥有其权利,备案只是做一个记录,以便在侵权行为发生时能够提供相关证据。

一方面,由于商业秘密备案的定性是一种仅供备查的备案,备案机关只做形式审查,如审查备案资料是否齐全、份数是否充足等,符合要求的,则予以登记。它对备案项目的内容采取放任主义,默认其备案事由的效力,不用提出异议而自然生效。

另一方面,由于商业秘密具有秘密性,备案也仅是一种自愿的行为,在审查方面并不要求过于严格。此处类似于专利申请中的初步审查,也类似于企业软件著作权登记中的审查形式,如仅审查提交文件的格式、份数、申请书中相关内容填写是否完整,是否提交相应的身份信息资料,申请内容是否合法等,而对商业秘密的认定等实质内容不做审查。

那么,商业秘密备案的审查,究竟采用形式审查还是实质审查呢?本书认为应当是形式审查,这是由商业秘密自身的特点和备案的性质共同决定的。

就备案的性质而言,它属于行政登记的一种,所以在形式审查和实质审查的理论方面可以参照行政登记。

(1)形式审查。形式审查方式是指行政登记申请人提出登记申请后,登记机关仅对申请材料的形式要件是否具备进行审查,即审查申请材料是否齐全、是否符合法定形式,不对申请材料的真实性、合法性进行审查。

登记机关采用形式审查方式时，仅承担形式要件审查错误的责任。对于申请材料的真实性问题导致的错误登记的结果，由申请人自己承担。

（2）实质审查。实质审查方式是指行政登记申请人提出登记申请后，登记机关不仅要对申请材料的形式要件是否具备进行审查，还要对申请材料的实质内容是否符合条件进行审查，即对申请材料内容的真实性和合法性进行审查。

形式审查的优点在于：第一，可以简化登记程序，提高行政效率。由于形式审查方式审查的范围较小，也不涉及纷繁复杂的内容真实性与合法性的问题，因而能够极大地提高登记效率。第二，形式审查有利于清楚地区分登记申请人与登记机关的法律责任。行政登记申请人作为申请材料的提供者，应当对其提交材料的真实性和合法性负责。如英国公司法人登记实行申请人承诺保证制度，该制度要求申请人在登记申请时作出书面承诺，保证其提交的申请材料是真实和合法的。在这种审查方式之下，行政登记机关的角色定位为登记信息的收集者与发布者，其无须承担对众多登记要件信息的真实性、合法性进行审查的职责，相应地也被免除了登记要件存在瑕疵而导致的损害赔偿责任。

而在商业秘密备案中，要求行政机关对权利人提交材料的真实性和合法性进行实质审查，是不切实际的。一方面，如果行政机关能够对商业秘密的内容进行实质审查，那么对商业秘密的保护是十分不利的。即使相关备案工作人员有极强的职业素养，在面对有极大价值的商业秘密时，也难保其不泄密。故在设计制度时，必须考虑周全，衡量其中的利益，确保权利人能获得安全可靠的利益保护。另一方面，备案本身只是行政机关的一种行政管理手段，它所能承担的只是一种事后监督责任。商业秘密备案并非对商业秘密的一种确权，所以只需进行形式审查即可。

（二）形式审查的内容

在申请人提供了资料要求申请备案时，市场监督管理部门应当在一定时间内先对申请资料是否完备、是否符合格式要求、外籍申请人提交的申请资料是否附有中文译本等进行审查，再决定是否准予备案。关于市场监督管理部门的审查期限，本书认为可以参考《知识产权海关保护条例》，其中海关对知识产权备案审查的期限为30天，如果材料符合备案要求，则应当予以备案，并书面通知申请人，如果材料不符合要求，则需在一定期限内提交补正材料，否则视为撤回或予以驳回，并且向申请人说明理由。

（三）对申请人资格的审查

审查是为了保证备案信息与申请的实际信息相吻合，防止出现纠纷后发生证据与身份不相匹配的问题，即要保证商业秘密备案申请表中的企业、个人信息与所提交的身份证明信息相一致。倘若在备案中因为审查等因素的疏忽，发生了登记信息的错误，则登记方可依申请变更著录信息，或者补交登记材料，使申请人适格。

另外，对商业秘密备案登记的申请人国籍没有限制，申请人是自然人的，只要其住所地或主要居所地在中国即可；申请人是法人的，只要申请的公司注册地或者主要营业地在中国即可。

借鉴国家知识产权局《专利审查指南》关于申请人信息的有关规定，对商业秘密备案登记中申请人信息的审查工作提出如下建议。

1. 申请人是中国人

在备案登记机构的审查程序中，登记机构人员对请求书中填写的申请人身份进行核对；申请人是单位的，对单位信息及材料信息进行核对。上级主管部门出具的证明、加盖本单位公章的法人证书或者有效营业执照的复印件，均视为有效的证明文件。

因所填写的申请人不具备申请人资格，需要更换申请人的，应当由更换后的申请人办理著录项目变更手续。

申请人是个人的，应当使用本人真实姓名，不得使用笔名或者其他非正式的姓名。申请人是单位的，应当使用正式全称，不得使用缩写或者简称。请求书中填写的单位名称应当与所使用的公章上的单位名称一致；不符合规定的，审查员应当发出补正通知书。申请人改正请求书中所填写的姓名或者名称的，应当提交补正书、当事人的声明及相应的证明文件。

2. 申请人是外国人、外国企业或者外国其他组织

申请人是外国人、外国企业或者外国其他组织的，应当填写其姓名或者名称、国籍或者注册的国家或者地区。审查员认为请求书中填写的申请人的国籍、注册地有疑义时，可以根据专利法实施细则第三十八条第（一）项或者第（二）项的规定，通知申请人提供国籍证明或者注册的国家或者地区的证明文件。

在确认申请人是在中国没有经常居所或者营业所的外国人、外国企业

或者外国其他组织后,应当审查请求书中填写的申请人国籍、营业所或者总部所在地国家是否符合下列三个条件之一:

(1)申请人所属国同我国签订有相互给予对方国民以专利保护的协议;

(2)申请人所属国是《保护工业产权巴黎公约》(以下简称《巴黎公约》)成员国或者世界贸易组织成员;

(3)申请人所属国依互惠原则给外国人以专利保护。

登记机构工作人员应当从申请人所属国(申请人是个人的,以国籍或者经常居所来确定;申请人是企业或者其他组织的,以营业所或者总部所在地来确定)是否为《巴黎公约》成员国或者世界贸易组织成员开始审查。一般不必审查该国是否与我国签订有互相给予对方国民以专利保护的协议,因为与我国已签订上述协议的国家都是《巴黎公约》成员国或者世界贸易组织成员。只有当申请人所属国不是《巴黎公约》成员国或者世界贸易组织成员时,才需审查该国法律中是否订有依互惠原则给外国人以商业秘密保护的条款。申请人所属国法律中没有明文规定依互惠原则给外国人以商业秘密保护的条款的,登记机构工作人员应当要求申请人提交其所属国承认中国公民和单位可以按照该国国民的同等条件,在该国享有商业秘密权的证明文件。申请人不能提供证明文件的,对其申请不予进行备案登记。对于来自《巴黎公约》某成员国领地或者属地的申请人,应当审查该国是否声明《巴黎公约》适用于该地区。

(四)对提交资料完整性的审查

要保证资料清单中所列资料都有提交文件,如审查商业秘密备案申请表、企业营业执照副本、自然人身份证明、相关保密协议副本、竞业限制协议副本等是否都已提交。另外,要审查所提交的申请表是否按要求填写完整。与申请人信息有误情况类似,倘若在备案中因为审查疏忽,发生了所提交相关资料信息的遗漏,则备案登记机构应依职权通知或者申请人主动提出申请,补交所遗漏的登记材料。倘若申请人发现所提交的登记材料内容有误,只要向备案机构提出申请,备案人便可以登录备案系统进行修改。

(五)对缴费情况的审查

是否已按规定缴纳费用也是审查内容之一。商业秘密的备案登记应当在费用缴纳以后，方可进入电子备案程序。

综上所述，商业秘密具有秘密的特殊性，加之商业秘密的备案没有法律上的对商业秘密认定的效力，因此在备案过程中，无须对商业秘密的合法性及合理性进行审查。对商业秘密的认定，应在纠纷发生后，委托专门评估机构进行。商业秘密合法性中的三要件，即非公知性、商业价值性和秘密管理性，是评估机构评价是否为商业秘密的标准。

第七章

商业秘密备案的过程

商业秘密备案本质上是商业秘密权利人向公权力主体的一种申请行为，以期望公权力主体依其申请确立其商业秘密财产权的行为。本书认为，此种行为作为一种法律行为，需要按照法律行为的理论和规则进行规制。

第一节 商业秘密备案的法律性质

一、商业秘密备案属于法律行为

行为是指主体的活动，是主体"受思想支配而表现在外面的活动"。法律行为与其他社会行为有所不同。法律行为是指，"能发生法律上效力的人们的意志行为"[1]。法律行为是源于民法的概念，然而，它不是一个仅适用于民法的概念，而是所有法部门都可以适用的概念，是所有法主体作出的产生法效力的意志行为[2]。那么，到底什么样的行为被认为是法律行为呢？德国民法学者梅迪库斯认为，"法律行为的本质，在于旨在引起法律效果之意思的实现，在于法律制度以承认的意思方式而于法律世界中实现行为人欲然的法律判断"[3]。也就是说，法律行为的核心在于，其包含一种可以产生法

---

[1] 刘少军：《法边际均衡论》，中国政法大学出版社2007年版，第218页。
[2] 刘少军：《法边际均衡论》，中国政法大学出版社2007年版，第218页。
[3] [德]迪特尔·梅迪库斯：《德国民法总论》，邵建东译，法律出版社2000年版，第143页。

律效力的意思表示。如果建立起商业秘密备案法律制度，那么商业秘密备案这种行为显然是包含了能够产生法律效力的意思表示。因此，商业秘密备案在理论上应当是一种法律行为，我们可以在法律行为框架下讨论商业秘密备案相关的理论和实践问题。

法律行为的理论中包括两种典型的法律行为：一种是民事法律行为，另一种是行政法律行为。"民事法律行为是具有民事行为能力的民事主体基于意思表示，以设立、变更、终止民事权利和民事义务为目的，具有法律约束力的民事行为。"[1]行政法律行为是指享有行政权能的组织运用行政权对行政相对人所做的法律行为。

二、商业秘密备案行为属于行政法律行为

本书认为，商业秘密备案属于行政法律行为，应当按照行政法律行为的理论和规则进行制度设计。

行政行为，是指具备行政主体资格的国家行政机关或组织行使国家行政权力，所实施的对外部产生行政法上法律效果的行为。[2]行政行为由三个要素构成，分别是主体要素、职权要素（权力要素）、法律要素。[3]

主体要素主要指行政主体，行政主体是指享有行政权力，能以自己名义实施行政活动，并因此而承担实施行政活动所产生的责任的组织。这一概念强调行政主体必须具备四个条件：第一，必须享有行政权力；第二，必须能以自己的名义实施行政活动；第三，能独立承担责任；第四，必须是某一组织，不以行政机关为限。

依前文所述，商业秘密备案行为的成立离不开行政机关的权力保证，因此商业秘密备案行为满足行政行为的主体要素。权力要素主要是指行政权力。行政权力是关于国家行政事务管理的公共权力，该种权力具有权威性和强制性，它由法律授予国家行政机关行使，由此国家行政机关就取得了行政主体资格，可以运用行政权力以自己的名义实施行政行为。其他机关、组织在没有得到授权或委托的场合下则无权行使行政权力。商业秘密备案制度的最主要目的之一就是赋予行政机关商业秘密的确认权力，此权

---

[1] 杨振山：《论民事法律行为》，载《中国法学》1986年第1期。
[2] 张树义：《行政法学》，中国政法大学出版社1995年版，第116页。
[3] 应松年、朱维究：《行政法与行政诉讼法教程》，中国政法大学出版社1989年版，第120页。

力在中国语境下必然是一种行政权力。法律效力指的是公法效力或行政法上的效力，即发生行政法上权利与义务的取得、丧失、变更。商业秘密备案行为必然会导致行政机关的义务或责任的产生或者行政相对人权利义务的变更得失，因此，此种行为必然符合行政行为的法律效力要素。

综上所述，结合对行政行为的构成要件和商业秘密备案行为特征的分析可知，商业秘密备案是一种行政行为，应该纳入行政法理论框架讨论。

三、商业秘密备案是一种具体行政行为

行政行为可分为具体行政行为与抽象行政行为。抽象行政行为与具体行政行为的划分早在20世纪80年代就已提出。受此理论影响，我国1989年的《行政诉讼法》中采用了具体行政行为这一概念。行政法学界通常认为，抽象行政行为是行政主体针对普遍的、不特定的对象作出的可反复适用的行政行为。具体行政行为指行政主体针对特定的对象作出的，影响其权利、义务的行为。有学者认为，抽象行政行为与具体行政行为的划分标准有三项：

（1）行政机关的行政行为是否有授权法的依据，法律、法规赋予其何种职权。如果行政机关制定规范性文件有法律、法规明确授权，那么，行政机关依据该种法律授权所制定的规范性文件就属于抽象行政行为；反之，如果行政机关没有明确授权，就不能将行政机关的行为称为抽象行政行为，而只能视为具体行政行为，或者该行政行为无效。

采取职权标准的原因是抽象行政行为在本质上是一种立法行为，这是抽象行政行为与具体行政行为的根本区别，也是抽象行政行为被排除在行政诉讼之外的原因。而一种立法行为必须基于立法权，要有法律明确授权。如果行政机关没有立法权，其行为就不能被称为抽象行政行为。因此，职权标准应当作为划分抽象行政行为与具体行政行为的首要标准。

（2）行政行为所经过的程序。具体行政行为是行政机关依据其职权作出的单方意思表示的行为，而抽象行政行为是行政机关制定普遍适用的行为规则的行为，因此，抽象行政行为必须依照立法程序。换言之，如果一个结果表现为规范性文件的行政行为在制定过程中并没有经过立法程序，那么，它也不能被称为抽象行政行为。

（3）行为的最终结果。二者在结果上的区别主要表现在：从行为结果

的外在表现形式来看，抽象行政行为以规范性文件的形式出现，而具体行政行为则以处理、处罚决定等形式出现。两者调整或作用的对象不同：抽象行政行为针对的对象为不特定的人和事，可以反复适用；而具体行政行为针对的对象为特定的人和事，对其他人并不产生效力。从效力来看，抽象行政行为只对未来发生的不特定对象有效，一般不具有溯及既往的效力；而具体行政行为则对现实存在的、已发生的特定事项有效。抽象行政行为对相对人不能直接产生强制力，只能具有一种间接的效力，这种间接的强制力最终要通过具体行政行为才能实现。[1]从商业秘密备案行为的性质看，商业秘密备案行为显然不属抽象行政行为，而当属具体行政行为。

四、商业秘密备案行为接近于依申请行政行为

具体行政行为一般可以分为依职权行政行为和依申请行政行为。具体行政行为分类的标准是，某种具体行政行为是否可由行政主体主动实施。依职权行政行为是指行政主体根据其职权而无须行政相对人申请就能主动实施的行政行为，也称主动行政行为或积极行政行为。依申请行政行为是指行政主体只有在行政相对人提出申请后才能实施而不能主动采取的行政行为，又称被动行政行为或消极行政行为。

这里必须说明的是："申请"意味着一种请求权利，不同于作为一种配合义务的申报，同时这种请求权利不是私法意义上的源于意思自治的请求权，而是直接来源于法律规定的公法意义上的请求权利。"依申请"是指根据行政法规范的规定，行政行为的实施必须以相对人的申请为条件，而不是事实上或实际上接受相对人的申请作出行政行为。行政行为这一分类有利于分析行政行为的实施条件。依职权行政行为不需要行政相对人的申请这一条件就能实施，有利于提高行政效率；依申请行政行为只有具备行政相对人的申请这一条件后才能实施，有利于相对人的参与和尊重相对人的意愿。另外，行政相对人的申请尽管也是一种意思表示，但最终决定权却在行政主体，因而依申请行政行为不同于行政合同或民事合同。

综上所述，行政机关不可能主动插手行政相对人的商业秘密等私人财产管理领域，因此，商业秘密备案行为当属依申请行政行为，而非依职权行政行为，行政相对人的意思表示在此种法律关系中相当重要。

---

[1] 参见张树义：《论抽象行政行为与具体行政行为的划分标准》，载《中国法学》1993年第1期。

我国具体行政行为的种类较多，根据2004年1月14日最高人民法院发布的《最高人民法院关于规范行政案件案由的通知》（现已废止）的规定，我国具体行政行为包括但不限于如下类型：行政处罚、行政强制、行政裁决、行政确认、行政登记、行政许可、行政批准、行政复议、行政撤销、行政检查、行政合同、行政奖励、行政补偿、行政执行、行政受理、行政给付、行政征用、行政征购、行政征收、行政划拨、行政规划、行政救助、行政协助、行政允诺、行政监督。那么商业秘密备案应当归属于哪一种行政行为类型呢？

根据上文有关分析，本书认为有三种可能，即行政许可、行政确认、行政登记。行政登记包括许可型、确认型和备案型等三种登记形式，因此行政登记行为并不是一种实体上的行政行为，而是一种形式意义上的行政行为。其原因在于"行政登记不属于微观意义上的行政行为概念，其跨越多种行为类型"[1]。由此，我们认为辨明商业秘密备案行为的法律性质，必须从两个层面考虑：一是在形式层面，先确定商业秘密备案的类似行政登记性质；二是在实体层面，辨明商业秘密备案行为的具体类型。

五、商业秘密备案在形式上属于类（准）行政登记

（一）行政登记的概念

行政登记，是指法定的登记机关为履行行政管理职能，应相对人的主张或者主动要求当事人提供素材，依法进行审查和梳理之后，对行政相对人权利、义务、权能及法律关系等主张予以许可、认可或者为国家决策参考分析备案，并以一定的载体登录记载，通过公示或其他形式，以备公众知晓或以备查考的行政行为。也就是说，登记可能是当事人主动申请，也可能是行政登记机关要求配合管理；可能是登记机关严格审查，也可能只是形式条件上的把关；可能是对权利、义务、权能及法律关系等主张的许可、认可，也可能是纯粹的事实状态的信息汇总和统计；有些登记本身就已经达到公示的目的，有些登记还需要一定的公告期以便供其他人提出异议。

无论如何，登记都必须被记载于一定的载体上，即使是统计分析也必须有可查考的资料，备案是必要的程序。各种登记最基本的功能是备案功

---

[1] 杨晓玲：《行政登记研究》，中国政法大学2009年博士学位论文。

能,公示、确认或管理功能则为非必要的功能。根据行政登记的概念和特征,再结合商业秘密备案行为的目的和行为方式,可以认为商业秘密备案行为在形式上是一种行政登记行为。那么,我们就可以从行政登记行为理论角度探讨商业秘密备案行为的特点和性质。

(二)行政登记的行为结构

行政登记的行为结构有其特点,通常认知的行政登记实际上是个复合结构的法律行为,也就是从内部构造看,行政登记通常是由原因行为和登记行为两部分组成的。在每个登记之前,存在一个私权利的原因行为。登记行为又包括申请、审查、备案、公告程序。原因行为与公权力实施的登记行为相互结合,就形成了行政登记,这也决定了行政登记同时兼有私法和公法两种属性。

所谓的原因行为,也可以称为基础行为,类似于民法中有因行为中的基础行为和国际法中的原因行为。也就是在登记之前,几乎都存在一个原因行为。原因行为或者是一个民事法律行为,或者是一个民事法律关系,或者是一个行政审批、许可行为,或者是一个事实状态。具体地说,在各种登记制度中,登记行为的产生都具有特定的原因和目的。引发登记行为产生的这些事实行为和法律行为,统称为登记的原因行为。

所谓登记行为狭义上指"行政登记",是由法律赋予登记权力的行政登记机关将某种事实或法律行为记录于登记簿,或用于公开公示,或用于信息统计,或用于政策分析等,并由此产生一定法律后果的行为。作为抽象法律概念的登记行为,不仅是对部门法中具体登记行为的概括,也是对所有具体登记行为的抽象,它具备登记的主要特征和构成环节,是从法律逻辑上对所有登记制度的整合。登记行为是有别于原因行为的一个单独法律行为,其独立性体现在登记行为具有区别于原因行为的独立法律效力。在研究登记制度时,将登记行为与其原因行为区分开来,有助于对登记行为进行理性分析,阐述登记行为的独立性质。它最大的特征就是行政权力的不可或缺,没有行政权力的介入,是谈不上行政登记的。

原因行为和登记行为的关系可以这样理解:在每个具体登记制度下,原因行为与登记行为具有不可分割性。原因行为是登记行为产生的动因、基础或诱导因素,离开了原因行为,登记行为就缺乏依据,即没有原因行为的发生,就不会有登记行为的发生;而登记行为是所有登记的核心行为,缺少了登记行为，原因行为的法律效力就缺乏完整性。从某种意义上说，登记行为的产生依赖于原因行为的发生；而原因行为的完整效力依赖于登记行为的完成。

原因行为与登记行为结合成行政登记的过程，其实就是公民私生活中主张享有的权利、权能及所构建的法律关系等原因行为，要求通过国家行政权能的干预，被上升到获得行政权保护的国家认可和宣示，并具备行政法上登记的公信效力。登记第三人可以通过行政登记的公示内容，获知登记相对人法定的、推定真实的信息，并以此作为自己与登记相对人之间构建法律关系的重要依据和参考。由此可以看出，行政登记的本质属性是从私法权利逐渐具有公法属性的。具体而言，从原因行为和登记行为的关系发展可以看出行政登记属性的发展演变过程。闭塞的古代或者熟人社会，原因行为成立无须登记的证明作用，人们不需要登记也能基于个人信赖而交往。而当陌生人社会相互不信赖时，就需要公权力介入，以登记行为来建立信任关系，原因行为因此与登记行为结合形成行政登记。从出现登记行为，引入公权力后，行政登记就带有公权力属性。虽然在具体的登记制度中，原因行为与登记行为具有不可分割性，但通常人们对登记的误解造成了两部分"合而为一"，实际上，登记不应该涵盖原因行为，两者是相互独立的两个部分。

根据登记行为对原因行为的影响，可以分成登记行为能使原因行为成立、登记行为能使原因行为生效、登记行为补充原因行为效力、登记行为不影响原因行为效力等四类。此种分类有助于后面我们对商业秘密备案原因行为（实体法角度）进行定性。

具体到商业秘密备案行为，备案申请人对商业秘密的管控就是原因行为，而向行政机关报备则为登记行为。商业秘密备案行为在逻辑上有这样的双层结构。依据以上分析，此种行为的核心目的在于私权利（商业秘密财产权）的保护，而不在于公权力（行政权）的介入。因此，在制度设计时，应当将对私权利的保护作为制度的核心价值，登记行政权力的配置必须为商业秘密和商业秘密所有者服务。

六、商业秘密备案行为在实体层面同质于行政备案

如上所述，商业秘密备案行为在形式层面上是一种行政登记行为。需

要继续加以探讨的是商业秘密备案在实体层面的法律性质。换言之，它到底应当归于行政许可行为，还是行政备案行为，抑或行政确认行为。为此，需首先对这三种近似的行政行为进行剖析和甄别。

（一）商业秘密备案行为不属于行政许可行为

我国《行政许可法》第2条规定："本法所称行政许可，是指行政机关根据公民、法人或者其他组织的申请，经依法审查，准予其从事特定活动的行为。"行政法理论认为，行政许可以全面禁止为前提，个别解除为内容，许可行为是对符合条件的特定对象解除禁止、允许其从事某项特定活动、享有特定权利和资格的行为，行政机关在行政许可程序中拥有一定的自由裁量权，对行政主体获得某种资格、从事某种行为的禁止予以解除，这种个别解除存在数量上的限制。

行政许可的目的在于对行政相对人的行为事先加以严格控制，其作用的对象是法律一般性禁止的行为，非经行政许可从事某种行业或活动即为违法，应当承担违法责任。行政许可以限制某种活动的自由为目的，赋予权利和资格，结果是被许可人获得从事某种行为的资格和权利。也就是说，行政许可行为有一个重要的前提，那就是该领域"对一般人都是普遍限制或禁止的，非经允许从事这种活动、行使这种权利是违法或受限制的"。[1] 并且"这种普遍限制或禁止的根源在于：该行为具有潜在的危险性，可能会对社会或个人的人身或财产造成损害，因此必须加以限制或禁止"。商业秘密保护领域并不具有危险性，也就不存在限制或禁止的必要，因此这个领域的登记行为也就不可能是行政许可。

（二）商业秘密备案行为同质于行政备案行为

行政备案是指登记机构依登记申请人的申请，只需对登记事项进行简单的形式审查就直接予以登记的行为，或者说是行政登记机关为了现在或将来的行政管理的需要而对某一领域总体信息进行掌握的行为，又称备案式登记；而登记不仅包括备案式登记，还包括对登记事项进行审查的其他登记行为。备案式登记由备案环节和申请环节一起构成独立的登记行为，在此种登记中，登记机关通常只要求如实登记申请人提交的有关信息，并

---

[1] 马怀德：《行政法与行政诉讼法》，中国法制出版社2000年版，第126页。

不设定特定标准。例如，房屋租赁合同登记、商品房预售登记等，登记机构无须对此信息设定标准或进行严格审查，只要向登记机构提交即可予以登记。在商事登记中，对变更登记中一些事项的登记也属于备案式登记，如我国公司董事、监事和经理的变更，章程的变更等，登记申请人只需向登记机构提出备案申请，登记机构无须对当事人提交资料进行审查，即可完成备案登记行为。一般行政法理论认为，行政备案是指行政主管机关或法定授权组织依据行政法律、法规，接收公民、法人或其他组织按照法定程序和格式提交的备案申请材料，在法定时间内对报备资料进行形式审查，对合法的申请进行备案，并将该资料存档以备事后监督。

行政备案的价值在于，对于行政主体需要监管，但又不宜强势介入的事项，可以通过行政备案的方式实现有效的事后监督。通常情况下，备案式登记仅仅具有信息披露的作用，同时也为行政机关的事后监督和管理提供便利。从法律层面考察，备案涉及两个主体——当事方和接受登记方。从当事方角度看，备案就是向有关部门报告，起告知作用；从接受登记方来看，备案就是保存有关资料，具有公示作用。这类登记行为具有如下特点：符合要件的登记行为完成时，相对人的登记义务即告履行完毕；登记后，相对人的行为不以行政机关进行实质审查并作出意思表示为前提（相对人无须行政机关的认同便可进行相应的活动）；在单纯的备案式登记行为中，登记一般不会影响当事人行为的法律效力，但备案不一定是没有法律效力的，有可能产生对抗第三人的效力，行政机关对登记信息进行事后审查，如判明该信息是虚假的，可根据相关法律规定对备案人进行处罚。但是由于登记机构对备案式登记不作审查，登记信息的真实性难以得到保障，因此，备案式登记很难产生与其他登记行为相同程度的公信力。

行政备案涉及的双方当事人，分别是行政相对人和行政主体。具体而言，一方为行政法理论上的行政相对人，即公民、法人或其他组织，另一方是行政机关或法定授权的组织。在行政备案中，行政相对人又可称备案申请人；行政主体则可称备案受理人。整个行政备案的过程包括行政备案申请的提交和接收、备案质疑期间、备案被接受或拒绝、备案行为生效等环节。对于行政备案，行政主管机关的介入只需达到"知悉"水平即可。只有在与该行政备案行为和内容有利益关系的人请求时，或当相关人权益受侵害或者是可能受侵害时，行政主管机关才会依申请提供备案信息公开，或是对该行政备案行为提起审查。

(三）商业秘密备案行为不属于行政确认行为

行政确认，是指行政主体依法对行政相对人的法律地位、法律关系或有关法律事实进行甄别，给予确定、认定、证明（或否定）并予以宣告的具体行政行为。[1]

简单地说，行政确认就是行政主体根据法律法规的规定或授权，依职权或依当事人的申请，对既存的事实和法律关系予以证明和确认的具体行政行为。行政确认一般是指确认某事实或相对人在行政法上权利义务的状态，此种行政行为属于确认式的行为。该种行为不同于形成式的行为，后者使现存的实质行政法上的法律关系发生变动。凡是对事实和现存法律关系加以证明的行政行为，都属于行政确认，例如产权证明、身份证明、原产地证明、工商业登记、户口登记、房屋产权登记及行政鉴证等。

从形式上看，行政确认行为与行政备案行为非常相似，二者都具有事后性、自愿性、对原因行为的弱效力性等特点。行政确认行为和行政备案行为本质上都是公权对私权领域的干预，两者区别的核心并不在于形式，而在于干预的强度，体现为行为效力上的不同。行政确认制度的公权力干预强度要大于行政备案，其行为效力也强于行政备案行为。这种区别的根源在于，两种法律制度的目的存在着差异。

行政确认行为的目的在于：第一，行政确认可以为司法活动提供准确客观的处理依据。行政主体通过行政确认对合法行为的肯定、相对人法律地位的明确、行为性质的承认、法律关系的维护，可为处理和解决当事人之间的争议和纠纷，提供准确可靠的客观依据。如依法处理行政违法行为时，首先要确定行为的性质和情节，划分当事人的责任大小，判明事故等级，否则就谈不上法律的适用。

第二，行政确认是预防各种纠纷的有效措施。行政主体通过行政确认，使当事人的法律地位、法律关系十分明确，不致因含混不清或处于不稳定状态而发生争议，这将有利于预防纠纷的发生，起到一种"事前抑制"的作用。

第三，行政确认是保护公民、法人和其他组织合法权益的重要法律手

---

[1] 姜明安：《行政法与行政诉讼法》，高等教育出版社、北京大学出版社1999年版，第197页。

段。确认可以是事先对既有法律关系的确认，也可以是对权利之争的确认，两者都与公民、法人和其他组织的合法权益有关。事先确认，将使公民、法人和其他组织的权益得到法律的承认，任何人不得侵犯，这实际上就是一种事先保护。在权利之争中，行政主体依法确认权利的归属，则是对公民、法人和其他组织合法权益的事后保护。

第四，行政确认是行政主体进行科学管理的重要手段。行政确认的本质在于使相对人的地位和权利义务得到法律上的承认，有了这种承认，公民、法人和其他组织才能申请其他权利，才能保护各种已经存在或已经取得的权利，并且通过证明等手段使该权利为社会所公认。

行政备案是实现有效行政管理的方式，其还具有保护合法权益和促进公共利益协调的价值。从微观角度看，它可以为行政相对人和利益相关人提供相应的权利保护，从宏观角度看，它有利于促进更加友好、和谐、可持续发展的法治环境。

行政备案的作用在于，首先，对于需要行政主体监管但又不应强势介入的事项，对于既不纳入行政许可又不纳入其他强势行政管理的对象，可以用行政备案的方式实行有效的事后监督。其次，行政备案有公示作用，可以直接或间接地让具体行政备案关系中的当事人和与之相关的第三人清楚地知道备案行为所涉合法权益的权利人，从而维护权利人、利益相关人的合法权益。但是，行政备案主动提供的公示内容是有限的，它不会主动将备案的细节全部公之于众。如果行政相对人或利益相关人及其代理人想要了解详细备案信息，可通过行政机关提供的电子查询平台或是服务窗口，依申请或是凭已知关键信息查询更多相关的可进一步公开的备案信息。如，《杭州市市区商品房预（销）售合同网上备案办法（试行）》规定，网上操作系统提供网上公开查询服务。又如，海关为保护知识产权，提供网上知识产权备案公开查询系统，任何人都可以申请人名称／姓名、权利名称、权利注册授权号、备案权利类别、备案内容类型、备案号等关键词公开查询相关备案信息。而之所以说它是有限公示，是因为虽然每个人都可以通过网站查询信息，但如果不是行政相对人或利害关系人，就不知道且没有必要知道相关查询的关键词内容，而没有了关键词内容，也就无法查到备案信息。

重要的是，行政备案的事后作用在于，它通过行政机关介入，不仅能提高行政备案的事项、活动、关系的可靠性，还可以使行政机关根据备案信息，在发现违法侵权情况时，依法主动采取救济措施。根据《知识产权海关保护条例》的规定，海关发现进出境货物有侵犯在海关备案的知识产权嫌疑的，海关有权予以扣留，依法主动提供保护。

通过以上制度的形式与目的的比较，我们可以得出结论，商业秘密备案行为同质于行政备案行为。商业秘密对企业的重大价值决定了企业必须对其采取保密措施。鉴于此，备案机关在对商业秘密进行备案时不可能做过多的审查，只能进行较为简单的形式上的审查，然后对形式上符合要求的商业秘密进行登记保存，让其他利益相关人对登记事项有所知悉，在涉及诉讼时可以作为证据来使用。但是，因为备案机关所做的只是简单的形式审查，所以如果登记的商业秘密是盗用的或者是别人已经在先拥有的，就不能对备案机关进行追责。

第二节　商业秘密备案行为主体的确定

上一节中已经确定了商业秘密备案是一种行政备案行为，那么商业秘密的备案主体就应该是行政主体。在选择商业秘密备案的主体时，首先面临的就是选择行政机关来备案还是社会行政主体来备案。

一、社会行政主体或行政机关

社会行政主体是指为了达到一定的行政管理目的，依法从事某种特定公共事务并能以自己的名义履行行政法上的权利与义务的非营利性组织，其特征有非政府性、非营利性、公共性、公益性和自治性。我国的社会行政主体可分为社会团体、民办非企业单位和（国有）事业单位三种。[1]随着行政权力的不断扩张，行政机关所面临的行政事务日益纷繁复杂，并且很多行政事务的处理需要专业人员，仅依靠行政机关已难以应对，部分行政权力也由社会行政主体来承担。由此，社会行政主体在全球范围内得到了极大的发展，基金会、社团、行业协会等社会组织依法从事公共事务，促进了社会管理的发展。

---

[1] 参见庞兰强：《简论社会行政主体》，载《理论探索》2006年第3期。

社会行政主体和国家行政机关都是可以从事行政行为的组织，但是它们也有区别。

一是组织性质不同。国家行政主体具体表现为国家行政机关，包括中央和地方行政机关，在我国即指国务院和地方各级人民政府及其工作部门；社会行政主体则主要表现为非政府性的社会团体、行业组织、基层自治组织、事业单位等。

二是权力来源不同。国家行政主体的行政权力来源于宪法，我国《宪法》规定，国务院和地方各级人民政府为国家权力机关的执行机关，为中央和地方各级行政机关；而社会行政主体的权力主要来源于法律授权、委托、自制章程或契约式条例等。

三是行使权力的方式不同。国家行政主体主要以国家强制力为后盾，单方行为居多。虽然政府机关的服务意识逐渐增强，开始运用行政指导等柔性行政行为，但基于强制力的行政权力行使方式，仍是行政机关的主要行政手段；而社会行政主体由于其"非天然"的权力性质，在行使管理权时必然会积极寻求与相对方的合作，以更好地完成管理任务，因而更多采用契约式的管理手段。

四是权力效力不同。社会行政主体行政行为的效力要弱于国家行政主体行政行为的效力。国家行政主体的行政行为一经作出，便具有拘束力和执行力，非依法定程序不得停止执行。即使相对人不服，提起复议或诉讼，也必须有法定事由且经法院批准才可中断执行。而社会行政主体的行政管理行为就无此强制力。虽然社会行政主体的大部分管理行为事实上形成垄断或为格式合同，但其也不是纯粹的单方行为，需要相对方的配合或默认。

就我国的实际情况而言，商业秘密将会是一项越来越受企业重视、保护手段越来越强的无形资产，这是经济发展的必然趋势。所以，在将商业秘密备案时，企业一方面要考虑商业秘密是否会由于备案而泄密，备案主体须有备案资质及存证能力，有很强的公信力，另一方面要考虑备案效率及备案效果问题。

将社会行政主体与国家行政主体（以下简称行政机关）进行比较，可从以下三点考虑：首先，专业性。社会行政主体或许能够聘请到更专业的服务团队对需要备案的主体提供服务，并且更易于不断地完善自身。由行政机关来备案的话，一些技术性较强的岗位可以实行聘任制，可聘请相关领域的专家进行技术性的指导和审查。其次，效率。相对而言，社会行政主体为相对人提供服务更高效。独立的第三方承担备案工作，可以使备案工作专业化、专门化。最后，可信度，即备案主体是否能做好保密工作。行政机关对商业秘密进行备案时，信用问题相对比较容易解决，毕竟政府的公信力要强于一般的社会主体。但是可以考虑选择既具有政府公信力，又具有行政机关所不具备的专业化效率，备案人员并不能完全接触商业秘密的备案机构，可以采取"两把钥匙"的方法来避免泄密的发生，从而对商业秘密进行很好的保护。

综上所述，本书认为应该由独立的第三方机构来进行备案。将来，随着独立第三方的工作机制和相关制度的逐渐完善，由独立第三方进行备案的优势必愈加明显。

二、由独立第三方进行备案管理

在上文中，我们已经确定了应该由独立的第三方主体，而不是由行政机关来进行备案，那么具体应该由哪个主体来负责呢？是否需新设一个独立的社会主体来进行备案？

首先，新设一个独立的社会主体来备案有些不太实际。原因有两点：一是成立新的社会主体存在成本和专业化问题；二是会存在行政程序问题。从制度层面来讲，设立这样一个主体，可能要对相关行政机关的现有制度框架进行重构。故最好在现有的行政机关中确定一个既具社会性，又兼有行政性质的社会服务组织（如事业单位）来进行备案工作。

本书认为由工业和信息化部作为主管部门，由其直属事业单位工业和信息化部软件与集成电路促进中心（CSIP，以下简称促进中心）来承担备案工作比较合适。

工业和信息化部是中国工业和信息化事业的主管部门，而促进中心作为其直属事业单位，主要负责建设国家软件与集成电路公共服务平台，为我国软件与集成电路产业和企业发展提供公共、中立、开放的服务。

促进中心拥有丰富的设备和先进的软硬件环境，与国际国内知名企业围绕 Linux 系统、开放/开源技术、嵌入式软件、高性能计算、IP/SoC 集成设计验证、知识产权服务、企业信息化服务、国产平台软硬件兼容性和可用性测试与模拟部署体验、远程教育平台等方面先后共建 11 个国家级实验室、六个技术支持中心、五大资源库，开展共性技术研究与服务，推动产业自主创新。积极推进国家 Linux 标准体系和 IP 核标准体系的建设；主导建设了 Linux 参考平台和国家 IP 核库；牵头成立了四个以企业为主体的产业联盟，团结和吸引了国内一批优秀软件与集成电路企业，开展广泛的技术交流与协作，努力营造促进产业发展的和谐环境。

在软件与集成电路领域，促进中心初步具备共性技术支撑、知识产权、人才培训、信息技术服务战略咨询、市场开拓与品牌推广等五个方面为广大软件与集成电路企业提供公共服务的能力。在相关领域，形成了"中国芯"（集成电路）、"华夏擎"（软件）、"IP China"（知识产权）、"NITE"（人才培养）、"China Sourcing"（软件与信息服务外包）等行业公共品牌，对进一步引导产业发展，展示行业发展成果，树立中国软件与集成电路产业的国际形象起到积极的推动作用。

同时，促进中心作为国内率先同时通过 ISO 9001 质量管理体系和 BS 7799 信息安全管理体系认证的信息技术服务机构，遵循"技术领先、信息专业、服务至上、诚信守约"的质量方针，为企业提供专业化的服务；在此基础上，促进中心赛普实验室获得了由中国合格评定国家认可委员会颁发的实验室认可证书、中国国家认证认可监督管理委员会颁发的资质认定计量认证证书，赛普实验室的内部管理体系和技术能力建设跨上了一个新台阶。此外，促进中心于 2008 年年初获得北京市知识产权局颁发的《知识产权司法鉴定许可证》，成为信息技术领域具有较强专业优势的司法鉴定机构。

目前，国家软件与集成电路公共服务平台在多个省市建设了地方分中心，以进一步延伸平台的职能和服务，结合各地优势资源，形成"全国性""全程式"的技术创新公共服务体系，让广大国内企业充分享用中心资源，以推动我国软件与集成电路产业和企业的快速发展。各分中心充分发挥区域资源优势，与国家平台形成有机整体，形成了以促进中心为核心、辐射全国的企业技术创新公共服务体系，为我国软件与集成电路产业发展提供先进技术支撑。鉴于此，由促进中心担当商业秘密备案的主体再合适不过。其优势在于：

第一，促进中心是工业和信息化部直属事业单位，这种身份能够保证促进中心作为备案机构的公信力，使广大有备案需求的企业对承担备案的工作主体的信任度大大提升。同时，促进中心的机构保障既能使备案制度的严肃性和权威性大大提升，也使促进中心可以有效利用工业和信息化部在信息集成建设方面的行政管理经验，更好地完成备案。

第二，促进中心虽然是工业和信息化部直属的事业单位，但它是一个完全独立运营的社会主体，有完善的组织管理体系和具体运作模式，具有其他行政主体无法比肩的独立性。它可以体现独立社会主体的效率，体现独立社会主体在备案过程中的公平公正，保护备案当事人的合法权益。因此，由促进中心进行备案管理，有利于解决备案主体的社会独立性问题。

第三，促进中心在信息平台建设和管理方面具有超强的技术及管理优势。该平台建设完成运营至今，已凝聚了大量专业人才，积累了丰富的平台管理经验，无论是从硬件设施方面看，还是从软件建设方面看，该中心及该平台都具备了对商业秘密进行备案管理的实力和能力。

总之，促进中心进行备案管理，一方面将有助于推动我国商业秘密的行政保护。当商业秘密被侵犯时，通过行政途径来解决，不仅可以节省时间，高效地阻止损害的进一步扩大，而且也更方便及时取证，为日后进入司法程序提供帮助，节省司法资源。另一方面可以凸显独立第三方进行备案的独立、公正、公允的特点，真正实现商业秘密备案制度的完善。

综上所述，由促进中心对我国商业秘密进行备案管理是目前适宜的选择。促进中心全面负责实施全国的商业秘密备案管理，具体落实这一制度，同时可以根据全国商业秘密备案管理的实际需要，在各省及以下工业和信息化行政主管部门下设分支机构，具体负责本地方的商业秘密备案事务。

第三节　商业秘密备案的具体方式

备案的方式一般有两种，包括传统的纸质备案和新兴的电子备案。与纸质备案相比，本书提倡优先选用电子备案方式。

之所以提倡电子备案方式，与我国推行电子政务密切相关。"电子政务是政府机构利用电子信息技术，在其行使管理内部事务、管理公共事务和提供公共服务的职能中实现政府组织结构的重组和业务流程的优化，为政府公共部门、企业与公众提供应用服务，是基于信息技术、资源共享、交互式的超越时空、部门限制的网络化协同办公环境；是一种高效、廉洁、低成本的政府运作模式。"[1]

---

[1] 李志伟:《论行政行为电子化》，山东大学 2007 年硕士学位论文。

电子政务有以下三个特征。第一，电子政务是电子信息技术在政府机构的行政管理和服务提供中的应用，它是对传统政府的组织结构、业务流程、运作模式、工作手段进行的革新。电子政务不是传统政府和电子技术的简单结合，也不是把现有业务、办事流程、公共信息搬上网，而是利用信息和网络技术对传统政府进行革新和再造。第二，电子政务是以网络信息技术为基础的科学化管理，是电子信息技术与政务活动的结合。第三，电子政务是一个渐进发展的动态过程。[1]概括地说，电子政务的业务系统及其应用包括三个方面：政府部门内部的电子化和网络化办公、政府机关间通过计算机网络进行的信息共享和实时通信、政府部门与企业和公众之间通过网络进行的事务处理与双向信息交流。而本书说的电子备案很显然就是第三个方面。

与传统纸质备案相比，电子备案具有更大优势，主要表现在：

一是程序阶段合并。一个行政行为需要经过很多程序，从行政行为的准备、实施、成立、生效都要遵循一定的步骤、方法、时间、顺序规则。依申请或者依职权开始，通过调查、收集证据、认定事实等过程作出行政行为，少则需要几天，多则需要几个月。电子行政行为通过技术、设备、程序设计将这些行政程序合并在一个"操作系统"中完成，从开始到结束是一个整体的、不间断的、连贯的、封闭的过程。无特殊情况，不得人为介入和拆分程序。

二是时空范围无限。网络的空间无限性使得电子行政在一定意义上打破了时空的局限性，如相对人可能同时在不同的地点向行政机关提出申请，行政机关在同一系统中处理来自不同相对人的不同请求，作出相同或者不同的处理决定。只要是属于行政机关的行政职权范围，无论相对人身处国内还是国外，都可以通过网络来完成操作。而且，只要在期限内，电子行政是"值夜班"或者说"不下班"的，系统可以根据预先的设定实现24小时自动处理各种信息。

三是经济成本低廉。电子行政行为的适用范围条件之一就是类似性。对于内容类似、程序类似的情形由系统统一设定完成，电子文件、电子信号等的广泛应用，大大节约了人力、物力，极大地省了经济成本。[2]

---

[1] 李志伟：《论行政行为电子化》，山东大学2007年硕士学位论文。
[2] 靳超：《电子行政行为研究》，中国政法大学2007年硕士学位论文。

从商业秘密备案制度的设计来说，本书设想的"两把钥匙"制度，也只能通过电子备案，借助于计算机才能完成。此外，相较于纸质备案，电子备案容易管理，方便统计，且不易丢失毁损。

第四节 商业秘密备案的具体措施

我们已经论证了商业秘密备案制度是一个类行政行为，即准行政行为，可以由独立第三方（促进中心）来进行，并确定了采取电子备案进行形式审查的方式。那么，在电子备案中，所采用的具体的备案措施是什么？本书结合备案的内容，主要论证"两把钥匙"制度。

"两把钥匙"制度，即申请人将商业秘密在备案系统备案后，会产生两把密匙，申请人和促进中心各持一个，只有两把密匙合在一起才能打开商业秘密备案的内容。具体而言，促进中心应该提供一个备案系统来供申请人备案。要进入这个系统进行备案需要用户名和密码，而用户名和密码由促进中心在作出准许备案的决定时给予申请人，如果没有通过申请，则无法获得用户名和密码。申请人在获得用户名和密码后将被要求在一定期限内登录该系统进行备案，本书认为这个时限规定为3个月较为合理。如果申请人在被准许备案且获得用户名和密码后3个月内没有登录该系统完成备案手续，那么用户名和密码将会自动失效，申请人要想备案的话，则须重新申请。申请人在登录系统后需要按照系统要求备案，此时首先要做的就是输入申请人的身份信息以及备案的商业秘密的名称等基本信息，这些基本信息应当与申请人在申请备案时所提交的资料一致；其次需要选择是为经营信息备案，还是为技术信息备案。

就经营信息而言，因为其具有非物化性（不能把企业在经营管理过程中形成的管理诀窍、产销策略、客户名单、货源情报及招投标中的标底和标书内容等信息直接创造出来的利润看作物），所以只需将客户名单或者招投标书等文件的电子版直接上传系统；如果是管理技巧，则需将其转化成语言文字，按系统对文件的格式要求直接输入系统即可。

而就技术信息而言，它具有物化性，特征上类似于专利，所以可以参照专利申请时需要提交的资料来对其备案。材料主要包括权利要求书和说明书,并须在说明书中对其附图进行严格的要求,按照专利申请书的模式输入相关技术信息。

需要特别说明的一点是,备案系统的核心技术和优势就是电子文档之实时加密功能,即备案人将需备案之电子文档(商业秘密)上传后,备案系统会实时对该电子文档进行加密处理并储存为"加密文档",同时还会产生两个解密密匙,一个密匙实时交给备案人保存,另一个密匙则由备案机关保存。备案系统本身仅保存加密后的"加密文档",加密过程不但不会保存原电子文档(商业秘密),还会刻意将其销毁,在系统内不留任何痕迹。此外,整个过程均由计算机自动完成,严格禁止人工介入,以确保商业秘密之秘密性能得到最大的保障。当需要解密时,由备案机关提供"加密文档",在法院(或其指定单位)的监督下,备案人与备案机关同时提供各自所保存的密匙对"加密文档"解密,还原被加密文档(商业秘密)之内容。

这样一来,备案的整个过程就完成了。申请人完成备案后3个工作日内,促进中心应当在其网站和相关报纸和期刊上对备案内容进行公示,公示期限应该为6个月。

第五节 备案后的相关程序

一、期限的相关规定

(一)备案的期限

备案是一个行政行为,需要设定时限,本书认为此时限可以参照海关的知识产权备案。在《知识产权海关保护条例》中规定,知识产权海关保护备案自海关总署准予备案之日起生效,有效期为10年。知识产权有效的,知识产权权利人可以在知识产权海关保护备案有效期届满前6个月内,向海关总署申请续展备案。每次续展备案的有效期为10年。知识产权海关保护备案有效期届满而不申请续展或者知识产权不再受法律、行政法规保护的，知识产权海关保护备案随即失效。由此，商业秘密备案的期限也可设置为10年，自准予备案之日起10年，可以续展，如果续展的话，应当在备案期限届满前6个月申请，每次的续展期为10年，如果到期后当事人没有续展，那么备案系统自动销毁其备案的相关资料，备案即失效。

（二）备案的变更或者注销

在备案后，由于技术的改进、客户名单等的变化，抑或招投标结束等原因，商业秘密的具体内容会发生变更，所以其相应的备案内容也应该变更或注销。关于变更和注销的期限，同样可以参照《知识产权海关保护条例》的相关规定。根据该条例第11条，知识产权备案情况发生改变的，知识产权权利人应当自发生改变之日起30个工作日内，向海关总署办理备案变更或者注销手续。所以我们也可以将商业秘密备案的变更或注销的期限设置为自情况发生改变起30个工作日内提出。至于变更和注销的程序，权利人需要拿着与申请时相一致的身份证明去促进中心提出申请，用自己的密匙和行政机关手中的密匙一起打开备案系统，然后进行更改，当然，更改后会产生新的密匙。

二、备案的撤销

在备案完成后，往往会因为一些原因，将备案撤销。

撤销备案的原因主要有以下三种：（1）行政机关在备案过程中存在明显的疏忽，例如相对人在提出申请时资料不全，本不应该准许备案，但是由于行政机关的疏忽，导致了备案；（2）行政相对人提供了虚假的资料备案，仅依靠形式审查，无法识别；（3）有商业秘密侵权发生时，相对人备案的商业秘密作为证据来使用，但是诉讼时发现其并非商业秘密。出现以上情况时，行政机关应对备案进行撤销。

三、备案费用

本书主张备案应当进行合理的收费，否则会导致备案的泛滥，明明不符合条件的主体也来申请备案，无疑会加大备案机关的工作量，而且备案系统的技术要求较高，需要专业人员进行定期的维护，所以是需要收费的。

在已有的一些备案制度中，其收费标准有：（1）专利实施许可合同备案中，专利法律状态检索费 400 元，专利文件检索费 100 元；（2）商标专用权许可合同备案为 300 元；（3）海关知识产权备案为 800 元。参考这些收费标准，本书建议商业秘密备案以收取 500 元的备案费用为宜，并且续展无须另行收费。费用的收取应在申请备案时汇入当地财政部门指定的账户，如果经审查不予备案，应当将收取的费用返还申请人。

第六节　商业秘密备案与区块链存证

一、商业秘密区块链存证的必要性

当前，司法救济是商业秘密维权的重要手段。2015 年至 2020 年 6 月，涉诉商业秘密纠纷公开案件达到 1200 余件，案件数量基本呈逐年上升趋势。作为商业秘密保护链条上的重要环节，证明侵权的内容为权利人自己的商业秘密和证明存在侵权的事实，应当是尤其被权利人重视的。权利人应该根据这两个要点，来进行商业秘密的管理、制定保护措施。

同专利、商标不同，商业秘密本身是没有行政授权过程的，也不像著作权可以通过登记进行行政确权。前文中所述的备案，为商业秘密设定了行政确权的过程，为商业秘密保护中的权属认定打通了道路，但举证难的问题仍亟待解决。

数字化社会中，越来越多的商业秘密存储以电子存储和云存储的方式实现，大量的电子数据进入司法领域。但电子数据的技术特性使其在司法领域的应用并不一帆风顺。电子数据易被通过技术手段窃取、伪造和修改，且不易留下痕迹，其真实性和原始性很难得到保证。在司法审判过程中，审判人员在没有技术背景的前提下往往无法直接判断电子数据的真实性，所以一般要求对其进行公证或鉴定。经公证的商业秘密和侵权事实的证据能力和证明力得到增强，一定程度上解决了商业秘密案件举证难的问题，但公证的成本和流程，导致权利人在未考虑被侵权风险时，并不一定主动选择申请商业秘密内容公证，且公证内容的原始性和真实性也无法得到保证。商业秘密中技术信息的鉴定，往往需要很长的周期和较高的费用，导致证据的认定效率不高。

原始电子数据存储也没有彻底解决商业秘密保护的痛点，发掘新的商业秘密数据保护和维权手段势在必行。区块链作为新一代的互联网技术，因其去中心化、不易篡改等特点，已经在电商、物流、版权保护等领域有了较成熟的应用。2018年，杭州互联网法院在一起著作权纠纷判决中，首次认可了区块链版权存证的法律效力。该判决是新技术改变行业的标志性事件。2018年《最高人民法院关于互联网法院审理案件若干问题的规定》也认可了区块链存证的电子证据的法律效力。区块链技术与电子数据存证相结合，降低了电子存证成本，方便了电子数据的证据认定，提高了司法存证领域的诉讼效率。因其流程简便、存证迅速、成本低廉的特点，为很多中小企业、文学艺术作品的创作者所信任和认可。实现数字化时代的商业秘密区块链存证，既能够为企业提供安全保密的存储环境，也能为事后救济提供存证取证的便捷手段。

二、商业秘密区块链存证介绍

区块链是分布式数据存储、点对点传输、共识机制、加密算法等计算机技术在互联网领域的创新应用。基于其分布式账本、不可篡改、可溯源等特征，区块链能为商业秘密提供安全的保管途径和留存证据的方式。当前区块链存证平台采用证据采集、固定、应用一体化的模式，权利人将需要存证的内容上传到存证平台，平台对内容进行安全存储和证据固定，链上节点均参与到电子证据的形成、发送、接收、存储等过程中，通过司法认证、公证、司法鉴定多方参与，有效保障电子数据真实完整。与电子存储相比，区块链存证更为安全有效。

（一）存储安全

保密性是商业秘密的三大特征之一，这要求权利人采取合理的保密措施来管理其技术信息和经营信息。在进行商业秘密行政备案时，需上传原始文档至促进中心的服务器，生成加密文件后加之双密匙管理，能够保证一定的安全性。但部分企业研发部门不愿意把核心技术输出部门以外，更不愿将包含技术信息的文件存储到位于公司外部的其他主体的服务器上。而区块链可以实现在不向权利人以外的其他方透露秘密信息的同时，对秘密信息进行存储和提供存在证明。区块链技术用于商业秘密存证，采用哈希（HASH）算法对数据进行加密。哈希函数是一种单项密码体制，可以将任意长度的输入变换为固定长度的输出，并且不可逆。哈希值作为存储内容的方式不仅提高了存证空间的利用率，还保证了商业秘密上链和提取的安全性。将与商业秘密相关的文档、数据信息等转换为哈希值，原始文件依然保存在本地，确保了原始文件不会对外泄露。原始文件也可以加密存储，只有解密后才能够查看和下载存储的信息，除非密匙丢失，否则没有人能了解其中内容，从而保证了存储的安全性。转换成哈希值后，将之存储到搭建好的区块链平台上，这样展现在链上的信息就仅有64位的哈希值，且对应的内容是唯一的，链上的节点接收到的也是哈希值。

区块链不可篡改的特性保障了存储数据的原始性。区块链是分布式账本，应用了分布式存储的技术。区块链上的商业秘密信息并不是单独存储在中心化机构的节点上，而是分布存储于链上的各个节点，每个节点都有存储信息的完整备份，且备份内容是一致的。如果有人想篡改其中的信息，则需要修改所有节点上的备份内容才能够实现。以哈希值存储的商业秘密信息，每个节点都会收到该唯一的哈希值，一旦存储内容被修改，重新转换后的哈希值会和先前的哈希值不一致。区块链上的每一个节点都可以将原始哈希值与新哈希值进行比对，信息被篡改的痕迹便一目了然。

（二）可靠证据能力

司法实践中，经区块链存证的电子证据已被认可作为具有法律效力的电子证据。存证的商业秘密可被证明真实存在，在司法救济中可以作为证据，依赖的是区块链、电子签名、时间戳等技术。时间戳是一段完整的、可验证的数据，它表示在某个特定时间点存在数据。时间戳通常是一个字符序列，唯一地标识某一刻的时间。通俗来讲，它能够证明一份数据存在或发生于哪个时间点。电子签名验证电子数据的提供方、验证数据在签名后是否经过篡改。将商业秘密转换为哈希值，进行电子签名、打上时间戳并存入区块链，能够明确商业秘密数据的提供方、提供时间，可以证明在该时刻上传信息的权属。如果想要篡改某一区块中的数据，除了比对篡改后的哈希值和篡改前的哈希值，验证时间戳也是一个重要的方法。时间戳将链上的区块进行排序，哪个数据在先、哪个数据在后，一目了然。

时间戳在区块链中相当于一个公证人，或者可以说比传统的公证制度更加可信。在司法领域，电子数据自身的缺陷导致其在诉讼过程中的被采信率普遍较低,据统计,法庭对电子证据作出明确采信判断的情况只占 7.2%[1],并且电子证据往往需要通过公证的方式实现国家信用背书。区块链的时间戳技术、共识机制以及不可篡改特性,使得区块链证书具备了自我证明的能力,能够提高电子证据的真实性程度。尤其是在司法机关和司法机构作为链中节点时,可迅速查验信息真实性,提高了司法效率。可以说,区块链技术为商业秘密保护提供了可靠的证据来源,使保护更加公正、可信、全面。

三、商业秘密区块链存证具体措施

(一)将商业秘密信息存入区块链存证平台

商业秘密的权利人可以根据项目、研发时间等维度划分,将需要存证的技术信息、经营信息进行打包,生成哈希值,原始文档依旧保存在本地。权利人在第三方存证平台注册并登录,哈希值、存证时间、权利人信息作为存证内容存入区块链存证平台中。

(二)区块链上节点接收存证内容

存证平台可连接互联网法院、公证处等司法主体,每个主体可作为一个节点,参与数据校验与记录。各节点接收到存证内容后,生成唯一的存证编号,证明接收到存证内容。互联网法院接收该哈希值并生成唯一的存证编号;包括核心技术的重要商业秘密,经链上公证处接收并验证后,同时生成公证处的存证编号,实时见证。存证平台可根据接收到的存证编号生成包含权利人、存证内容、存证时间、存证编号的存证证书以证明存证行为。

(三)取证和证明

已存证的电子数据在存证平台及法院电子诉讼平台上均可查验,可以实现"一站式"链上存证取证,简化了纠纷解决的流程,取证过程也更加安全私密。发生纠纷时,权利人提供原始商业秘密数据和存证编号,链上的互联网法院通过信息比对,在线勘验数据的真实性;已经公证处出具存

---

[1] 刘品新:《印证与概率:电子证据的客观化采信》,载《环球法律评论》2017年第4期。

证编号的存证内容，视为已具备公证背书。同时，链上信息的每一次上传、下载、新增、查阅、修改等过程都可以被记录和调取，并作为侵权行为的证据。经过司法机关对合法性、关联性的综合校验，符合法律规定的，应当作为认定案件事实的证据。

四、商业秘密区块链存证应用

区块链存证因其流程简便、存证迅速、成本低廉，为很多中小企业、文学艺术作品的创作者所信任和认可。除了互联网法院开发了区块链电子证据平台，很多第三方区块链存证产品也在市场上大量出现，在电子合同、版权保护、物流金融等领域都有广泛应用。

2020年4月，京东科技控股股份有限公司（以下简称京东科技，原京东数字科技控股股份有限公司）将JT2-RAS智能投顾产品相关商业秘密数据转换为哈希值存入智臻链数字存证平台，经广州互联网法院接收并生成存证编号，诞生了第一张商业秘密区块链存证证书，在业内率先实现了国内区块链技术在商业秘密领域的应用。

作为领先开展商业秘密管理的企业，京东科技一直很重视建立商业秘密管理机制，对研发项目进行分级管理，实现研发过程及结果的技术资产固化及互联网认证，力争改善研发过程及防止结果资产流失，解决诉讼中取证困难等问题。目前，京东科技的存证平台已实现同北京互联网法院"天平链"、广州互联网法院"网通法链"、北京方正公证处互联互通。一旦出现侵权纠纷，接收存证内容的司法机构、公证机关便可根据存证的哈希值提取原始存证文件，对权利主体提供证据的真实性、关联性、合法性迅速作出判断，提高了商业秘密确权、侵权行为与内容认定的效率，能够节约大量的诉讼成本和司法资源，这正是区块链存证证据的主要优势所在。

第八章
商业秘密备案的效果

商业秘密备案制度期待解决商业秘密维权过程中举证难、权利主体确认难等一系列问题。备案的过程也是企业进行商业秘密保护落地的过程，其能够带来一系列社会效果和司法效果。商业秘密备案涉及行政权的行使，其也存在与政府信息公开制度相协调的问题。通过对商业秘密备案制度效果的研究和分析，可以更好地进行制度规划，以与其他制度体系相衔接。

第一节 商业秘密备案的直接效果

一、审查与处理

备案是法律赋予备案机关的一项权利，而不是义务。传统意义上的备案，分为仅供备查的备案和审查处理的备案。

（1）仅供备查的备案，主管机关只作形式审查，确认备案资料是否齐全，符合要求的则予以登记。它对备案事由的内容采取放任主义，默认其备案事由的效力，不用提出异议而自然生效。这类无须审查处理，只作备查的备案，多见于新单位启用印章的备案，如根据《事业单位登记管理暂行条例》第9条规定，事业单位应当将印章式样报登记管理机关备案。仅供备查的备案，也见诸行政事业单位和行业管理机构的备案材料，通过备案达到上下沟通、互相交流、信息畅通的目的。

（2）审查处理的备案，在主管部门收到备案资料后一定期限内，先进行实质审查，然后下达书面纠正意见，提出处理要求。我国《劳动合同法》第54条第1款规定："集体合同订立后，应当报送劳动行政部门；劳动行政部门自收到集体合同文本之日起十五日内未提出异议的，集体合同即行生效。"该规定就赋予了劳动行政部门审查处理的权利，在规定之日内不提出异议则视为放弃行使权利。要求备案审查处理的多见诸立法备案，如我国《注册会计师法》第26条第2款规定："省、自治区、直辖市人民政府财政部门批准的会计师事务所，应当报国务院财政部门备案。国务院财政部门发现批准不当的，应当自收到备案报告之日起三十日内通知原审批机关重新审查。"这项规定既反映了备案程序性的要求，又体现了备案审查处理的完整步骤。备案审查属于实质审查，因为只有实质审查才能提出纠正处理意见。实质审查的内容包括设立条件、设立方式、审批权限等。

如果商业秘密成功备案，其在诉讼当中就获得了一定程度的证据力，故而在商业秘密备案过程中的审查一定要更加严格。但同时，商业秘密具有一定的商业价值性和秘密性，其被披露就丧失了商业秘密可能带来的巨大经济效益。因此，为了使商业秘密不至于在备案登记时泄露，在备案登记时又不能像审查处理的备案那样，进行完整严密的实质审查。

商业秘密权不同于商标权、专利权等传统知识产权的获得方式，不是通过备案机关的备案审查获得，而是企业自有的。虽然在备案的过程中，登记机关进行的是一种形式审查，但是，申请人有必要对其掌握欲登记的准商业秘密的所有权加以证明。商业秘密有通过自行开发的方式获得的，也有通过转让的方式获得的。不管是哪种方式，权利人都应该对商业秘密属于自己进行证明。例如，提供自行开发技术方案的开发日志，关于该技术方案在国际或者国内报奖的证明，如果是转让获得的，还应该提供该技术方案和经营方案的原始来源。如果权利人是通过赠与、转让、继承、反向工程研发成功等方式得到商业秘密的，权利人还应该证明自己获得的方式不是恶意的，而是正当的。

同时，因为商业秘密并不排斥不同主体分别所有，故而在少数情况下，拥有相同或者相似商业秘密的权利人可能同时到备案机关进行商业秘密备案登记。在这样的情况下，备案机关可以同时接收两个或者两个以上的权利人的备案申请，只要接到的欲备案的信息符合备案的形式要件，备案机关就可以对所有这些信息予以备案登记。

第八章 商业秘密备案的效果

司法实践中存在如何认定商业秘密的困惑，其关键就在于没有准确把握认定商业秘密的证据范围，即在诉讼中，对于商业秘密的待证事实可以由哪些证据予以证明。而在商业秘密备案登记的制度产生并且发生作用以后，一些形式要件在备案登记的过程中就得到了审查。

针对权利人是否采取了保密措施，在备案登记过程中，应该考虑以下因素：

第一，保密措施不是时有时无的。保密措施是权利人为保守商业秘密的秘密性而采取的各种制度，既然是制度，就应当具有连续性和稳定性。例如，一段时间内对新聘员工或辞退员工要求签订保密协议，但之后又不需要，保密协议制度就没有稳定性。在诉讼中，如果被告提供证据证明保密措施是时有时无的，则可能直接导致信息的保密性丧失。

第二，保密措施必须有主体范围限制。现在有不少单位为了保护其商业秘密，避免疏漏，要求所有的员工和与其发生交易的客户签订保密协议。这样做看似严密，实际等于没有保密措施。因为秘密的本质特征就是该信息在一定时空范围内仅限一定范围的人知悉。如果某项信息对所有员工不论其岗位、资历，对所有客户不论其交易标的等都有保密的必要，那说明该信息内容可能已为本行业内普通人员所知悉，根本不具有秘密性。

第三，保密措施必须有明确的内容。商业秘密保护中经常出现的问题是，企业不分岗位统一签订保密协议，签订的协议通常也只是把有关的法律条款或理论书籍中关于商业秘密的界定转抄其中。例如，规定"本协议所指的商业秘密包括但不限于生产技术配方、工艺流程、产品图纸、客户名单、销售定价等"，没有具体规定保密协议涉及商业秘密的名称、内容、构成等，这种空洞的协议或保密措施在主张权利时往往难以得到认可。

第四，保密措施必须得到执行。保密措施不仅要合理，还要真正执行。在诉讼实务中，保密措施是否得到执行往往成为被告反驳或抗辩的理由。例如，某单位规定载有商业秘密的文件必须标明"秘密"字样，用完后必须粉碎不得随意丢弃，而被告如果提供证据证明其商业秘密的来源是一份从原告的垃圾桶中捡到的文件，而且文件上并未标明"秘密"字样，尽管原告主张其制定了严格的保密措施，但因其措施并未实际执行，其所主张的商业秘密也难以得到支持。

二、对时限的要求

所谓时限要求，包含两个方面的含义：一是备案主体在形成欲备案的商业秘密多久后可以进行备案；二是备案机关在接受了备案主体的申请后应该于多久的时限范围内给予备案主体答复。

对于第一方面含义的时限分明示与暗示两种情况。明示的时限，如商品房预售合同的备案时限为"签约之日起30日内"办理登记备案手续。原建设部《房屋建筑和市政基础设施工程竣工验收备案管理办法》第4条规定："建设单位应当自工程竣工验收合格之日起15日内，依照本办法规定，向工程所在地的县级以上地方人民政府建设行政主管部门（以下简称备案机关）备案。"即建设工程竣工验收备案时限为15日。暗示的时限，一般为报告事由决定后即时备案的情况。譬如我国《劳动合同法》第54条第1款规定："集体合同订立后，应当报送劳动行政部门；劳动行政部门自收到集体合同文本之日起十五日内未提出异议的，集体合同即行生效。"该条所指的集体合同订立后，应当报送劳动行政部门备案，就是一个没有明确期限的暗示性要求。

商业秘密备案登记制度并不是法律、法规要求必须进行备案而产生的硬性备案制度，是否进行备案完全取决于备案主体主观意志。如果权利人因为害怕在备案登记中造成企业商业秘密泄露，则完全可以选择不备案登记，只不过需承担在将来发生侵犯商业秘密诉讼时处于不利地位的风险。

至于备案机关接受了备案申请后，多久应予以答复，这个期限仍是一个需要在实践中不断摸索和完善的问题。除了前述需要对商业秘密的四个要件进行形式审查，另一个重要的问题就是，欲备案的准商业秘密是真实存在的。虽然在备案的过程中，备案机关并不考察该准商业秘密是否能为权利人带来经济利益，但这个准商业秘密首先必须不能是一个抽象和虚构的概念，它必须是真实存在的。

三、明确商业秘密相关概念的范围

就现实效果而言，商业秘密备案登记制度的存在明确了相关概念的范围。第一，明确了备案主体的范围。《反不正当竞争法》规定商业秘密的主体限于"经营者"；《劳动法》及《劳动合同法》规定商业秘密的主体限于劳动者。但根据《民法典》规定，商业秘密主体为最广泛的民事主体、不应受限制。因此，商业秘密备案制度包括所有有机会接触商业秘密的主体。商业秘密的备案主体扩大到了"自然人、法人和非法人组织"，同时也不仅限于所有人，还应包括经合法授权的使用人，这样更有利于对相关权利人的保护。

第二，虽然对商业秘密备案登记仅进行形式审查，但备案机关相关规则中对商业秘密范围的规定，会随着社会经济的发展而丰富完善，新的形式和内容的信息可能成为商业秘密，例如可以把贸易资讯归入商业秘密的范畴。对于商业秘密具体涵盖哪些秘密信息，可以采用例示主义和概括主义相结合的方式。一方面，直接列举哪些信息可以作为商业秘密；另一方面，明确指出商业秘密并不仅限于所列举的部分。这样，既可以使人们确认商业秘密的范畴，又能适应社会、经济、科技发展的需要，为扩展商业秘密的范围留下必要的空间。

第三，增加了不视为侵犯商业秘密的行为的规定。由于商业秘密的特殊性，法律并不禁止他人以合法方式获得与权利人同样的商业秘密，如独立开发、反向工程等。美国、加拿大都在其商业秘密保护法中列举了不应视为侵犯商业秘密的行为，我国法律并未确认此行为的合法性，不利于保护这些权利的合法权益。这个问题在商业秘密备案制度中就能得到解决。在商业秘密备案登记的过程中，备案机关仅进行形式审查，只要符合相关的形式要件，备案机关就会针对该商业秘密进行备案。参照国外有关保护商业秘密的法律，商业秘密备案制度中可相应补充规定其他可以予以备案的商业秘密的例外情况。例如，通过自己的研究发明而获得的与权利人商业秘密相同或相近似的商业秘密，通过与商业秘密权利人订立许可合同而使用、获取的商业秘密，从公众已知悉的秘密中得知或从发行物中获取的商业秘密，通过其他合法途径获得的商业秘密等。

四、保护期限

与其他知识产权保护客体不同，商业秘密的独占性不是依据任何专门法律产生的，只是依据保密措施而实际存在的，为保持秘密性，企业必须有一整套保密措施。这对于企业来说，是一项系统工程，它需要企业技术人员、管理人员、法律工作者的共同参与。

商业秘密的备案登记并不意味着登记后企业就获得了商业秘密权，也就是说，备案机关并没有义务和权利为备案主体的商业秘密采取保密措施，备案的重要意义仅在于证明在登记的时间点上，备案主体拥有其备案的商业秘密。已有的法律对商业秘密的保护期限没有作出明确的规定，它取决于保密措施、相关技术的更新状况以及其他人对此项秘密的公开，故而保护期限具有不确定性。

不同发展阶段、不同领域商业秘密的存在状态不同。在发展速度非常快的现代社会中，有大量商业秘密实际上已处于消失状态。如在工业化国家早已成为工商业常识的技术，在发展中国家可能仍处于秘密状态。又如，权利人没有通过法律手段赋予某些特定人保密义务，则这些特定人披露该商业秘密将造成其消失。另外一个对商业秘密的限制来自公共利益，而且这一限制相对于其他的限制来说更加重要。总之，商业秘密进入公知领域，便丧失了秘密性，也就不会有保密期限的问题。

五、登记后续改进商业秘密的效果

若要求备案登记保护改进了的商业秘密，或者是变更了的权利主体的商业秘密，首先要做的就是在改进或变更后，到备案机关进行变更的备案登记。最重要的是明确什么样的后续改进才能成为法律保护的对象，以及在变更登记中，要审查的事项。

第一，改进的商业秘密必须是持有人基于与所有权人订立合同成立某种法律关系获悉的，而不是基于侵权，即改进的商业秘密的获取方式是合法的，而不是通过窃取、诱骗等其他非法手段获知。必须保证改进对象获知方式的合法性，才能在此基础上谈论新商业秘密的保护问题，否则，源头不合法，根据其产生的新事物，也就没有依法获得保护的合理性。

第二，改进后形成的商业秘密必须和原商业秘密相比，具有实质性特点和进步。变更登记不同于商业秘密形成后的首次备案登记，故而在变更登记中备案主体要进行一定程度的披露，至少应该证明，新的技术中要存在明显的创造性且能和原技术相区别，并且新技术具有明显的先进性，能创造出新的利润，而不是原有技术的倒退。例如，新技术克服了现有技术中存在的缺点和不足，或者为解决某一技术问题提供了一种不同构思的技术方案，或者代表某种新的技术发展趋势。

第三，在改进的商业秘密被认定为新商业秘密后，新的商业秘密就包含了两部分的内容：原有的技术以及改进后的技术。它含有原所有权人和改进人双方的智力成果，那么新商业秘密应归谁所有？《民法典》合同编对技术转让合同中的新商业秘密归属作了规定，优先尊重当事人在技术转让合同中对后续开发改进技术成果归属与使用的约定，这一点是值得肯定的，体现了私法自治原则，当事人有自主决定的权利。但当双方无约定或约定不明确时应如何确定归属，仍需探讨。因此，在接受改进后的商业秘密备案登记时，备案机关应仔细审查该商业秘密的权利归属问题。

六、有助于企业完善定密权

企业定密工作是指企业依照法律法规对企业运行中产生的符合秘密条件的重要事项或信息履行法定程序，及时将其确定为国家秘密或企业秘密，对密级进行变更、对到期秘密予以解密等工作的总称。随着高科技的迅猛发展以及社会对企业信息公开的要求越来越高，企业保密工作形势日益严峻。2024年国家修订了《保守国家秘密法》，企业保密工作因此又步入一个新阶段。定密工作是保密工作的起点，是确保企业秘密安全的重要前提。

许多企业并不能清晰地界定商业秘密的范围。不少企业不能结合自身经营特点详细界定具体的密级范围（包括秘密事项、密级、保密期限）。如果密级范围不清，就谈不上定密工作。同时一些企业在定密工作中存在随意性，甚至口头说一下就完成了定密工作，这样的定密过程，从法律意义上说，并没有效力。实践中，企业保密工作存在不少管理漏洞：有的企业虽然制定了保密管理规定，但没有对定密工作单独设置具体的管理制度；有的企业虽然规定了密级范围和定密程序，却没有与之配套完善的管理制度；有的企业虽然有制度，却没有有效的监督机制等。

通过商业秘密备案的审查机制，可以规范企业的定密工作。在审查的过程中，排除非商业秘密以及国家秘密。同时，为了在备案机关顺利完成备案，企业可根据自身经营特点制定企业密级范围，在进行备案之前，企业可分三个阶段进行。

一是收集阶段，即向各部门收集其具体业务范围的信息；二是制定阶段，即以条目形式制定密级目录，列出各部门业务工作中可能产生的秘密事项，并拟定相应的密级和保密期限；三是备案机关进行备案与审批阶段。正是商业秘密备案制度的存在，才促进企业定密工作有可操作的依据和方法。

经过上述三个阶段，在企业内部就能形成比较完善精细的配套制度适应和规范定密工作。在界定密级范围后，还应针对密级范围制定可具体执行的管理规定，与密级资料承印单位签订保密合同等，在制度上形成系统管理。同时，可以构建企业的保密文化，为企业的定密工作提供良好环境。保密文化是企业文化的一个组成部分，具体的构建形式则可多样化。还可以创新保密教育形式，保持宣传活动的互动性、鲜活性，从而树立员工的主人翁意识和荣辱意识，进而强化其保密意识，让保密理念深入人心。企业定密工作质量的高低很大程度上取决于定密人员的专业水平和工作责任心，为了能够在备案机关备案成功，企业应该更加注重和培养高素质的定密人才。

第二节　商业秘密备案制度的社会效果

一、备案具有行政监控性和事后监督性

备案制度的确立，是国家对社会生活事项的管理与监督。国家对社会生活的管理与监督，必须具有合法性和合理性。

计划经济条件下，审批是政府管理经济社会的主要手段，随着行政审批制度改革，行政机关加快行政职能转变，注重间接管理、动态管理和事后管理。有效地实行备案制，一方面有利于行政机关内部的监督，另一方面有利于行政机关对相对人的监管。2004年7月16日《国务院关于投资体制改革的决定》（部分失效）实施以后，对于大多数企业投资项目，政府将不再审批，而是由企业自主决策，按照属地原则向地方政府投资主管部门进行备案。但政府可以通过备案全面掌握投资意向信息，及时、准确地监测投资运行情况，适时发布投资信息，引导社会投资方向。

商业秘密备案制度不是一种行政许可。根据我国《行政许可法》，行政许可是指行政机关根据公民、法人或其他组织的申请，经依法审查，准予其从事特定活动的行为。可见，行政许可是一种事前控制手段，其本质表现为对相对人是否符合法律、法规规定的权利资格和行使权利的条件的审查与核实，其依据来自法律，法规，省、自治区、直辖市人民政府的规章。与一般的行政审批相比，备案往往是政府基于行政管理的需要，将不宜行

政许可的管理事项纳入备案制度,是一种事后监控手段。与行政许可最大的不同还在于,备案的依据除法律、法规、规章或地方性法规、规章以外,更多的是其他规范性文件,特别是地方政府颁布的决定与命令。

二、备案有利于明确商业秘密的权属、保护范围及执行

我国《反不正当竞争法》尽管对商业秘密的含义做了归纳,对商业秘密的保护起到了一定的作用,但其仅仅从禁止不正当竞争行为的消极角度来保护商业秘密,没有确定商业秘密的权属,没能对侵犯商业秘密权的全面救济作出规定。我国将商业秘密纳入《民法典》则需要为其提供积极保护。因而,商业秘密备案制度的确立显得尤其重要。

我国现有的保护商业秘密的法律规范,曾将商业秘密的权属认定为基于合同关系的、限于当事人之间的相对权,并未把商业秘密权作为一项知识产权,这与我国的市场经济发展水平与国际惯例不相吻合。商业秘密权利人受到侵害时,能不能得到全面的救济,与商业秘密属性的法律规定有直接的关系。

在国际上,商业秘密的保护范围呈逐步拓宽的趋势,许多信息由不受法律保护逐步纳入法律保护的范围。秘密性是商业秘密的根本属性,它是获得法律保护的前提和条件。无论是物质生产领域还是非物质生产领域,只要是经营者靠自己的创造性劳动、长时间经验积累或其他正当方法取得的信息,且符合商业秘密的秘密性这一属性的,都应当纳入商业秘密的范围予以保护。这样才能够有效地保护经营者的智力创造性成果,促进科学技术的进步,实现商业秘密保护法的立法目的。我国在商业秘密的保护方面,受限于企业商业秘密保护的法律意识淡薄、经验不足等因素,商业秘密保护的执行依然面临着较大困难。因此,要保证我国有关商业秘密保护方面的法律法规得到切实实施,就必须建立行之有效的备案体系,用制度化的建设、强有力的执行团队,满足企业的发展需要,促进社会经济的全面进步。

三、备案有利于简化救济程序

2009 年,江汉石油钻头股份有限公司与民营企业天津立林钻头有限公司钻头商业秘密侵权纠纷案被最高人民法院评为年度十大知识产权案件之

一。该案历时长，案情复杂，民事、刑事程序相互交织，还启动了再审程序，历经湖北省高级人民法院和最高人民法院多次调解最终结案，基本实现了双赢。双方选择以和解方式结案，除了利益最大化考虑，与诉讼程序的冗长、举证的艰难不无关系。

司法实践中，商业秘密侵权判定的基本公式是：实质相同＋接触—合法渠道。也就是说，权利人的技术秘密与涉嫌侵权的技术实质相同，且有证据表明涉嫌侵权人接触或有可能接触到权利人的技术秘密，这种接触不是通过合法渠道，如许可、签署保密协议、反向工程等方式获得。至关重要的是，判定时须首先进行双方技术比对，而要技术比对，则必须拿到涉嫌侵权的技术载体，这对权利人来说，更是难上加难。

商业秘密受侵犯有民事和刑事两种救济手段。采用民事司法程序最大的难题就是取证。由于民事取证手段极为有限，难免历时长久，直接的后果就是耽误时间，泄密风险进一步加大。如果转而采取刑事诉讼，困难虽不在于取证，却由于商业秘密难以认定，如何立案成了另一难题。另外，商业秘密维权的根本目的在于如何保持其秘密性，使其继续发挥经济价值。获得一定金额的赔偿而丧失商业秘密，不是权利人希望得到的结果。这也是许多商业秘密侵权纠纷最后都以和解告终的原因。

备案制度的最大功能就是可以在通过司法途径对权利进行救济时，降低举证程序的复杂性，简化商业秘密诉讼的救济流程。

第三节 商业秘密备案制度的司法效果

一、商业秘密侵权的界定

商业秘密侵权是指行为人违反法律禁止性规定或者权利人之间的约定，不正当获取、披露、使用权利人的商业秘密以及从非法所有人之手获取他人商业秘密并加以使用或披露，从而对权利人合法权利造成侵害。其构成要件包括以下四个方面：

（1）主体要件：行为主体为一般主体，可以是自然人，也可以是法人或者其他组织。通常包括：同业竞争者；雇员、技术鉴定员等相关人员；

经营合作伙伴，如合伙人、代理商等；商业秘密被许可人；知悉商业秘密的国家机关及工作人员；其他能获得商业秘密的组织或个人。

（2）客体要件：商业秘密侵权侵犯的是双重客体，该侵权行为不仅侵犯了权利人的经济利益，还侵犯了国家的商业秘密管理权。商业秘密能够给权利人带来"现实的或者潜在的经济利益或者竞争优势"。但商业秘密侵权行为的出现，不仅损害了权利人的经济利益，还侵犯了国家对商业秘密的管理权，扰乱了正常的市场竞争秩序。

（3）主观要件：行为人主观上出于故意。也就是说，行为人必须是知道或者应该知道商业秘密是未经权利人许可而有意识地非法占有和使用，才有可能构成侵权。行为人首先实施了侵犯商业秘密的行为，这种行为显然违反了法律的明确规定，具有违法性。侵犯商业秘密的行为人主观上须有过错。行为人应该能够预见到自己行为的后果而仍然希望或者放任该结果发生，或者应当预见或能够预见却没有预见，抑或虽然预见到了，但轻信能够避免。

（4）客观要件：行为人客观上实施了侵犯商业秘密的行为，给商业秘密权利人造成了损失，并且行为与危害结果之间存在直接的因果关系。在客观上界定商业秘密侵权行为，不仅要关注侵权人是否现实地非法占有或使用了他人的商业秘密，而且要看是否给权利人造成了损失，以及二者之间的因果关系。损害后果的客观存在是确定商业秘密侵权的必要条件。行为人侵犯商业秘密的行为须客观上造成权利人的财产损害或者人格损害，如预期经济利益的减少、商品声誉和商业信誉的社会评价降低等。

二、商业秘密侵权案件诉讼主体的确定

对于商业秘密侵权案件的原告的诉讼主体的确定，是否必须限定为经营者，存在不同的观点。肯定的观点认为，所谓商业秘密就是在商业经营活动过程形成的，符合一定构成要件的技术信息或经营信息，因此，其权利主体应当是经营者。如果不是经营者，即使发生他人用不正当手段获取其信息的情况，也只能以侵犯其他权利诉至法院。否定的观点认为，判断是否侵犯商业秘密，主要看持有人持有的信息客观上是否符合商业秘密的构成要件，持有人是否从事经营不应影响对其的判断，因为对于持有人来讲，现在不从事经营活动并不代表以后不能从事经营活动。其本身不是经

营的主体，不代表其不能将其拥有的信息用于商业目的的买卖和许可。

本书认为，商业秘密本身是一种特殊的知识产权，具有财产的属性，能够为权利人带来现实的或潜在的经济利益或竞争优势。因此，对于商业秘密侵权案件中的原告是否属于经营者的要求，也可以从扩展解释的角度宽松掌握。正是由于商业秘密的财产属性使其能够在不同的市场主体之间流转，商业秘密的技术信息或者经营信息的研发主体也可以通过商业秘密的转让和许可获得经济利益。从间接参与市场活动的角度而言，这些自然人、法人或者非法人组织都从间接参与市场竞争的活动中获益，而侵犯商业秘密的不正当竞争行为使他（它）们的利益受到损害，从本质上说，这也是一种特殊的侵权行为，因此他（它）们一般都可以作为侵犯商业秘密案件的原告，即成为商业秘密备案中的实际备案人，通过备案而获得诉讼中的原告资格。当然，从商业秘密财产性的角度来说，其可以商业秘密为其间接经济来源的主体身份，获得原告地位。但是，备案制度并不能表明该类间接主体与商业秘密有关，所以在诉讼中，并不能直接免除该类间接主体证明自己与商业秘密有关的举证责任。

从民事救济的角度而言，以商业秘密权利人许可方式获得商业秘密使用权的主体，与专利权、商标权及著作权等传统知识产权许可合同的被许可人类似，属于"利害关系人"，在一定的条件下也可以作为原告提起民事诉讼。关于权利人和利害关系人提起诉讼的资格和条件的问题在2007年《最高人民法院关于审理不正当竞争民事案件应用法律若干问题的解释》（现已废止）实施后，有了明确的规定。该司法解释中关于商业秘密的部分已经被2020年出台的《最高人民法院关于审理侵犯商业秘密民事案件适用法律若干问题的规定》所取代。该司法解释第26条规定，对于侵犯商业秘密行为，商业秘密独占使用许可合同的被许可人提起诉讼的，人民法院应当依法受理。排他使用许可合同的被许可人和权利人共同提起诉讼，或者在权利人不起诉的情况下自行提起诉讼的，人民法院应当依法受理。普通使用许可合同的被许可人和权利人共同提起诉讼，或者经权利人书面授权单独提起诉讼的，人民法院应当依法受理。该解释与专利权等其他知识产权关于权利人和利害关系人提起诉讼的原告资格的规定相衔接，明确区分了独占许可、排他许可和普通许可中被许可人提起诉讼的原告资格及条件。

直接的备案人通过备案已经表明其对于商业秘密的独占而获得了原告

的诉讼法律地位,若通过许可而获得商业秘密使用权利的主体与直接备案人同时起诉,则可免于证明其具有原告资格的举证责任,但若其单独提起诉讼,其证明责任同前述的间接主体。

三、商业秘密侵权案件之立案条件

(一)商业秘密权利人出具"检索报告"仍然是立案的必要前提

无论是在商业秘密的刑事诉讼程序中还是在民事诉讼程序中,首先应当解决所涉信息是否构成商业秘密。诉讼程序将打破现行的社会关系,对利害关系人的权利有很大的影响,因此在立案的过程中,要求受害人对其认为存在的商业秘密权利出具一份相对客观的证据是慎重之举。即使是进行了商业秘密备案的企业,仍然需要出具这样的"检索报告"。

实用新型专利权侵权诉讼的相关规定,值得我们借鉴。《最高人民法院关于审理专利纠纷案件适用法律问题的若干规定》第8条第1款规定:"对申请日在2009年10月1日前(不含该日)的实用新型专利提起侵犯专利权诉讼,原告可以出具由国务院专利行政部门作出的检索报告;对申请日在2009年10月1日以后的实用新型或者外观设计专利提起侵犯专利权诉讼,原告可以出具由国务院专利行政部门作出的专利权评价报告。"这一规定,主要是由于实用新型专利的审查不经过实质审查,申请人能较早地取得专利权。但也正因如此,就有可能使不符合专利新颖性、创造性的产品被授予专利权,为兼顾各方的利益,也为了保证法院对案件的审理,建立"检索报告"提供制度是必要的,也符合国际惯例。

同样,对于知识产权中的商业秘密的保护,也应当在建立公平、公正制度的基础上维护当事人的合法权益。对商业秘密的"不为公众所知悉",至少应通过具备一定条件的检索机构和具备检索知识的人员对此进行检索,只有那些在已有出版物中检索不到的技术才有可能被认为"不为公众所知悉"。

(二)诉讼主体需明确"商业秘密点"

如果权利人认为有人侵犯了其所拥有的商业秘密,要将侵权人告上法庭,那么权利人首先必须向法庭说明其商业秘密是什么。这就像专利侵权诉讼一样,专利人必须先拿出专利证书、权利要求书、说明书来证明权利的存在以及权利的内容和范围。不同的是，专利权是经国家批准授予的，它的权利范围明确而清晰，是一种强保护，其优点之一便是专利权人在专利侵权诉讼中对其权利的举证非常简便。虽然在商业秘密备案登记制度下，权利人也由国家予以确认，但建立在形式审查基础上的备案制度，仅仅是提供一种时间点意义上的占有证明。也就是说，在备案的时候，备案的权利人拥有拟备案的所谓"商业秘密"。因为在备案制度中，获得登记的"商业秘密"仅仅是符合形式要件的"准商业秘密"，而在诉讼中，权利人必须证明诉讼标的是真正的商业秘密，备案制度并不能免除权利人的证明义务。

商业秘密权是一种经权利人严格管理而取得的权利，构成商业秘密的四个要件中既有客观要件，也有主观要件。由于权利人的主观意志、保护措施、保护程度处于动态，商业秘密权是一种动态的权利。它的内容和范围只有经过法庭的实体审查才能确定。在诉讼前，商业秘密的权利人首先要明确侵权人在生产经营中可能使用了哪些技术信息或经营信息，接着判断这些信息中属于权利人的部分，再对照商业秘密的四个构成要件筛选出属于原告商业秘密的信息，最后向法庭提供能够证明自己是这些要保护的商业秘密的权利人的证据。实践经验证明，"商业秘密点"筛选、归纳得越小、越准确、越具体，权利人的举证负担越轻；反之，不仅会加重自己的举证负担，而且可能招致不利的诉讼后果。

四、商业秘密侵权案件的证明责任

根据前述相关理论，商业秘密应该具有三个方面的要素，即秘密性、商业价值性、保密性。没有备案登记制度之前，在诉讼中，权利人应依据商业秘密的三个构成要件对商业秘密权利进行释明和确认。

（一）商业秘密备案登记制度没有形成之前的证明责任

1. 商业秘密权利的释明

商业秘密权利人提起诉讼，应当提供商业秘密的载体，固定其主张的商业秘密的范围或者秘密点，即商业秘密权利人请求保护的技术信息与公知公用信息的区别。如商业秘密系由若干部分组成，权利人应明确整体或组成部分是商业秘密，还是整体与组成部分均是商业秘密，而不能只笼统地提出商业秘密而不陈述具体内容，或者将其自称采取了保密措施的信息不加甄别地作为商业秘密提交法院请求保护。如果当事人不能说明该秘密点的名称及范围，法庭将拒绝支持其实体请求。商业秘密权利人在此承担的是一种释明责任。

2."不为公众所知悉"的证明

"不为公众所知悉"是一个消极事实，被控方否认或以公知抗辩的，由被控方对该信息属于公知信息承担举证责任。

就"公知"的判断方法而言，众所周知的事实，自然属于公知信息。如果涉案的"商业秘密"已经被众所周知，法院可以根据经验法则直接作出认定。1995年发布的《关于禁止侵犯商业秘密行为的若干规定》（1998年修订）将"不为公众所知悉"解释为"该信息是不能从公开渠道直接获取的"。现实生活中，大量的信息虽然事实上没有引起大多数人的注意，但客观上已经处于一种可以从公开、正当渠道获得的状态（只要行为人主观上愿意），这些信息就是公知信息，绝大多数公知信息以这种状态存在。诉讼中，被控方应围绕权利人主张的"商业秘密"是否可以从公开、正当渠道获取展开举证。例如，已由国内外媒体所公开、已为国内所公开使用、已为相关领域技术人员所普遍掌握。另外，如通过对公开产品进行直观或简单的测绘、拆卸等方法即可获得的技术信息，也视为为公众所知悉。

但是，在某些情况下，被控方提供这些证据材料直接载明的信息与"商业秘密"不尽相同，法院此时应对两者进行对比判断，结合所涉商业秘密的地域性和行业特点，审查两者是否存在最低限度的区别或者新意。此时，被控方除了尽可能提供比对证据，还要充分阐述该商业秘密与这些证据载明的公知信息实质相同。如果涉及以常人经验难以认知的技术问题，可以借助专家证人或专业鉴定来证明该信息已是行业内公知技术。

3.具有商业价值性的证明

商业价值性是商业秘密必要的构成要件。从理论上讲，举证责任在权利人，权利人必须证明其主张的商业秘密能够给权利人带来现实的或者潜在的经济利益。《最高人民法院关于审理侵犯商业秘密民事案件适用法律若干问题的规定》第7条第1款规定，权利人请求保护的信息因不为公众所知悉而具有现实的或潜在的商业价值的，人民法院经审查可以认定为我国《反不正当竞争法》第9条第4款所称的具有商业价值。该项证据的实质是表明技术信息或经营信息具有确定性，是完整的可应用的方案，而不是大概的原理或抽象的概念。在审判实践中，这类证据的证明标准往往很低，因为原被告双方在诉讼前已形成事实上的竞争关系,包括使用、生产和销售,没有必要证明商业价值的存在。

4. 保密措施的证明

权利人应当对其采取的保密措施承担举证责任。权利人必须证明采取了具体的保密措施,且所采取的保密措施在当时、当地特定的情况下是合理和恰当的。采取保密措施的证据一般包括以下四个方面:一是对技术信息载体加强管理的有关规章制度;二是在全体职工大会上或有关技术人员会议上提出保密要求;三是对涉及技术秘密的场所和人员制定严格的保密制度;四是保密约定,即权利人与特定的对象订立保密合同,明确权利与义务。但应注意的是,这些规章制度都应该针对具体的秘密,对具体的人员作出,不能笼统含糊。另外,保密措施还包括权利人采取的物质手段,例如将源代码或核心配方锁进保险柜里、加密码等。通过采取这些防范措施,使第三人除非通过不正当手段,否则不能轻易获得该信息。

法律并不限定保密措施的种类,也不要求保密措施万无一失。只要权利人对商业秘密采取的保密措施在客观上能为相对人识别出来即可。但仅在有关材料上注明"秘密"字样或在资料室门上写有"闲人不得入内",而他人能在毫无阻拦的情况下,轻易接触该材料,那么这样的保密措施会被认定为不合理。

(二)商业秘密备案登记后的证明责任

1. 秘密权利释明的证明责任

在备案登记的过程中,虽然只做形式审查,但是备案机关仍要求权利人提供商业秘密的载体,这样在诉讼中,可以极大降低诉讼主体提供载体的证明难度。但也正是因为在备案过程中进行的是形式审查,备案机关没有义务审查申请备案的准商业秘密是否具备所有要件。因此,在诉讼中,诉讼主体仍有义务证明请求保护的商业秘密的范围或者秘密点,即商业秘密权利人请求保护的技术信息与公知公用信息的区别。故而在商业秘密备案制度下,权利人承担的是一种相对较轻的释明责任,而非完全免除所有证明责任。

2. "不为公众所知悉"的证明责任

"不为公众所知悉"是一种消极事实,在通常的诉讼中,主要由被控方对该信息属于公知信息承担举证责任。正如前文所述,在某些情况下,被控方并不能直接证明通过公知的领域可以获得该信息,但这并不当然导致被控方直接承担举证不利的责任。权利人仍然要充分阐述该商业秘密与被控方提供的证据所载明的公知信息具有实质不同。这是因为,在商业秘密备案制度之下,登记人并不会完全披露欲登记的准商业秘密的信息,故而备案机关并不能真正了解该准商业秘密是否为公众所知悉,在诉讼中也无法免除对于"不为公众所知悉"的证明责任。

3. 具有商业价值的证明责任

在备案制度下,备案机关接受权利人备案的形式条件之一就是欲登记的准商业秘密是具有确定性的,是完整的方案。对于商业价值,在备案制度中,备案机关并不审查备案的实用信息能否给权利人带来经济效益,因此在诉讼中,并不能减轻或免除诉讼主体对于该商业秘密能为其带来经济效益的证明责任。

4. 权利人采取了保密措施的证明责任

在备案制度下,备案阶段已经对权利人是否采取相关的保密措施进行了审查,只有符合形式要求的准商业秘密,才会予以备案。因此,在诉讼中,进行了商业秘密备案的权利人,可以免除其对于涉案信息采取了保密措施的证明责任。

五、侵犯商业秘密罪中的鉴定报告与商业秘密备案登记

侵犯商业秘密罪的案件具有法律问题与技术问题高度融合的重要特征。在认定及审理过程中,常会涉及相应的技术信息和经营信息,且又不为公众所知悉,其本身或其各构成要素涉及专业性的知识,例如建筑、生物、化工、药品等方面的技术。对于这些专业技术问题,以法律知识见长的司法人员往往无能为力,借助于司法鉴定等手段解决就成了必然的选择。因此,在现代司法证明活动中,司法鉴定已成为查明案件事实的一种重要方法和手段。司法鉴定是一项科学实证活动,是由具有专门知识和专门技能的人,利用自身所掌握的专业知识、技能与手段,对涉案的专门性问题进行分析、判断后作出独立的科学结论的活动。由于这种鉴定结论是在对客观的材料运用客观的技术标准和技术手段,并遵循实事求是的科学态度进行分析、判断后作出的肯定或否定性的评断,具有相对的客观性,属于刑事诉讼证据的一种。因此,鉴定结论对于认定商业秘密具有十分重要的意义。

我国相关法律法规对商业秘密的司法鉴定做了原则性的规定。1998年《最高人民法院关于全国部分法院知识产权审判工作座谈会纪要》涉及"专业鉴定问题",2005年《全国人民代表大会常务委员会关于司法鉴定管理问题的决定》对司法鉴定作出了系统性的规定。从最高立法机关、司法机关及各部委、各地方发布的有关规范性文件,以及近年来侵犯商业秘密罪的处理实践看,委托鉴定部门解决涉案的专门性问题的认定已逐渐成为主流做法,相应的立法工作也正在进行中。

但是,按照我国目前的法律规定,公权力机关或受害人提交的鉴定报告不具有当然优势证据的地位。这主要有两方面的原因:第一,鉴定报告的鉴定事项不属于司法鉴定的范围。鉴定结论是指由鉴定机构指派具有专门知识和专门技能的人对某些专门性问题进行分析、鉴别和判断,从而得出的能够证明案件事实的书面结论。无论是分析、鉴别,还是判断手段的运用,都是在将鉴定材料与对比材料比较的基础上得出的。因此,鉴定材料和对比材料,应当具有客观性和可掌控性,否则鉴定结论就失去了客观真实的前提。试问,没有列举的公众所知悉的情形还有哪些?关于这一点,鉴定人是无法掌控的,因而对"不为公众所知悉"内容进行鉴定不符合客观规律,知识产权司法鉴定也不应包括对所涉信息是否为公众所知悉的鉴定。更重要的是,此"鉴定报告"不符合刑事诉讼"排除合理怀疑"的证明标准,对该内容的鉴定毫无意义。第二,出具鉴定报告的鉴定机构的设立未经司法行政机关的行政许可。有关司法鉴定机构的设立,是一种由司法行政机关作出的行政许可行为,由《行政许可法》调整,其他任何主体的许可都不具有法律效力。因而,目前的鉴定报告本质上是由专家出具的一种特殊的证人证言。

备案机关出具的相关证明,相比这种鉴定报告有绝对的优势。备案制度中,备案机关对于传统鉴定报告中的部分内容进行审查,司法鉴定的范围只能针对专门技术问题,理由如下:

第一,专门技术问题需要利用专门技术人员的专业知识和经验来解决。司法鉴定的实质是一种科学实证活动,它解决的是一般人所不能解决的"专门性问题",需经由具有专门知识的专家运用专门的工具、手段,经过专门的检测、试验,得出科学的评判与分析。

第二,一般人经过非专业性的评判即可得出分析意见的,不能纳入司法鉴定的范畴。商业秘密中的"经营信息"大多涉及经营者的客户名单、经营计划、财务资料、货源情报、产销策略、标底及标书等信息,这些信息可以由纠纷的处理者根据商业秘密的基本原理及相关证据资料并结合日常生活经验、常识加以评判,无须鉴定人运用专业技术知识进行鉴定。

第三,目前我国有关司法鉴定的法律、法规、规范明确了一条基本原则,即知识产权的技术鉴定只能针对"专业技术事实"。商业秘密备案登记是由相对较专业的行政人员主导的一种行政行为,其备案的结果相比鉴定报告具有更强的专业性。同时,因为商业秘密备案登记是由行政机关主导的鉴定,所以在诉讼中比鉴定结论有更强的证明力。如果认为鉴定报告充其量是只有间接证明力的"专家证言",那么,商业秘密的备案登记就是具有直接证明力的书证。

客观地讲,即使有了商业秘密备案制度,鉴定报告也不会失去存在的价值。毕竟商业秘密备案仅是一种形式上的审查,对于商业秘密的认定,还有很多不能涵盖的地方。在商业秘密的侵权诉讼中,诉讼主体为了能够取得诉讼中的有利地位,鉴定报告还是有很大的可利用空间的。在诉讼中,对商业秘密的备案登记和鉴定报告结合使用,将会是未来行政诉讼中诉讼主体明智的选择。

第四节 商业秘密备案的风险——我国政府信息公开的豁免

一、商业秘密备案的风险概述

2008年5月1日,《中华人民共和国政府信息公开条例》(2019年修订,以下简称《政府信息公开条例》)正式实施。从《政府信息公开条例》的立法目的、立法过程中的相关说明以及《政府信息公开条例》确定的主动公开和依申请公开的基本制度来看,我国政府信息公开豁免主要包括三类:第一类事关国家社会安全与稳定;第二类涉及国家秘密,国家秘密属于绝对不公开事项;第三类涉及商业秘密、个人隐私等公开会对第三方合法权益造成损害的政府信息,此类信息属于公开受限,在满足一定条件的情况下可以公开。

基于三类信息豁免各有其原因、特点的现实状况，下文拟结合商业秘密公开对这三类信息公开豁免作具体的分析。

依据《政府信息公开条例》第15条的规定，涉及第三方的信息公开属于有限公开，经权利人同意公开或者行政机关认为不公开会对公共利益造成重大影响的政府信息，予以公开。目前，涉及第三方的主要是两个内容：一个是商业秘密，另一个是个人隐私。对于这类规定，《政府信息公开条例》仅有原则性规定，从保证公开的角度来看，仍有以下问题亟待解决。

第一，能否筛选公开。2008年10月，河南的赵某军对郑州市物价局（现为郑州市发展和改革委员会）提出政府信息公开申请后，作为第三人的郑州市热力总公司以财务报表、审计报表以及日常经营状况涉及商业秘密部分为由予以拒绝。由此，郑州市物价局对赵某军的申请决定免予告知并由此引发了赵某军向法院提起行政诉讼。案件虽然以法院认定申请公开的相关内容不属于商业秘密，并据此依法撤销了郑州市物价局的《政府信息免予公开告知书》告终，但是这也给我们提出了一个问题：能否对信息进行筛选。涉及商业秘密和个人隐私的信息往往可能是某种信息载体的一部分，能否对此进行区分，或者通过屏蔽属于商业秘密和个人隐私的部分而对其他部分予以公开。

目前，很多涉及第三方的个案中都没有对此做明确区分，这与《政府信息公开条例》的笼统规定不无关系。从政府信息公开的基本精神来看，应尽可能地公开，但在涉及第三方的问题上，信息能否进行筛选是值得认真考虑的。目前，世界上一些国家对此有明确的规定，其中，美国的做法值得借鉴。美国《信息自由法》在信息豁免的九项内容之后紧接着做了特别说明，即在删去该分节豁免公布的部分后，任何文件中可以合理分割的部分，都应向公众开放，并应在公布的文件部分作出删除标识，除非作出这样的标识会危害该分节豁免保护的利益，如果技术允许，删去信息的数量应于被删处标出。另外，针对个人隐私，美国《信息自由法》规定机关可删去有关暴露个人身份的细节，但同时也明确规定对删去的正当理由应书面详细解释清楚，且删去部分要在公布的文件中标出，除非此类标识将损害所提到的豁免保护的利益。

行政机关接受备案主体的备案申请，就意味着行政机关掌握了该备案主体的全部或部分商业秘密。结合政府信息公开的基本精神来看，在涉及第三方利益或者社会公共利益的情况下，行政机关有权力依职权或者依第三方的申请，对其掌握的商业秘密进行部分公开，并不需要为备案主体因此失去的直接或者间接的经济损失承担责任。当然，这种公开是建立在尽可能降低备案主体各方面损失的前提下的，这也符合我国行政行为的"合比例原则"，若超出了合理的范围，接受备案的行政机关依然要承担国家赔偿责任。

第二，决定公开第三方信息时，第三方的救济手段。除第三方同意可以公开外，行政机关认为不公开可能对公共利益造成重大影响的涉及商业秘密、个人隐私的政府信息，也可予以公开。在此情况下，第三方的申诉和获得救济的权利就是要考虑的重要问题。目前，《政府信息公开条例》仅规定将决定公开的政府信息内容和理由书面通知第三方。第三方能否申诉、申诉的程序等问题都亟待明确。

结合《政府信息公开条例》，商业秘密备案制度在实施的过程中，有两方面问题需要明确。一方面，救济权利问题，允许第三方申诉在世界各国基本上是不二做法，我国也应该尽快明确。另一方面，救济程序也应该尽快确立。除行政复议外，目前世界上大多数国家允许第三方通过司法程序实现权利救济，具体而言有三种模式。一是以加拿大和南非为代表的诉讼停止执行模式。即只要第三方在信息公开决定所附生效时间内提起诉讼，该决定就被停止执行。二是以美国为代表的预先禁止公开令模式。若第三人向法院提起反对行政机关信息公开决定的诉讼时，可以向法院申请发布预先禁止公开令。命令行政机关在诉讼进行期间，暂时不提交第三者要求的文件。三是以日本为代表的诉讼不停止执行模式，即诉讼期间，不停止具体行政行为的执行。我国目前的行政诉讼制度更接近日本的情况。考虑到信息公开决定对于第三方权利的损害是难以回复的，因而对此类案件，我们应该将其归为行政机关或法院认为需要暂停执行的一类。

二、商业秘密与公众知情权的协调

商业秘密的私益性决定了商业秘密所有人采取保密措施禁止任何他人知悉商业秘密，而公众对关乎自身利益的事项又迫切地渴望知悉并要求商业秘密所有人予以公布。商业秘密的公益性是从社会公共利益角度，要求商业秘密所有人承担起社会责任，在一定限度内予以公布商业秘密。但是，商业秘密毕竟是关乎商业秘密所有人"生死存亡"的技术信息与经营信息，任意强制商业秘密所有人公布秘密信息不仅危害企业经营与发展，更将颠覆社会对个人劳动成果与所有权的习惯认可，不符合社会的一般认知。

公布商业秘密的权利人须是对获得的既定信息有适当的利益的人，故而在商业秘密备案制度中，有必要明确可申请公开主体的范围。若是赋予社会公众要求商业秘密所有人公布信息的权利，一来将影响企业的正常经营秩序，导致企业浪费大量时间处理有关申请，二来企业迫于社会压力势必无法保护自己的秘密信息，丧失商业秘密从而影响生产，最终不利于社会经济发展。

同时，信息的公开需要权衡商业秘密所有人与社会公众双方利益，限制双方权利无限扩张。判断商业秘密公开的范围的标准是适当利益标准，即商业秘密所有人与提请公布商业秘密公开申请人双方的利益具有直接关系，不具有直接关系的主体无权提请公布商业信息。具体而言，消费者、股东、债权人有权在一定限度内要求商业秘密所有人公布与之相关的信息，其他社会公众不享有此权利，并且公开申请人无权要求商业秘密所有人公布所有秘密信息，与双方利益不具有直接关系的信息，依然处于保密状态。简言之，既要有利于公众了解相关情况，又不得影响商业秘密所有人的生产与发展。

（一）商业秘密与公众知情权相冲突

商业秘密与公众知情权主要在两个领域发生较为明显的冲突：一个是在证券市场领域，另一个是在商品消费领域。

证券市场领域中，商业秘密与公众知情权的冲突主要表现在三个方面。第一，按照《证券法》的要求，上市公司需要建立信息披露制度，这是公众知情权的需要。通过向与上市公司有关的社会公众进行信息披露，可以增强上市公司的管理水平和财务控制能力，使公司的财务和管理在社会监督下良好运行，同时也能有效保护相关投资者的合法利益。如果公众不知道上市公司相关状况，则会出现信息不对称，投资者很难作出合理的判断。信息披露之后，公众可以有效评估企业的财务、管理与风险，从而进行有效的投资。对企业具有举足轻重作用的商业秘密，属于企业的核心信息。无论是经营信息还是技术信息，都是企业的核心竞争力，充分地保护企业的商业秘密，能够帮助企业在市场上获得竞争优势。但是在证券市场规范的要求下，上市企业应当将其商业秘密向相关公众公开，以保护公众的知情权。这样一来，在保障公众知情权与保护商业秘密不被披露之间，就存在制度冲突。第二，从保护范围来看，信息披露制度与保护商业秘密之间存在冲突。法律要求，如发生使上市公司股票价格发生较大波动的事件，上市公司应当立即向相关机构进行报告并向社会公众披露该重大事项。而商业秘密范畴中所包含的秘密信息种类多样，技术参数、产品配方、工艺流程、管理制度、客户名单、货源情报、产销策略、招标投标中的标底及标书等信息都可以成为商业秘密。这些信息与公司的经营和市场优势密切相关，与应当披露的重大事项之间存在重叠时，将会产生是否要公开秘密信息的冲突。第三，信息披露制度与保护商业秘密在保护原则上存在冲突。商业秘密具有保密性和秘密性的特点，一旦被公开或者披露，该商业秘密的价值性就会大大降低。因此，保护商业秘密要求对其进行全面保护和严格保护，使其处于不为公众所知悉的状态。但信息披露制度则要充分保护公众投资者的利益，因此要求所有与公司经营有关的重大事项都应当真实、完整、及时、准确地披露。而这样充分及时的披露会使公司的相关秘密信息的全貌和细节被公开，一旦这些信息被公开，很有可能会影响企业在市场竞争中的优势地位，进而对投资者产生不利影响。

在商品消费领域，商业秘密保护与消费者知情权之间也会产生冲突。消费者知情权有深厚的理论基础。随着互联网时代的到来，公众在消费时的知情意愿和知情能力越来越强，消费者保护知情权的意识也越来越强。而商品和服务关系着消费者的生活质量和健康状况，因此保障消费者的知情权十分必要，它有助于加强公众对生产商和销售商的监督，有利于培养诚信健康的市场秩序。但是，当前市场竞争激烈，市场主体要想在市场上获得长期的竞争优势，必须有区别于他人的具有核心竞争力的商业秘密。这些秘密信息可以帮助其提高管理效率、完善技术革新、调整经营策略。因此市场主体一旦拥有了自己的商业秘密，也会对其进行严格保护。在商品消费领域，商业秘密的严格保护会使其与扩张的公众知情权之间产生冲突。这种冲突主要体现在立法价值和保护范围两个方面。第一，在立法价值层面，消费者权益保护法属于社会法的范畴，而商业秘密保护属于民法的范畴。在社会法学体系中，之所以保护消费者的知情权，是因为在交易过程中存在着信息不对称的情况，生产商和销售商处于信息优势的一方，而消费者处于信息弱势的一方。因此保障消费者的知情权能够尽可能地保障消费者的合法权益。但是在民法领域，法律调整的是平等主体之间的法律关系，强调意思自治和保护私权。在私权至上的理念下，商业秘密保护更强调保护商业秘密人的智力成果，保护其竞争优势不被他人破坏。在立法价值上,消费者知情权强调保护信息弱势方,同时贯彻诚信原则,即重点保护社会大众的利益;而商业秘密保护强调鼓励创新,充分保护智力成果给权利人带来的商业价值。第二,在保护范围层面,保护消费者知情权与保护商业秘密两者在保护范围的规定上存在冲突。《中华人民共和国消费者权益保护法》规定了经营者应当对相关商品进行标示和必要告知,而需要标示和告知的信息范围十分广泛,法律规定消费者有权根据商品或者服务的相关情况,要求经营者提供商品的价格、产地、生产者、用途、性能、规格、等级、主要成分、生产日期、有效期限、检验合格证明、使用方法说明书、售后服务,或者服务的内容、规格、费用等有关情况。《中华人民共和国食品安全法》第68条规定:"食品经营者销售散装食品,应当在散装食品的容器、外包装上标明食品的名称、生产日期或者生产批号、保质期以及生产经营者名称、地址、联系方式等内容。"该法第67条中除了规定食品标签应标明的一般事项,更是作出了特殊性的规定:"专供婴幼儿和其他特定人群的主辅食品,其标签还应当标明主要营养成分及其含量……"这些详细的规定虽然保障了消费者的知情权,可以实现消费者对生产商和经营商的监督,但同时这些被公示和告知的信息中可能包含生产者和经营者的商业秘密,甚至是生产者和经营者的产品区别于其他竞争产品的差异性信息。因而,这样的告知过程容易导致商业秘密被披露和公开。

(二)商业秘密权与公众知情权的冲突处理原则

商业秘密权与公众知情权在上市企业信息披露和商品销售领域中,存在着冲突,而解决这些冲突主要有三个原则:平等协商原则、诚信原则、利益平衡原则。

1. 平等协商原则

商业秘密本质上是一种信息,商业秘密权和公众知情权发生冲突的点主要是信息的传递。任何信息都有发出方和接收方两个端口,信息的发出方是企业,信息的接收方是公众。冲突的有效解决方式是沟通和协调,只有通过充分的沟通和协调,找到商业秘密权和公众知情权之间的最大公约数,才能既适当保障公众知情权,又能有效防止商业秘密的泄露。民法的最大价值是意思自治,平等的民事主体可以充分地表达自己的意志,并可以结合自身的条件、需求、发展策略等要求进行直接的交流和沟通。平等、和谐的协商可以有效提高信息传递的针对性,降低信息传递的成本,消除信息传递两端的误解。这需要信息传递的两端充分地表明自己的诉求和意愿,并在相关信息内容上作出妥协。在平等协商中,信息的两端既需要考虑企业在市场竞争中,保护自己的智力成果和取得竞争优势,也需要考虑社会公众的利益,保障市场树立诚信原则,保障企业处于市场和社会公众的监督之中。

2. 诚信原则

市场需要诚信,诚信的市场才能保障有序的竞争以及消费者的利益。诚信原则是民法的核心原则之一,在市场交易中,当合同没有作出明确、详细的规定时,诚信原则就是对这些合同进行解释和补充的重要原则。诚信原则要求当事人在作出法律行为时应当诚实信用、不欺不诈,在实现自身利益最大化的同时,不损害他人的合法权益以及社会公众利益。该原则很大程度上是道德因素在法律上的体现,发挥着补充和规范的作用。当商业秘密权与公众知情权发生冲突时,现行的法律法规没有对这些冲突如何解决作出规定,这些法律空白就需要诚信原则进行填补,发挥补充和解释的功能。随着商业秘密种类的不断扩张和新的商业模式的出现,商业秘密权和公众知情权之间会产生许多新型冲突,这些冲突的表现形式多种多样,且没有现成的法律制度可以适用。此时就需要借助诚信原则进行调整,平衡、妥当地划分双方的权利和义务。

3. 利益平衡原则

利益平衡也称利益均衡,是在一定的利益格局和体系下,利益各方相对和平共处、均势的状态。利益平衡既是一项立法原则,也是一项司法原则。[1] 在法律层面,利益平衡是指"通过法律的权威来协调各方面冲突因素,使相关各方的利益在共存和相容的基础上达到合理的优化状态"[2]。

在商业秘密权和公众知情权的冲突中,需要在信息的垄断与信息的公共获取之间达成相对稳定的状态。商业秘密权往往被看作信息产权,由于其具有经济价值和财产价值,因此商业秘密的保护属于合法的信息垄断。正如蛋糕没有变大时如何分好是关键一样,在没有新的秘密信息增加的情况下,社会上信息的总量是一定的。此时,信息的共享与合法垄断之间是一种对立统一的关系。如果信息垄断,信息的获取和传递就会不充分,最

---

[1] 冯晓青:《知识产权法利益平衡理论》,中国政法大学出版社2006年版,第11页。
[2] 陶鑫良、袁真富:《知识产权法总论》,知识产权出版社2005年版,第17—18页。

终无法保障公众的知情权；如果信息共享不足，就无法对商业秘密提供充分的保护，一方面无法有效激励秘密信息持有人及其他主体创造高价值信息，另一方面不利于对信息持有人的智力成果的保护，导致其权益受到侵害，最终致使社会高价值信息总量减少。因此，在处理商业秘密权和公众知情权的冲突时，应当使信息的合法垄断和信息的共享流通之间达到一个平衡状态。

《民法典》第123条规定的知识产权客体中包含了商业秘密，意味着商业秘密权被《民法典》所确认，它是一种绝对权、垄断权。对这种权利进行保护的必要性和正当性来源于对智力成果作为私权进行充分保障及其激励创造的功能的促进。

然而，知识产权表现出一种私权公权化的趋势，因为任何一种知识产权都关系着社会公众利益，商业秘密权也不例外。商业秘密权关系着信息的垄断、传播和流通。也就是说，商业秘密权保护的力度和程度影响着社会公众获取满足其知情权信息的实现。这种此消彼长的冲突是在设立商业秘密制度之初就存在的，这种冲突也是客观的，任何市场主体不能也无须消除这种冲突。但这种冲突不是无法调和的，任何主体都可以试图达成两种冲突之间的平衡。利益平衡原则就是协调这种冲突的有力工具。如果对商业秘密权保护力度过大，会损害公众的知情权，不利于诚信市场的构建；如果对公众知情权的保护过于绝对，则会损害商业秘密权人的利益，并使其商业秘密被公开和披露，最终不能有效保护商业秘密，从而导致对创新的激励不足。

在解决商业秘密权和公共知情权的冲突时，要考虑并妥善划分这两个权利的边界。任何权利都不是绝对的，都是有边界的。任何权利的行使都不得影响和损害他人的合法权益以及公众利益。当一种权利保护得过强时，就会导致权利滥用的情况。知识产权领域出现的权利滥用，其本质是一种不合理的垄断，会损害社会公众的利益。因此，在解决商业秘密权和公共知情权的冲突时，应当恰当划分两个权利之间的界限，实现商业秘密权人和社会公众之间的利益平衡。

在划分两种权利之间的界限时，需要特别注意对商业秘密权的限制。一方面，商业秘密权属于对世权、垄断权，某些信息一旦被合法地垄断，就很容易损害公众的利益，因此任何垄断性权利的设定及其权利范围的确定都需要采取审慎的态度。另一方面，商业秘密权的构成要件十分泛化，秘密性和保密性等要件的认定具有比较强的主观性,这些原因导致商业秘密的范围不容易确定,并且易被不适当地扩大并损害公共利益。所以,在法律上,既要根据商业秘密的多样性制定灵活多样的保护措施,又要对商业秘密的范围作出一定程度上的限制。

在对商业秘密的范围作出一定程度的限制之后,如果商业秘密权与公众知情权之间还有冲突,并且这种冲突的解决需要牺牲一方的利益时,则需要考虑比例原则,即牺牲一方利益造成的损失小于保护另一方利益所带来的好处。比例原则的本质是价值判断,价值判断就需要考虑合法性和价值量两个因素。第一,要用合法性因素进行考量,如果一方权利的行使或者利益的实现存在较大的违法可能性,那么即便该利益价值量十分巨大,也需要放弃该利益。第二,当双方的利益都符合合法性因素的时候,就重点考虑其价值量因素。这需要综合商业秘密与公众知情两方的利益损害程度、相关性、可能性、影响力等多种因素。从两种损害中选取损害程度较小的一方。第三,在进行价值衡量和利益取舍时,要保证程序的合理合法。在确定牺牲商业秘密权利人一方利益的时候,要尽量通过商业秘密的外围证据向公众提供更多的信息以降低商业秘密权人的损失。可以通过民间机构、第三方机构等主体对商业秘密权利人的权利进行限制。当社会公众的利益风险可以降低,而保护商业秘密又不会给公众带来更大危险时,可以考虑保护商业秘密权利人的利益。待出现新证据证明不再适宜保护商业秘密权人利益时,再对两者利益的价值量进行重新评估,从而实现双方利益的动态平衡。相反,如果通过比较发现保护商业秘密权人的利益会导致公众利益受损比较大时,则需要综合考虑各个因素,并在一定程度上牺牲商业秘密权人的利益,对相关秘密信息进行公开,从而保护公众的利益。当然在进行价值排序和价值取舍时,要对合法的利益受损方进行补偿。

三、涉及商业秘密的政府信息的公开程序

根据《政府信息公开条例》规定,涉及商业秘密的政府信息公开程序有三个环节:首先,行政机关应对申请人提交的申请进行判断,是否涉及商业秘密;其次,对涉及商业秘密的,须征询权利人的意见;最后,如权利人不同意公开,告知申请人不予公开,但若权利人同意公开或权利人虽然不同意公开,但行政机关认为不公开将可能对公共利益造成重大影响的,

则予以公开。

这三个环节中最难掌握的是第一个环节,即行政机关对申请人申请公开的信息是否涉及商业秘密的审查判断。一般而言,这种审查判断结论大致存在四种可能:一是不涉及商业秘密,二是涉及商业秘密,三是部分涉及商业秘密,四是无法判断。那么对这四种审查结论,是否均要征询权利人的意见?应当以何种方式征询呢?

对于这两个问题,可以从行政诉讼应诉的风险角度进行分析。因为无论行政机关对涉及商业秘密的政府信息如何答复申请人,一旦申请人或商业秘密权利人提出行政复议、行政诉讼,举证责任均在行政机关一方,行政机关承担着证明公开或不予公开的合法性责任。如果行政机关在答复之前,未充分收集能证明该信息属于商业秘密的证据,则将面临败诉的风险。从这个意义上讲,行政机关收到当事人的申请后,首先,审查该申请的政府信息是否存在。其次,如果该信息有可能涉及商业秘密,则应根据"四特征说"进行审查判断。(1)对明显不符合"四特征说"的,可以直接答复当事人,予以公开。(2)对符合"四特征说"的商业秘密,应当书面征询权利人的意见,并要求权利人对该商业秘密是否具备秘密性、商业价值性、保密性这三个特征进行说明。如权利人未明确说明的,则应视为权利人对该商业秘密不予认可,行政机关应予以公开。反之,则不予公开。(3)对部分涉及商业秘密的,行政机关应当加以区分,就部分涉及商业秘密的信息征询权利人的意见,然后按照上述第(2)项进行操作。(4)对无法判断的申请,应就该申请书面征询权利人,要求权利人详细说明该申请是否涉及其商业秘密,是否具备秘密性、商业价值性、保密性这三个特征。

这种操作的重点在于将征询权利人的意见作为审查涉及商业秘密的政府信息的重点,即不但要征询权利人是否同意公开信息,而且要求权利人将不予公开的理由写明,最后由行政机关对权利人的理由予以审查判断,并作出公开与否的结论。而在实践中,行政机关往往只征询权利人是否同意公开,并未要求权利人写明不予公开的理由,造成在行政复议、诉讼过程中,行政机关因单方面为权利人不予公开寻找该信息属于商业秘密的理由,致使败诉风险过大。本书认为,将征询权利人的意见作为审查涉及商业秘密的政府信息的重点,这种做法既不违背《政府信息公开条例》的立法本意,也能较好地保护权利人的权利,防止行政机关因对特定经营领域内商业秘密知识的缺乏而导致错误判断。

四、信息的可分割性审查

在对涉及商业秘密的政府信息公开审查过程中，还存在一个对信息可分割性的审查要求。《政府信息公开条例》第37条规定："申请公开的信息中含有不应当公开或者不属于政府信息的内容，但是能够作区分处理的，行政机关应当向申请人提供可以公开的政府信息内容，并对不予公开的内容说明理由。"本条规定的内容，即涉及信息的可分割性。

规定信息的可分割性，是基于可以公开的信息均应公开的要求，目的是在其他利益不受影响的前提下，充分保证公众知情权的实现。因此，即使申请公开的政府信息中含有依法不予公开的内容，但只要能够区分可以公开的部分，而可以公开的政府信息又是申请人所需要的，行政机关就应当将依申请公开的政府信息中可以公开的信息内容予以公开。

在对涉及商业秘密的政府信息公开实践中应当从以下三个方面来把握：

第一，对依申请公开的政府信息作区分处理，是在保密原则基础上作出的一项特殊规定。在确定是否公开涉及商业秘密的政府信息内容时，应当按照上文所述的公开程序进行审查，确认是否含有商业秘密，避免因公开不当而泄露了权利人的商业秘密。

第二，"能够区分处理"是判断依申请公开的政府信息中含有可以公开的政府信息的原则。"能够区分处理"包含了信息的内容和技术方面的要求。其中"区分"意味着该部分信息可以区别于其他部分的信息内容。也就是说，对申请公开的政府信息中的哪部分内容涉及商业秘密而不应当公开，其余内容则不涉及这些方面，是能够作出明确判断并可以区分的；"处理"意味着在技术方面，两种信息内容可以相互分离，这种分离既可以是对原始的政府信息进行保密，也可以是选择性地提供部分内容。在实践中，真正涉及第三方商业秘密的政府信息并不多，而且无论从内容还是技术层面，都可以作出区分。

第三，信息的可分割性原则，对于行政机关而言是一项义务性规定。凡是能够做区分处理的政府信息，在做到既不泄露商业秘密，又能提供申请人需要的政府信息的基础上，行政机关都应当及时、准确地向申请人提供可以公开的信息内容。

第九章

商业秘密备案管理办法(专家建议稿)

第一章 总 则

第一条 为规范商业秘密管理,明确商业秘密的权利主体、权利内容,增强我国企业的创新能力和竞争能力,根据《反不正当竞争法》及其他相关法律、行政法规的规定,制定本办法。

(注:建立备案制度的必要性和意义,主要解决商业秘密取证难的问题)

第二条 本办法适用于具有秘密性、商业价值性、保密性的商业秘密备案。

第三条 备案的商业秘密应当内容合法,不违反公序良俗。

(注:虽然不进行实质审查,但是不合法的信息不属于商业秘密)

第四条 商业秘密申请人应当是该商业秘密的持有人以及通过继承、受让或者承受商业秘密的自然人、法人或者非法人组织。

(注:明确了持有人概念而非所有人)

第五条 申请人或者申请人之一为外国人、无国籍人的,适用本办法。

(注:给予外国人平等保护,创造公平市场环境)

第六条 中华人民共和国工业和信息化部(以下简称"工业和信息化部")主管全国商业秘密备案管理工作。

工业和信息化部认定备案管理机构为商业秘密备案管理机构。

(注:明确备案管理机构,选择一个中立的第三方机构进行,交由工业和信息化部主管的事业单位更加合适)

第二章 备案申请

第七条 申请技术信息类商业秘密备案的，应当向备案管理机构提交以下材料：

（一）商业秘密备案申请表；

（二）申请人的基本信息；

（三）商业秘密的内容、范围、载体；

（四）附加证明文件；

（五）诚信承诺书。

第八条 申请人的基本信息是反映申请人身份信息、工商登记信息等相关信息的材料。

第九条 商业秘密的内容、范围、载体是指具有明确具体的、能反映商业秘密的材料。

第十条 附加证明文件是指证明申请人采取限制接触、建立秘密信息管理制度、签署保密协议、签署竞业限制协议等保密措施的信息文件。

第十一条 诚信承诺书是指由申请人对提交材料的真实性和承担的法律责任作出承诺的文本材料。

（注：在对商业秘密进行备案时，不能对其提交的材料的真实性进行审查，但为了保证申请人的材料是真实的，这个制度很有必要）

第三章 备案的审查

第十二条 备案管理机构仅对申请材料是否齐全、是否符合法定形式进行审查，不对申请材料的真实性、合法性进行审查。

（注：仅进行形式审查，不进行实质审查，商业秘密备案只是一种备案，而并非对商业秘密的一种确权，所以只需进行形式审查即可）

第十三条 备案管理机构对请求书中填写的申请人身份进行核对；申请人是单位的，对单位信息及材料信息进行核对。需要上级出具的证明、加盖本单位公章的法人证书或者有效营业执照的复印件，均视为有效的证明文件。

第十四条 申请人是在中国没有经常居所或者营业所的外国人、外国企业或者外国其他组织的，应当审查请求书中填写的申请人国籍、营业住所或者总部所在地国家是否可依互惠原则给外国人以商业秘密保护。

第十五条 对提交材料清单中所列材料的完整性进行审查。所提交的备案申请表是否按要求全部填写完整，同时审查备案申请表、企业营业执照副本、自然人身份证明、商业秘密的内容材料、附加证明文件是否都已提交。

第十六条 申请人提交相关材料出现遗漏，备案管理机构应依职权通知申请人，或者申请人主动提出申请，补交遗漏的备案材料。

第十七条 若申请人发现所提交的备案材料内容有误，应向备案机构提出申请，对备案材料进行修改、补充。

第十八条 商业秘密备案需缴纳 500 元备案费用，续展该商业秘密无须缴费。

经审查不予备案，备案管理机构将费用返还申请人。

（注：商业秘密备案实行低成本，以区别于专利技术维护高成本）

第四章　备案的形式

第十九条 商业秘密备案采取电子信息储存技术形式。

（注：提出电子备案，是与我国推行电子政务密切相关的。）

第二十条 商业秘密备案通过备案信息系统进行，申请人在备案信息系统自行注册用户名和密码，并在备案信息系统中提交相关材料。

（注：由备案管理机构搭建备案信息系统平台，以实现电子化）

第二十一条 备案信息系统采用实时加密技术，申请人上传商业秘密的相关材料后，备案系统产生两个解密密匙，分别由申请人和备案管理机构保存，两个解密密匙共同提供时，可以对商业秘密信息进行解密。

（注：两个密匙制度，即备案人将需备案之商业秘密上传，备案系统即实时对该电子文档进行加密处理并产生"加密文档"，同时产生两个解密密匙，一个密匙实时返还给备案人保存，另一个密匙则由备案机关保存。备案系统本身仅保存加密后之"加密文档"，加密过程不但不保存商业秘密，并将其刻意销毁，在系统内不留任何痕迹。此外，整个过程均由计算机自动完成，严格禁止任何人的介入，以确保商业秘密之秘密性能得到最大程度的保障。当需要解密时，由备案机关提供"加密文档"，在法院的监督下备案人与备案机关同时提供各自所保存的密匙对"加密文档"解密，还原商业秘密之内容。

第二十二条　申请人完成备案后三个工作日内,备案管理机构应在其官方网站和相关报纸上对备案基本信息进行公示,公示期限为六个月。

第二十三条　符合下列情况,备案管理机构、第三人可以请求撤销备案:

(一)备案管理机构在备案过程中存在疏忽,将不应该准许备案的商业秘密进行了备案;

(二)备案申请人提供了虚假的申请资料;

(三)在其他程序中,发现已经备案的商业秘密不符合商业秘密的构成要件。

第二十四条　商业秘密备案人可以对已经备案的事项作变更、补充或注销。申请备案变更或者补充时,申请人应当提交以下材料:

(一)变更、补充或注销申请表;

(二)已备案证明;

(三)有关变更、补充或注销的材料。

(注:因为商业秘密具有动态性,故给予备案人修改、调整和注销的机会)

第二十五条　商业秘密备案自准予备案之日起生效,有效期为十年。备案期限届满前六个月备案人可以申请续展,每次的续展期为十年。到期后备案人未续展的,备案失效。

第二十六条　本办法由工业和信息化部负责解释和补充修订。

第二十七条　本办法自发布之日起实施。

参考文献

一、著作类

1. 郑璇玉：《商业秘密的法律保护》，中国政法大学出版社 2009 年版。
2. 李明德：《美国知识产权法》，法律出版社 2003 年版。
3. 孔祥俊：《商业秘密保护法原理》，中国法制出版社 1999 年版。
4. 李玉香：《现代企业知识产权保护类无形资产法律问题》，法律出版社 2002 年版。
5. 许海峰主编：《企业商业秘密保护法律实务》，机械工业出版社 2004 年版。
6. 戴永盛：《商业秘密法比较研究》，华东师范大学出版社 2005 年版。
7. 孔祥俊：《反不正当竞争法的适用与完善》，法律出版社 1998 年版。
8. 丁中原、谢铭洋、张凯娜等：《营业秘密法解读》，中国政法大学出版社 2003 年版。
9. ［德］尼克拉斯·卢曼：《信任：一个社会复杂性的简化机制》，瞿铁鹏、李强译，上海世纪出版集团 2005 年版。
10. 朱苏力：《制度是如何形成的》，北京大学出版社 2007 年版。
11. 吴汉东、刘剑文等：《知识产权法学》，北京大学出版社 2005 年版。
12. 郑成思：《世界贸易组织与贸易有关的知识产权》，中国人民大学出版社 1996 年版。
13. 郑国辉主编：《知识产权法学》，中国政法大学出版社 2010 年版。
14. 李扬：《知识产权法基本原理》，中国社会科学出版社 2010 年版。
15. 马怀德主编：《行政法与行政诉讼法》，中国法制出版社 2015 年版。
16. 张树义主编：《行政程序法教程》，中国政法大学出版社 2005 年版。
17. 应松年主编：《行政法与行政诉讼法教程》，中国政法大学出版社

2017年版。

18. 陈新民：《中国行政法学原理》，中国政法大学出版社2002年版。

19. 张文显主编：《法理学》，高等教育出版社、北京大学出版社1999年版。

20. 应松年主编：《行政法学新论》，中国方正出版社1999年版。

21. 李昊等：《不动产登记程序的制度建构》，北京大学出版社2005年版。

22. 杨建顺：《日本行政法通论》，中国法制出版社1998年版。

23. 周佑勇：《行政法原论》，中国方正出版社2000年版。

24. 叶必丰：《行政法学》，武汉大学出版社2003年版。

25. 张正钊、韩大元主编：《比较行政法》，中国人民大学出版社1998年版。

26. 方世荣主编：《行政法与行政诉讼法学》，中国政法大学出版社2002年版。

27. 王连昌主编：《行政法学》，四川人民出版社1990年版。

28. 胡建淼主编：《行政行为基本范畴研究》，浙江大学出版社2005年版。

29. 罗豪才、湛中乐主编：《行政法学》，北京大学出版社2006年版。

30. 张玉瑞：《商业秘密法学》，中国法制出版社1999年版。

31. 赵永红：《知识产权犯罪研究》，中国法制出版社2004年版。

32. 中华人民共和国最高人民法院民事审判第三庭：《知识产权审判指导与参考：第7卷》，法律出版社2004年版。

33. 杨荣新主编：《民事诉讼法学》，中国政法大学出版社1997年版。

34. 杨立新：《侵权法论》（上册），吉林人民出版社2000年版。

35. 周铭川：《侵犯商业秘密罪研究》，武汉大学出版社2008年版。

36. ［德］迪特尔·梅迪库斯：《德国民法总论》，邵建东译，法律出版社2000年版。

37. ［德］伯恩·魏德士：《法理学》，丁小春、吴越译，法律出版社2003年版。

38. ［美］丹尼斯·昂科维克：《商业秘密》，胡翔、叶方怡译，企业管理出版社1991年版。

39. ［英］F. A. 冯·哈耶克：《个人主义与经济秩序》，邓正来译，生活·读书·新知三联书店 2003 年版。

二、论文类

1. 庆勇：《论商业秘密的构成要件》，载《河南省政法管理干部学院学报》2001 年第 3 期。

2. 孙山：《反思中前进：商业秘密保护理论基础的剖解与展望》，载《知识产权》2011 年第 8 期。

3. 徐朝贤：《商业秘密权初探》，载《现代法学》2000 年第 6 期。

4. 寇占奎、薛春秋：《商业秘密权的取得与终止》，载《河北法学》2000 年第 3 期。

5. 付慧姝：《商业秘密保护中的价值冲突与权利冲突研究》，载《河北法学》2005 年第 12 期。

6. 刘春田、郑璇玉：《商业秘密的法理分析》，载《法学家》2004 年第 3 期。

7. 邓社民：《商业秘密概念初探》，载《知识产权》2002 年第 2 期。

8. 张欣：《论国家秘密与商业秘密的关系及其法律保护》，载《河北法学》1997 年第 4 期。

9. 单海玲：《中美商业秘密保护制度比较研究》，载《政治与法律》2004 年第 5 期。

10. 宋建宝：《欧盟商业秘密法律保护研究——以欧盟竞争法为中心》，载《科技与法律》2011 年第 4 期。

11. 吴汉东：《财产权客体制度论——以无形财产权客体为主要研究对象》，载《法商研究》2000 年第 4 期。

12. 张婧、顾长河：《人才流动中商业秘密的预防性保护》，载《甘肃农业》2005 年第 12 期。

13. 彭学龙：《美国商业秘密法中的禁令救济》，载《知识产权》2004 年第 4 期。

14. 吕梅：《商业秘密及其法律保护的反思》，载《当代法学》2001 年第 8 期。

15. 张今：《商业秘密的范围和构成条件及其应用》，载《法律适用》2000 年第 4 期。

16. 张玉瑞：《日本反不正当竞争法中的商业秘密保护条款》（上），载

《中国专刊报》1998年第1期。

  17. 龚玉平：《中国与加拿大商业秘密保护法比较研究》，兰州大学2009年法学硕士学位论文。

  18. 李永明：《竞业禁止的若干问题》，载《法学研究》2002年第5期。

  19. 张树义：《论抽象行政行为与具体行政行为的划分标准》，载《中国法学》1993年第1期。

  20. 杨晓玲：《行政登记研究》，中国政法大学2009年博士学位论文。

  21. 石惠芬：《行政确认制度研究》，中国政法大学2005年硕士学位论文。

  22. 王怪峰：《行政备案制度研究》，中国政法大学2008年硕士论文。

  23. 庞兰强：《论社会行政主体》，苏州大学2006年博士学位论文。

  24. 李志伟：《论行政行为的电子化》，山东大学2007年硕士学位论文。

  25. 靳超：《电子行政行为研究》，中国政法大学2007年硕士学位论文。

  26. 孙菲菲：《行政登记审查方式立法研究》，中国政法大学2007年硕士学位论文。

  27. 司坡森：《试论我国行政登记制度及其立法完善》，载《政法论坛》2003年第5期。

  28. 戴涛：《行政登记侵权之诉研究》，载《行政法学研究》2001年第4期。

  29. 周佑勇：《在软法与硬法之间：裁量基准效力的法理定位》，载《法学论坛》2009年第4期。

  30. 王锡锌：《自由裁量权基准：技术的创新还是误用》，载《法学研究》2008年第5期。

  31. 周佑勇：《裁量基准的正当性问题研究》，载《中国法学》2007年第6期。

  32. 周汉华：《美国政府信息公开制度》，载《环球法律评论》2002年第3期。

  33. 王天华：《裁量标准基本理论问题刍议》，载《浙江学刊》2006年第6期。

  34. 郑成思：《反不正当竞争与知识产权》，载《法学》1997年第5期。

  35. 方龙华：《商业秘密竞业禁止若干问题研讨》，载《法商研究》1999年第6期。

36. 唐海滨、孙才森、梁彦、王莉萍:《有关商业秘密立法的重点难点问题》,载《中国法学》1999 年第 4 期。

37. 崔明霞、彭学龙:《商业秘密"不可避免披露"原则初探》,载《中南财经政法大学学报》2003 年第 4 期。

38. 廖荣华、王永杰、王剑华:《论商业秘密保护中的不可避免披露原则》,载《当代经济》2002 年第 5 期。

39. 刘品新:《印证与概率:电子证据的客观化采信》,载《环球法律评论》2017 年第 4 期,第 110 页。

40. 王立梅、张军强:《商业秘密刑民交叉案件审理模式的再思考》,载《江淮论坛》2020 年第 1 期。

41. 张明楷:《程序上的刑民关系》,载《人民法院报》2006 年 5 月 24 日,第 B01 版。

42. Karl F. Jorda, "Patent and Trade Secret Complementariness: An Unsuspected Synergy", *Washburn Law Journal*, Fall 2008.

后 记

本书是在工业和信息化部软件与集成电路促进中心商业秘密备案制度课题成果的基础上继续研究，并与京东法律研究院合作沉淀企业商业秘密管理经验而产生的成果。感谢中国政法大学及知识产权研究中心提供了对商业秘密备案制度进行研究的良好平台，感谢工业和信息化部软件与集成电路促进中心所提供的合作平台，双方在近一年的合作中非常愉快。

感谢隆安律师事务所及其部分律师对本书的鼎力相助。感谢京东法律研究院作为共同作者参与本书的编写工作。

感谢本课题小组成员中国社会科学院知识产权研究中心张玉瑞研究员、北京市西城区人民法院知识产权法庭孙静庭长、北京市第一中级人民法院知识产权法庭赵静审判员，以及我的学生中国政法大学知识产权专业王娜博士。从为本书调研制订研究计划到市场调研、资料提供、实证分析，直至形成最终的资料梳理，他们为本书付出了心血，提供了宝贵意见和建议。也正是我们的密切合作才形成本书翔实的内容，在此对他们致以诚挚的谢意。

对本书中第一章、第二章撰稿人清华大学法律硕士魏拥春，第六章撰稿人北京理工大学法学硕士张先磊、清华大学法律硕士李文娟、北京理工大学法律硕士任林冲，第七章撰稿人中国政法大学法学硕士赵一洋、程莎，及第八章撰稿人北京大学法律硕士李舒致以谢意，感谢他们辛勤的付出；本书第三章、第四章和第五章由京东法律研究院撰稿，并对全书进行了统稿，才有了本书的终稿，感谢京东法律研究院对本书的投入和付出！

特别感谢我的学生中国政法大学张军强博士,作为法官,他日常的审判工作已经十分繁忙,但又挤出不少时间参加本书的修改和校阅;同时填报了很多与本书有关的许多项目,辛苦至极,实属不易。

　　最后,再次对本书曾给予指导、帮助的同人表示由衷的感谢。

徐家力

2023年9月